· 全球政治经济学丛书 ·

主 编 · 白云真
副主编 · 罗文静/江 涛

中国对外援助的支柱与战略

白云真 等◎著

时 事 出 版 社

图书在版编目（CIP）数据

中国对外援助的支柱与战略/白云真等著．—北京：时事出版社，2016.6

ISBN 978-7-80232-959-1

Ⅰ.①中…　Ⅱ.①白…　Ⅲ.①对外援助—研究—中国
Ⅳ.①D822.2

中国版本图书馆 CIP 数据核字（2016）第 005814 号

出版发行：时事出版社
地　　址：北京市海淀区万寿寺甲 2 号
邮　　编：100081
发行热线：（010）88547590　88547591
读者服务部：（010）88547595
传　　真：（010）88547592
电子邮箱：shishichubanshe@sina.com
网　　址：www.shishishe.com
印　　刷：北京市昌平百善印刷厂

开本：787×1092　1/16　印张：17　字数：329 千字
2016 年 6 月第 1 版　2016 年 6 月第 1 次印刷
定价：70.00 元
（如有印装质量问题，请与本社发行部联系调换）

主　编　白云真　中央财经大学国际政治系副教授兼任系主任

副主编　罗文静　中央财经大学国际政治系讲师

　　　　　江　涛　中央财经大学国际政治系副教授兼任系副主任

总　序

经济因素在各国对外关系、治国之道中扮演着关键性角色，广泛地涉及经济目标、经济权力、经济资源、经济手段、经济工具、经济方略等。

中国古代先哲不仅强调经济行为中的道义观，也强调经济活动的政治后果。例如，韩非子列举47种亡国的征兆时强调，“商贾外积，小民内困者，可亡也。……好罢露百姓，煎靡货财者，可亡也。”① 曹操在《置屯田令》中指出，“夫定国之术，在于强兵足食，秦人以急农兼天下，孝武以屯田定西域，此先代之良式也。”② 在当今经济权力时代，金融、贸易、投资、援助、发展、安全、战略、能源和气候九大经济议题及其角色更是成为国际关系与全球治理的重要主题。

西方贤者也强调物质财富的政治影响。卡尔曾经指出，“只有最原始的战争才会与经济因素完全无关。最富有的君主或最富有的城邦国家才能够雇佣最大规模和最有实力的雇佣军。”③ 例如，修昔底德在《伯罗奔尼撒战争史》中认为，“因为图利的普遍欲望，弱者安于忍受强者的统治；那些因为获得财富而势力强大的人则控制小城市。”④ 在政治经济学传统中，马克思尤其强调商业利益与跨国资本对国家的对外政策的支配地位。“资本不是一种个人力量，而是一种社会力量。”⑤ 正如当今新马克思主义者所进一步指出的，跨国资本深刻地影响着资本主义国家的对外行为。即使亚

① 韩非子：《韩非子精解》，海潮出版社2012年版，第114页。

② 曹操：《曹操集》，中华书局1974年版，第55页。

③ ［英］爱德华·卡尔著，秦亚青译：《20年危机》，世界知识出版社2005年版，第106页。

④ ［古希腊］修昔底德著，谢德风译：《伯罗奔尼撒战争史》，商务印书馆1985年版，第6页。

⑤ 《马克思恩格斯文集》第2卷，人民出版社2009年版，第46页。

当·斯密也强调物质财富对于国家安全的意义。在如今全球化、相互联系的世界中，欧美国家、印度与巴西等新兴国家更加强调经济在其对外政策中的核心地位，寻求以贸易与投资等经济手段扩大其全球影响。①

然而全球政治经济学作为一门专业知识产生于20世纪70年代，目前日益超出国际关系学科的学术范围，而扩展到其他社会科学领域之中。本丛书之所以以“全球政治经济学”为名，意在使其“从国际关系学所谓的现实主义传统中解放出来”②，因为国家权威并非全球政治经济中唯一的提供者，而且非国家权威的政策和活动越来越多地涉足跨国关系。即使罗伯特·吉尔平在其2001年出版的英文著作中以全球政治经济学为题名，但是仍为以国家为中心的现实主义观。事实上，斯蒂芬·吉尔（Stephen Gill）等1988年就首次以《全球政治经济学》为书名，阐述了自由主义、马克思主义与现实主义三种竞争性理论视角，提出“迈向一个整合性的全球政治经济学”（towards an integrated Global Political Economy）③ 的目标。

目前全球经济处于深刻变化的阶段，特别是新兴国家的集体性崛起。尽管传统战略问题依然存在，但是国际经济议题在全球政治经济议程中日益重要，而且全球范围战略与经济中心正转向亚太地区。许多新兴国家关注国内发展以及世界范围的经济权力，将全球经济治理视为其对外政策最重要的方面，以贸易与投资等手段扩大其全球影响。不仅金砖国家的地位变得日益重要，而且韩国、土耳其、印度尼西亚、墨西哥、尼日利亚、越南与马来西亚等国也扮演着更多的角色。在此背景下，美国试图以新的制度安排拓展其经济模式，提高经济竞争的标准，解决贸易挑战，确立贸易与投资的规则和规范，以二战后由美国所领导的全球经济制度安排为蓝图，寻求建立21世纪美国主导的全球政治经济新秩序。④

由此鉴于全球政治经济的新趋势、新变化与新变革及其国内外学术界

---

① 白云真：《论奥巴马政府的经济治国方略》，《太平洋学报》2015年第2期，第82页。

② ［英］苏珊·斯特兰奇著，肖宏宇等译：《权力流散——世界经济中的国家与非国家权威》，北京大学出版社2005年版，第II页。

③ Stephen Gill and David Law, The Global Political Economy: Perspective, Problems, and Policies, The Johns Hopkins University Press, 1988, p. 3.

④ 白云真：《论奥巴马政府的经济治国方略》，载《太平洋学报》2015年第2期，第82—83页。

的新进展、新创新，笔者策划并主编该套《全球政治经济学》丛书，以政治经济学的视角理解金融、援助、气候变化、发展与外交等实质性议题，具有如下特点：第一，该丛书的著作主要由中青年学者撰写，能够较为系统地展现相关主题的最新研究成果与学术思考，及时反映全球政治经济行为的最新政策实践；第二，该丛书注重全球政治经济学的理论与方法，及其在金融、援助、外交、发展等议题中的分析性应用，坚持理论视角与政策实践相结合、相联系的原则，避免主、客观的分离；第三，该丛书尽可能通俗易懂，展现全球政治经济学不同的知识谱系与传统，以此期望知识界对此产生兴趣，使其成为相关专业师生的教科书或参考书。该丛书首批书目包括《中国对外援助的支柱与战略》《全球化与全球治理》《对外援助的理论与实践》等。

如王逸舟教授所指出的，“深刻了解世界大势，从中国自身的实践中发现、提取成功案例和思想源泉，是新阶段中国外交研究的一项重要而紧迫的任务。”① 因而在援助外交的概念范畴下，《中国对外援助的支柱与战略》一书侧重从中国对外援助的重要支柱（包括党政部门、跨国公司、社会组织、教研机构、多边发展组织）② 着手分析中国对外援助的历史实践、当前现状及其未来趋势，进而探究中国在南亚、西亚及非洲的援助，最后以战略分析的视角阐明中国对外援助地区分布的调整及其战略能力的提升，将对中国提高援助有效性与质量、推进联合国2015年后发展议程及其参与全球发展合作具有一定的政策实践意义，特别是服务于“一带一路”倡议的战略目标与战略特点。从公共产品与创造性介入角度而言，中国对外援助在思想方法、具体操作模式、战略布局等方面都需要深入思考与推进。

由于外交及其所践行的战略已经成为军事权力、政治权力和经济权力之外的第四种权力，因而研究者需要，将理解经济外交置于全球大变革的时代，较为系统地阐述贸易与投资外交、金融外交、援助外交、多边经济外交等，尤其关注美国、日本、欧盟、中国等经济外交的政策实践，展现

---

① 王逸舟：《创造性介入》，北京大学出版社2013年版，第85页。

② 国外学者将对外援助的四大支柱分别界定为政府部门、多边发展组织、非政府组织、专业团队。参见白云真：《中国对外援助的战略分析》，载《世界经济与政治》2013年第5期，第86页。

中国学者对国内外经济外交研究最新成果的追踪及其中外经济外交政策实践的学术思考。特别是全球化时代的经济外交已越来越不局限于经济领域或议题，而是广泛地涉及监管、环境等非经济议题。以奥巴马政府经济外交为例，"在贸易协定方面，奥巴马政府不仅关注传统的商品贸易，而且在很大程度上更关注贸易和投资自由化高标准的规则，涉及服务、投资、监管和规则等领域，特别是劳工、环境、知识产权等 21 世纪经贸新议题"。① 由此可见，当前经济外交日益拓展到知识产权等国际贸易领域，而且与监管、气候变化等非经济议题日益紧密地结合在一起。

苏珊·斯特兰奇谈及国际经济学与国际关系的搭桥建设时明确将"国际经济援助的政治"等议题视为常见的例子②，因而对外援助的知识建设是全球政治经济学发展的重要主题之一。《对外援助的理论与实践》一书则坚持理论与实践相结合的原则，将对外援助的理解与分析置于国际关系学科、特别是全球政治经济学的学术背景之中，首先提供对外援助的现实主义、自由主义、马克思主义与建构主义等竞争性解释，再论述美国、日本、欧盟、瑞典、挪威、中国等国家对外援助战略、政策的变化与趋势，较为系统地展现对外援助研究的知识谱系而且详实地展现传统援助国与新兴援助国在援助知识、实践与制度方面的差异，从而推动国内对外援助的学理探讨与政策实践。

本套丛书是中央财经大学国际政治专业综合改革项目及其全球政治经济学教研团队与中国海外发展研究中心创新团队的部分成果，同时由此衷心地感谢中央财经大学教务处处长杨金观教授、聂建峰老师；政府管理学院院长赵景华教授、书记吕丽副研究员、副院长于鹏副教授等领导；马克思主义学院张晓阳教授；中国海外发展研究中心主任包胜勇博士等的关心与支持。我们也热忱地期待其他单位的青年学者将其著作纳入该丛书之中，在此先向推动全球政治经济学发展的学术前辈、中青年学者的努力及其对中央财经大学全球政治经济学学科建设的关照深表感谢。最后重要的

---

① 白云真：《奥巴马政府贸易外交及中国的应对之策》，载《国际关系研究》2015 年第 1 期，第 100—101 页。

② Susan Strange, "International Economics and International Relations: A Case of Mutual Neglect," International Affairs, Vol. 46, No. 2, 1970, p. 314.

是，时事出版社领导与编辑为本套丛书的出版精心策划、编印，在此也一并表示感谢。没有他们的努力，该丛书无法如此顺利地出版，更难以为继。请读者多提出建设性意见，不当之处，由我们自己负责。

主编　**白云真**

CONTENTS

目　录

导　言

中外援助战略与政策的变化和趋势

对外援助不仅是中国对外政策的有效工具，而且日益成为社会科学不同学科的重要研究主题之一，尤其是对全球政治经济学而言。1950 年，中国开始对外提供经济技术援助，逐步扩大对外援助的规模、范围、领域与方式，形成了以平等互利、注重实效、不附带任何政治条件等原则的颇具自身特色的发展中国家援助模式。尤其是医疗援助等将在“一带一路”建设中扮演着至关重要的角色，推动中国与沿线国家的政策沟通、互联互通、民心相通等具体领域，践行正确义利观与中国周边外交“亲诚惠容”的理念，助力中国与其他发展中国家的共同发展，为联合国 2015 年后发展议程做出自己力所能及的努力。

鉴于对外援助是“一带一路”倡议的重要支柱及其关键性角色，中国需要在“一带一路”倡议的目标、原则、理念等的指导下更加有效地、战略地使用对外援助，提升自身对外援助的质量与效果。为此，中国既需要一如既往地发扬颇具特色的自身援助经验，也需要以永做学习大国的心态创新性地借鉴美国等国家对外援助或发展合作的成功做法。在商务援外、战略援外以及“大援外”等不同类型方面[①]，中国着力革新提供公共产品的具体操作模式，以创造性介入的心态进一步优化对外援助结构，提高对外援助的有效性与质量。

---

① 大援外是指在外交部门的规划、参与和指导下，社会各界广泛参与，充分发挥政府和民间的各种积极性，符合中国发展利益也具备国际主义色彩的对外援助，参见王逸舟：《创造性介入》，北京大学出版社 2013 年版，第 128 页。

一、传统援助国的援助战略与政策

相对而言，经合组织发展援助委员会成员国依据其自身经验与援助实践制定了较为完备与全面的援助政策，特别强调以发展合作理念为指导。例如，2011 年美国首次制定了《美国国际开发署政策框架 2011—2015》(The USAID Policy Framework 2011 - 2015) 以阐明其发展合作的重要优先事项，涉及国际发展与国家利益、美国国际开发署的核心原则、六大全球趋势、操作原则、重要发展目标、制度能力建设以及展望未来七大部分。① 尤其是 2011 年 1 月，美国国际开发署制定了其评价政策，确定了评价目标、部门具体责任、评价行动、评价要求等内容。再者，2015 年 2 月 10 日日本内阁所批准的《发展合作大纲》放弃了以往《官方发展援助大纲》的称谓，阐明了其发展合作的目标及其基本政策、首要政策、实施原则三部分内容。②

2014 年 4 月 2 日，美国国际开发署与美国国务院一起制定了其 2014—2017 年度的战略规划，确定了五大战略目标，即加强美国经济范围及其积极影响、增强美国对外政策对其战略挑战的影响、力促低碳转型、以加强市民社会的方式保护美国核心利益、促使美国外交与发展方式的现代化。③ 此外，2011 年伊始，美国国际开发署制定与实施《国别发展合作战略》(Country Development Cooperation Strategies，CDCS)，内容包括总统倡议、美国政府政策与战略、美国国际开发署政策与战略。

2011 年以来，美国国际开发署已在亚洲 14 国、非洲 17 国、拉丁美洲与加勒比地区 10 国、欧洲 6 国分别实施国别发展合作战略。国别发展合作战略是一项针对具体国别的规划手段，意在以证据与分析为基础做出战略选择而且鼓励以创新方法实现发展的结果，从而实施美国对外政策与战略，将美国政府援助与总统倡议整合在一起，为援助项目设计与评价奠定基础。④

国际社会越来越细致地制定评价标准、确定评价方法，以确保援助或

---

① https：//www. usaid. gov/sites/default/files/documents/1870/USAID% 20Policy% 20Framework% 202011 - 2015. PDF.

② http：//www. mofa. go. jp/files/000067701. pdf.

③ https：//www. usaid. gov/sites/default/files/documents/1868/State% 20USAID% 20Joint% 20 Strategic% 20Plan% 202014- 04-02. pdf.

④ https：//www. usaid. gov/results-and-data/planning/country-strategies-cdcs.

发展合作的有效性与质量。2003 年日本制定了首份《官方发展援助评价大纲》，迄今为止已制定了 8 份，涉及评价目标、标准、日本外务省评价体系及其评价方法等内容，特别是政策的相关性、结果的有效性、进程的适当性。美国国际开发署在其 2011 年评估政策指导下尤其注重项目评价，以系统地收集与分析项目绩效和影响的信息和证据，以此改进项目的有效性。

例如，美国国际开发署致力于以全球发展联盟（Global development Alliances）建设其和私人部门、非盈利部门的伙伴关系，以寻求利用其技能、财产、技术与资源实现可持续发展的目标，如大型跨国公司、当地企业、大学、基金会、非政府组织、侨民团体等。美国国际开发署以公、私伙伴关系利用了私人部门 10 亿美元的资金。除了这些直接投资合作之外，美国国际开发署转向更为广泛的私人部门参与方法，充当着私人部门投资的分析者与召集者的作用。不仅如此，日本还采取措施以支持本国非政府组织参与对外援助或发展合作的发展项目或能力建设，2002 年设立了日本非政府组织项目的补助金（Grant Assistance for Japanese NGO Projects），目前已有发展合作项目、非政府组织伙伴关系项目、紧急人道主义援助项目、和平建设项目等 7 项。日本外务省也向日本非政府组织提供补贴，以用于事前评价或事后项目评估，主办培训研讨会和讲习班。此外，日本国际协力机构（JICA）还以伙伴关系项目实施日本非政府组织、日本地方政府与大学在发展中国家的发展项目。

截至 2014 年，日本与墨西哥、巴西等 12 个国家建立了发展合作框架。例如，哥伦比亚与日本向其他国家提供城市规划与土地管理方面的援助。日本与多米尼加共和国共同为海地的农业发展提供帮助。美国虽然并不以三方发展合作为名，但是也致力于加强与传统盟国、新伙伴国、国际组织等援助方的伙伴关系。以《中亚地区发展合作战略 2015—2019》为例，美国在对中亚的援助中以全球抗击艾滋病、结核和疟疾基金（The Global Fund to Fight AIDS, Tuberculosis and Malaria）、世界银行、世界卫生组织、联合国艾滋病规划署等为伙伴，特别是加强了其与哈萨克斯坦的合作。

二、“一带一路”倡议背景下中国对外援助的转型

在“一带一路”倡议背景下，中国对外援助在资金、分布、方式、领域、举措等方面正在发生变化，将向“一带一路”倡议沿线国家倾斜[①]，处于重要的转型时期。事实上，在此之前中国对外援助在援助规模、实施框架等方面，在某种程度上已经开始步入转型阶段。[②]“一带一路”倡议为中国对外援助提供了新的方向、原则、领域、优先事项等，加快了中国对外援助的转型。[③] 在此背景下，中国不仅扩大了对外援助的规模，还更加突出了基础设施、气候变化、减贫与可持续发展、安全能力与和平建设等重点领域。特别突出的是2014 年中国将减贫纳入对外援助工作范畴，不仅同非盟共同发布了《中非减贫合作纲要》，而且提出了第一个东亚减贫合作倡议。

对外援助在“一带一路”倡议乃至中国整个外交议程以及对外政策中处于日益重要的地位，这不仅体现在三部委联合发布的《推动共建“一带一路”的愿景和行动》所强调的扩大留学生规模以及合作办学、医疗援助与应急医疗救助等方面，更体现在习近平等国家领导人在联合国发展峰会等多边论坛或双边场合等场合对对外援助的承诺、论述和态度上。2013 年8 月16 日，国家主席习近平会见了全国援外医疗工作先进集体和先进个人代表，强调卫生援外工作是外交工作的重要内容。2013 年10 月24—25日，国家主席习近平在周边外交工作座谈会上指出，坚持正确义利观，有原则、讲情谊、讲道义，多向发展中国家提供力所能及的帮助。2015 年10月16 日，习近平出席2015 年减贫与发展高层论坛并发表题为《携手消除贫困，促进共同发展》的主旨演讲，是2007 年论坛举办以来中国国家主席首次参会并做主旨演讲，再次强调中国始终力所能及地向其他发展中国家提供不附加任何政治条件的援助。尽管如此，在“一带一路”倡议的政

---

① http：//intl. ce. cn/sjjj/qy/201412/10/t20141210_ 4087113. shtml，登录时间：2015 年9 月12 日。

② Naohiro Kitnao，“China's Foreign Aid at a Transitional Stage”，Asian Economic Policy Review，Vol. 9，Issue 2，2014，pp. 301 –317.

③ 对于对外援助在“一带一路”倡议中的角色及其转型路径，请参见白云真：《“一带一路”倡议与中国对外援助转型》，载于《世界经济与政治》2015 年第11 期。

策规划中，对外援助的地位和作用仍有待于提高并应具体落实到政策实践之中。

一般而言，成套项目建设和物资援助是中国对外援助的主要方式，然而在“一带一路”倡议下丝路基金与亚投行是两个由中国主导的国际发展合作框架的主要支柱。[①] 在“一带一路”倡议背景下，2013 年设立的中国—欧亚经济合作基金、2014 年成立的丝路基金（400 亿美元）、2015 年设立的中国气候变化南南合作基金和中国—联合国和平与发展基金及南南合作援助基金等意味着以基金为主要形式的投资方式今后将成为中国对外援助的重要方式与引擎。2015 年 4 月，在习近平访问巴基斯坦期间，丝路基金、三峡集团与巴基斯坦私营电力和基础设施委员会共同签署了《关于联合开发巴基斯坦水电项目的谅解合作备忘录》。作为首个投资项目，丝路基金入股由三峡集团控股的三峡南亚公司，为巴基斯坦吉拉姆河科洛特水电站等清洁能源项目提供资金支持。以亚投行为代表的多边援助方式也将成为中国推动“一带一路”倡议沿线国家建构地区性援助治理体系的积极尝试与大胆探索，也是中国参与多边援助的新模式。对外援助是地区治理与全球治理的重要领域，然而亚洲地区的援助治理机制并不存在。尽管亚洲开发银行是东亚乃至亚洲地区重要的地区发展银行，但是其在东亚国家对外援助方式方面并未扮演协调性角色。那么中国倡议成立亚投行，以中国方案与中国智慧尝试建构地区援助治理机制，对目前由西方国家所主导的全球援助架构进行有益补充，有助于提升中国等新兴国家在全球援助体系中的地位。

中国民间组织日益参与到“一带一路”倡议沿线国家的人道主义援助等事务中。在 2015 年 4 月 25 日尼泊尔特大地震后，中国扶贫基金会派出救援队，开展灾情排查和需求评估，提供家庭应急箱、棉被与粮油等生活必需品的援助，开展供餐项目。除中国国际救援队之外的蓝天救援队、蓝豹救援队等 20 余家中国民间救援组织也参与了尼泊尔地震救援。[②] 此外，

① 林坤达：《一带一路与中国国际关系》，http：//www.taiwansecurity.org/files/archive/405_1cf8ccd7.pdf，登录时间：2015 年 10 月 23 日。

② 《尼泊尔地震牵动四方　中国海外救援力量初长成》，http：//www.chinanews.com/gj/2015/05-19/7286288.shtml，登录时间：2015 年 9 月 28 日。

中国政府援外机构也日益加强与中国民间组织的合作，帮助其进行能力建设。事实上，2014 年所提出的东亚减贫合作倡议是中国首个政府对外减贫援助项目，柬埔寨、老挝和缅甸三个国家成为第一批重点合作国家。在项目实施中，中国商务部开始尝试为中国扶贫基金会等民间组织提供资金，支持其参与该倡议并加强其能力建设。

在“一带一路”倡议的合作框架下，中国与一些“一带一路”倡议沿线国家不仅签署了经贸合作中长期发展规划，而且尝试中长期三方合作的新方法。尽管 2015 年 7 月 9 日批准的《中俄蒙发展三方合作中期路线图》并未具体提及三方发展合作的概念，但这是中、蒙、俄经济走廊建设中的有益尝试，只是仍需进一步将发展合作纳入三方合作优先和重点领域。此外，中国还在阿富汗和平重建与经济增长方面深化中、美、阿三方对话，在东帝汶农业发展与粮食安全方面加强中、美、东三方发展合作，在尼泊尔震后重建等人道主义援助中开展能力建设合作。

三、框架设计与内容

该书将从中国对外援助的支柱以及地区分布与援助战略三个角度阐明中国对外援助的历史、现状及其未来趋势，尤其是将中国对外援助置于美国、日本等发达国家对外援助的历史经验与政策实践中，以此展现中国对外援助在原则、领域、方式、战略等的异同，从中探究中国对外援助改革与发展的前景与路径。

第一章将重点关注中国对外援助的首要支柱政党部门。如王逸舟教授所提到的，当前中国对外援助的现实发展及其全球发展的新趋势“对更权威的部门协调统筹能力（类似援外总署的角色）的建设，都要求在加大援外力度的同时，做出人员编制，包括援外体制上的调整”。[①] 笔者认为，由于当前中国对外援助行政管理具有决策集中、执行协调与管理碎片化的特点，因而中国需要加强顶层设计，拓展与完善中国对外援助管理部门的角色，提升对外援助行政决策机制，以整体政府的理念全面推进中国对外援

① 王逸舟：《创造性介入》，北京大学出版社 2013 年版，第 131 页。

助行政管理改革。①

相比之下，20世纪90年代中后期，对恐怖袭击的安全担忧等因素促使美国、英国、新西兰等国家重视部门联合、信息共享等，开启以“整体政府”（whole of government approach）为内容的政府改革与公共治理运动，从政府机构或部门协调与整合的视角进行组织创新，以期改变传统官僚体制中政府部门碎片化的趋势。整体政府方法成为西方国家公共管理改革的新途径，是对当代全球化与信息时代的反映和创新，意味着从结构性分权、机构裁减和设立单一职能的机构转向整体政府。“整体性政府”或“协同”方法往往呈现出平等协商的形式，包括外交部、国防部、发展部。尽管日本、美国等国家对外援助行政管理体系仍具有碎片化的特点，但是都试图按照“整体政府”（whole of government approach）的方法进行对外援助管理的改革。最为显著的是，英国以此设立了独立且统一的国际发展部，成为对外援助行政管理改革的模范。

第二章将侧重中国对外援助的支柱社会组织。耿喜梅博士从社会组织参与对外援助的状况、方式及其角色三个维度探讨中国民间组织的现状与挑战，并且从政府与社会组织两个层面对专业化建设、人力资源、能力建设以及对外合作等方面提出有针对性的建议，尤其是较为系统地介绍美、日非政府组织参与对外援助的特点与模式。简而言之，中国政府需要寻求与社会组织进行尽可能广泛的合作，以构建中国对外援助牢固的社会基础。特别是，笔者认为中国政府应该创设一项资源志愿者（49—65岁）计划，以推进企业退休者、对外援助事务退休者以及联合国退休雇员参与到志愿活动中，从而充分利用他们的丰富经验和专业知识。②

张鹏博士在第三章重点探讨了中国对外援助的第三个支柱教研机构，较为详实地阐明了教研机构参与中国对外援助的历程、机遇与挑战、未来教育援外战略与政策。对此，他认为中国应该积极反思自身接受和提供教育援助的宝贵经验教训，充分挖掘社会力量在援助外交中的战略价值，进

① 白云真：《整体政府视角下中国对外援助的行政管理改革》，载于《国际援助》2015年第2期。

② 白云真：《如何有效推进中国对外援助》，http://www.cssn.cn/zx/bwyc/201408/t20140814_1291776_1.shtml。

一步加大教育援外投入，优化教育援外结构，强化援助对象的教育能力建设，提炼更容易被国际社会接受的教育援助理念，以期有效提升教育援助的长期效益。笔者认为，至关重要的是中国科研机构不仅仅在国内开展发展中国家人力资源培训等项目，更应该进一步以项目的方式推动中国科研机构走出去，在受援国本地对其基础教育与高等教育的管理、课程建设以及教师科研能力等方面开展援外工作，特别要充分利用中国大学的优势与受援国大学进行教育伙伴关系建设。

江涛副教授在第四章中论述了中美在西亚、北非的援助政策、方式与分布，将中国对该地区的援助划分为意识形态和政治因素主导、经济外交与能源合作主导和战略调整与外交转型三个时期，将美国对该地区的援助划分为反苏、重塑中东格局以及反恐三个时期，并且从加大该地区的援助力度、总结援助经验、借鉴美国经验、创新援外方式四个方面提出了自己的政策思考。

在第五章中，张云雷博士从中国对非洲援助的历史进程、中国模式、前景与困境等角度阐述了对非洲援助的政策与行动，而且从对非洲援助的宣传工作等方面提出政策建议。特别是，中国对非洲援助本身构成了非洲安全事务与冲突管理等领域的必要手段，而且应该将发展援助扩展到安全与和平领域，设立非洲安全与和平基金，资助非洲冲突预防以及和平建设的能力建设，进而实施综合性大战略，将援助与安全、冲突有机地整合起来。[①] 尤其是，安全援助有助于减缓冲突并推进中国海外发展，广泛地涉及公共部门、安全部门、司法部门以及裁军、复员与安置计划。[②]

张占顺等三位博士在第六章较为细致地分析了中国对南亚的援助，认为中国对南亚的援助正在迈向第四个发展阶段。他们认为，为了实现援助诉求和应对援助的国际竞争，中国对南亚援助的主体将趋于多元化，援助方式更为多样化，援助领域也将不断深化，而且援助的机遇和挑战日趋复杂。特别是，未来中国对南亚的地缘安全与战略考量将会被更多地从经济

---

① 白云真：《欧盟对非洲民族冲突干预的特点及其对中国的启示》，载于《教学与研究》2013年第3期，第77—78页。

② 白云真：《论中国海外发展与安全》，见《中国浦东干部学院学报》2015年第3期，第129页。

而非军事安全角度得以界定。

笔者在第七章从总体、宏观与战略角度强调对外援助与对外战略的相互作用与联系，以更有效地分配与使用有限的援助资源，从而服务于中国对外战略的根本目标。因而，中国学者不应该仅仅停留在和平发展大战略的宏观与笼统的研究，而是需要加强对外援助等具体领域的战略研究，否则无法满足国家现实的战略需要。那么中国应该以更大的政治勇气和智慧完善和发展一个大有可为的中国对外援助战略。由于整体与全局地把握中国对外援助是战略研究的内在要求，因此笔者试图拓展对外援助与战略研究的整合性研究，从而丰富中国对外援助研究的领域与视角，揭示出对外援助的战略维度，以期推动对外援助的系统研究并且为我国对外援助的政策实践提供些战略选择。①

总之，对外援助的有效性与质量是中国对外援助的基本目标，因而中国应该制定连贯一致而且更具战略与具体、更加有效与均衡的对外援助政策。中国对外援助的深入改革必然会提高对外援助战略决策与协调能力、战略动员与融资能力等，增强社会大众对对外援助的支持与同意，提升对外援助的战略价值、援助质量与效果，进而在谋求中国发展中促进各国共同发展，以此建立更加平等均衡的新型全球发展伙伴关系。②

尽管笔者组织各个章节的撰写者数次讨论框架设计及其研究内容与写作思路等，试图从政府政策、学者观点与媒体视野三个维度审视中国对外援助的特点、变化与趋势，但是由于时间及其资料所限，该研究成果仅仅是这一团队初步研究中国对外援助的阶段性成果，特别是并没有涉及中国对外援助的其他支柱（如跨国公司、多边组织）以及中国对拉丁美洲、东南亚、中亚、太平洋岛国等地区的援助。再者，各章节某种程度上是相对独立的研究主题与研究思路，文责由作者自负。尽管如此，笔者在此向章节的撰写者所付出的努力与尝试表示感谢，同时也感谢北京大学国际关系学院副院长王逸舟教授、中央财经大学政府管理学院赵景华教授等师长的学术指导与精神支持。特别是赵景华教授建议从历史观、国际观、战略

① 白云真：《中国对外援助的战略分析》，载于《世界经济与政治》2013 年第 5 期。

② 白云真：《21 世纪日本对外援助变革及其对中国的启示》，载于《教学与研究》2014 年第 7 期，第 61 页。

观、科学观与发展观五个维度理解与审视中国对外援助的历程与变革。即使我们在研究过程中竭力将其贯彻到对外援助研究之中，但是自我感觉尚未达到此学术要求，权当今后我们继续努力的方向。

（白云真*）

---

* 白云真，中央财经大学国际政治系副教授，中国海外发展研究中心兼职研究员、社科院城市发展与环境研究所资源与环境经济学博士后，研究领域为国际理论与政治思想、国际组织与对外援助、中国对外战略与全球气候治理、国家安全与政治经济学。

第一章

党政部门与中国对外援助

作为对外援助的基本支柱，党政部门在对外援助政策决策、预算、协调、执行、管理、监督、评估、反馈等方面扮演着无可替代的角色，是双边援助的行为主体、多边援助的参与主体。“援外管理体制的设立取决于援助国的基本制度和对外援助的基本方针、政策、形式和内容。”① 随着中国党政部门改革的推进，中国对外援助行政管理体系已初具规模，呈现出集中决策、执行协调与管理碎片化等特点。

相比之下，尽管日本、美国等国家对外援助行政管理体系仍具有碎片化的特点，但是都试图按照“整体政府”（whole of government approach）的方法进行对外援助管理改革。最为显著的是，英国以此设立了独立且统一的国际发展部，成为对外援助行政管理改革的模范。由此，中国对外援助行政管理体系需要按照我国政治发展的自身逻辑，借鉴欧美国家“整体政府”公共管理改革运动的经验与教训，完善与提升自身在政策、协调、执行与评估等方面的能力。

第一节　行政部门在中国对外援助中的角色及其管理特点

1950 年，中国对外援助始于向朝鲜与越南的物资援助。自此中国对外

① 周弘：《中国对外援助与改革开放 30 年》，载于《世界经济与政治》2008 年第 11 期，第 35 页。

援助的基本政策与方针日益成熟。正是随着中国对外关系的发展、国内政治与经济的变革，中国已初步确立中国特色的对外援助行政管理体系，体现了从执行与管理到决策、执行、管理、监督等多重角色的转变，明显具有集中决策、执行协调、管理碎片化等特点。

一、中国对外援助行政部门的角色转变

（一）改革开放前对外援助政府部门的执行与管理角色

中国人民在中国共产党领导下，以有效的社会革命创建了中华人民共和国，逐渐确立了现代意义上的民族国家及其政治框架与政治制度。对外援助是中国全球战略的一部分，因而党中央和国务院高度重视并负责援外工作的战略部署。“由于党中央和国务院对援外工作统抓统管，中央领导人直接过问援外工作，分管部委直接对中央负责，援外管理机构能够有效地利用行政指令的方法，实现全国一盘棋，各省及各部委均设有专门机构管理援外项目。”① 毛泽东担任中共中央委员会主席、中央政治局主席，因而在我国对外援助决策中起着核心的作用，刘少奇、周恩来等党和国家领导人在对外援助决策中也起着重要的作用。在1965年之前中国外交高层决策中，“实际上就形成了以‘毛—刘—周’为主导的核心体制”。②

毛泽东、周恩来、刘少奇等党和国家领导人在援助越南、阿尔及利亚等方面从战略全局与世界战略形势出发，制定国际范围的援助战略和策略。1959年1月21日至27日毛泽东（和周恩来）会见墨西哥前总统、世界和平理事会副主席拉萨罗·卡得纳斯将军时指出，“我们认为古巴事件是当前一个重大事件，亚洲人民应该支援他们反抗美国，其次要支援刚果人民反抗比利时统治的斗争。我们三个洲不是相互孤立的，还有西方世界的人民帮助我们，我们要相互支援。”③ 1949年至1954年的援越抗法是新

---

① 周弘：《中国对外援助与改革开放30年》，载于《世界经济与政治》2008年第11期，第35页。

② 周弘：《中国对外援助与改革开放30年》，载于《世界经济与政治》2008年第11期，第35页。

③ 黎家松主编：《中国人民共和国外交大事记》（第二卷），世界知识出版社2001年版，第92页。

中国成立后第一次对外援助的尝试。刘少奇作为援越事务的主要负责人，亲自参与并指导了对越援助的决策和整个援助事务的具体进程。[①] 1961 年刘少奇主席曾致电刚果共和国（今刚果民主共和国）副总理吉赞加，表示中国人民将尽力援助刚果人民。[②] 1963 年 8 月 5 日、1964 年 1 月 15 日，周恩来先后宣布了中国对外援助的四项原则、对外经济技术援助的八项原则，特别强调外援必须符合平等互利原则，不附带政治条件或特权。“许多正确的思想和决策是毛泽东提出的，得到中央领导集体的支持；其他领导人提出的正确意见，也是在得到毛泽东支持的情况下作出决定，付诸实施的。”[③] 1964 年 6 月 14 日，毛泽东在接见坦桑尼亚第二副总统卡瓦瓦时指出，“我们一定要实行八项原则。如果我们不执行其中任何一项，那就不行，对你们不利，对我们也不利。”[④] 1966 年之后，毛泽东更是从战略上把握对外援助的大政方针和战略部署，在对外援助方面拥有最后决定权。

由于“外交工作，授权有限”，作为外交重要组成部分的对外援助，行政管理部门更多地承担着贯彻与执行毛泽东、周恩来、刘少奇等党和国家领导人确定的援外方针政策的角色。1950 年以来，中国对外援助行政管理机构逐步建立和健全，历经数次行政改革而不断完善。当时外汇、粮食占中国对外援助的首位，主要包括经济援助、军事援助、人道主义援助等。由于最初中国对外援助限于物资、现汇、经济技术援助等领域，因而商务部的前身对外贸易部曾经起着主导作用，也包括财政部、国家计划委员会等政府部门。

随着对外援助任务的增加，1961 年 3 月 1 日对外经济联络总局作为国务院直属机构成立，加强了对外经济技术援助工作的归口管理。为进一步充实和调整对外经济联络总局的人员和机构，1964 年 6 月 10 日对外经济

---

① 佘湘：《建国初期刘少奇对越援助的思想与实践》，载于《党史研究与教学》2009 年第 3 期，第 52—58 页。

② 黎家松主编：《中国人民共和国外交大事记》（第二卷），世界知识出版社 2001 年版，第 186 页。

③ 宫力等：《中国外交决策机制变迁研究（1949—2009）》，载于《世界经济与政治》2009 年第 11 期，第 47 页。

④ 黎家松主编：《中国人民共和国外交大事记》（第二卷），世界知识出版社 2001 年版，第 344 页。

联络总局调整为对外经济联络委员会。1970年8月6日，对外经济联络委员会正式改称为对外经济联络部，专门负责中国对亚、非、拉国家的经济援助和经济技术合作工作。如此一来，中国设立了独立的对外援助部门，只是在对外援助决策方面未能充分发挥应有的作用。1964年至1976年，方毅先后担任对外经济联络委员会主任、党组书记，对外经济联络部部长、党组书记，曾经从援外政策和援外方式的制定等方面向毛泽东、周恩来等党和国家领导人提出了一些政策建议，而且参与了中国对外经济技术援助八项原则的制定。[①] 1976年11月陈慕华任对外经济联络部部长兼中共党组书记时参加了新时期中国对外经济技术援助四项原则的制定，即“平等互利、讲究实效、形式多样、共同发展”。

（二）改革开放以来对外援助中政府部门的多重角色

改革开放以后，根据邓小平同志对国际形势和中国国情的深刻认识，中国针对对外经济援助政策、方式与行政管理进行了合理的调整和改革。“作为致力于现代化建设的发展中大国，中国需要借助西方发达国家的资金、技术、知识和经验，尽快地把自己的国家建设起来；与此同时，作为发展中国家的一员，中国继续向其他发展中国家的朋友和伙伴提供力所能及的援助。”“随着援外规模的缩减、援外方式和内容的改变以及援外行为主体从国家机构变成了市场行为体，政府援外管理的工作量在缩减，方式方法发生了变化，指令性和行政性工作相应减少，援外主管机构开始萎缩。”[②]

受中央精简机构政策的影响，1982年3月对外经济联络部、对外贸易部等单位合并成立了对外经济贸易部（1993年更名为对外贸易经济合作部，2003年更名为商务部），主要负责拟定和执行对外援助的政策、规章、制度和援助方案，签署有关协议；编制和组织实施年度援助计划；监督检查对外援助项目的实施情况等。商务部增加了拟定并执行对外援助政策，

---

① 编辑组编：《方毅文集》，人民出版社2008年版，第49—104页。

② 周弘：《中国对外援助与改革开放30年》，载于《世界经济与政治》2008年第11期，第35、41页。

起草援外法律、法规的职能。① 此前主管援外工作的外经部合并到新组建的外经贸部中，成为一个司局级单位，不仅负责援助政策的执行，并且日益参与到援外政策的制定中。商务部设立对外援助司（目前下设14处1室，包括办公室、综合处、计划信息处、法规处、质量监管处、国际交流与合作处、人力资源开发处、亚洲一处、亚洲二处、非洲一处、非洲二处、非洲三处、西亚北非欧洲处、拉美处、南太处），负责拟订并组织实施对外援助的政策和方案，推进对外援助方式改革；组织对外援助谈判并签署协议，处理政府间援助事务；编制对外援助计划并组织实施；监督检查对外援助项目的实施。"中国对外援助的决策部门包括商务部、外交部、财政部等部门，它们通过分工和协商来制定对外援助的政策和措施。"②

可见，中国对外援助行政部门的角色逐渐从决策和执行扩大到监督、管理等。2003年3月，商务部成立国际经济合作事务局（下设17个处室，仅设驻韩国办事处，具体包括办公室、综合审计处、行政财务处、制度监督处、技术经济咨询、项目预算管理处、资审管理处、招标管理处、东盟南亚处、亚洲处、东南非处、中非处、西非处、西亚北非欧洲处、美洲大洋洲处、审价管理处、信息化管理处），援外司将原由其负责的援外项目的具体实施和管理交由国际经济合作事务局承担。

二、中国对外援助管理的特点

（一）集中决策

中国对外援助决策权集中在党中央与中央政府，改革开放以来对外援助决策机制日趋完善。1981年中共中央决定，恢复中央外事工作领导小组，下设办事机构国务院外事办公室。1998年8月，中共中央、国务院决定，撤销国务院外事办公室，组建中央外事办公室，列入中共中央直属机构序列。2000年9月，中共中央决定组建中央国家安全领导小组，与中央外事工作领导小组合署办公。十七届中央委员会时期胡锦涛任组长，习近平任副组长，国防部部长梁光烈、中央外事工作领导小组秘书长兼办公室

① 参见商务部援外司：《重要职能》，载中国人民共和国商务部网站。

② 周弘：《中国对外援助与改革开放30年》，《世界经济与政治》2008年第11期，第42页。

主任戴秉国、外交部长杨洁篪、外交部副部长乔宗淮、中共中央对外联络部部长王家瑞、商务部部长陈德铭等任组员。“我国对外援助管理机构主要是由商务部及其前身主管的，这与其他国家对外援助主要由外交部主管有所不同。商务部及其下属的援外司主管援外工作比较侧重对外援助的经济层面；而外交部主管则更多地考虑政治和外交利益，视援外为外交总体战略的重要组成部分。”①

对外援助的集中决策主要体现在中国对外政策中。2000 年 10 月在北京召开的“中非合作论坛—北京 2000 年部长级会议”通过了《中非经济和社会发展合作纲领》等文件。其中中国政府承诺继续在力所能及的范围和南南合作的框架内向非洲国家提供发展援助，主要采取无偿援助、优惠贷款、无息贷款的形式。2003 年 12 月，在埃塞俄比亚首都亚的斯亚贝巴召开的中非合作论坛第二届部长级会议中，中国政府仍强调自身受援国的身份。2006 年中非合作论坛北京峰会期间，中国国家主席胡锦涛宣布了中国扩大对非援助的八项政策措施。中国政府在 2006 年《中国对非洲政策文件》中强调，将根据自身财力和经济发展状况，继续向非洲国家提供并逐步增加力所能及和不附加政治条件的援助。2008 年 11 月 5 日，中国政府首次正式发表《中国对拉丁美洲和加勒比政策文件》，强调继续向拉美有关国家提供不附加任何政治条件的经济技术援助，并将根据拉美国家的需求在力所能及的条件下逐步增加援助。2012 年中非合作论坛第五届部长级会议在京举行，胡锦涛发表《开创中非新型战略伙伴关系新局面》的讲话，宣布今后三年采取措施在五个重点领域支持非洲和平与发展事业。习近平在《推进中非新型战略伙伴关系新发展》中强调力所能及的援助以及援助的相互性。

（二）执行与协调

随着中国社会经济的发展以及国际发展趋势的变化，对外援助日益突破传统的领域，扩展到能源、文化、教育、环境等广泛领域。“战略和政策规划是对外援助管理中的一个重要环节，战略和政策规划的协调成为跨

---

① 黄梅波等：《中国对外援助管理体系的形成与发展》，载于《国际经济合作》2009 年第 5 期，第 34 页。

机构协调的题中之意，其目标是制定统一和协调一致的对外援助战略和策略。”① 这有助于协调各个行政部门的资源、力量与政策，避免行政部门之间部门利益、政策选择的冲突。2006 年，以中非峰会为契机，商务部牵头强化了商务部、外交部、财政部三部门援外工作联动机制，推动建立 23 部委援外合作机制，初步形成与地方省区的工作联系机制，建立商务部内 14 个司局援外工作联系机制。2008 年，20 多个中央部委和单位组成了对外援助部际联系机制。2010 年，商务部设立援外突发事件应急联动工作机制。当时为科学制定我国援非举措，邀请了 10 家知名高校和研究机构的专家进行专题研究和论证，广泛协商以加强援外政策的学术性和科学性。在新中国援外工作 60 年之际，2010 年 8 月 13 日至 14 日，第九次全国援外工作会议在京召开，中央专门印发进一步加强和改进新形势下援外工作的政策文件（中办发（2010）38 号文件）。

时任中国总理的温家宝提出，“着力完善对外援助体制机制，加快构建充满活力、富有效率、更加开放的援外体制机制。要进一步理顺援外管理体制，健全决策、执行、监督相互制约又相互协调的援外运行机制。”② 2011 年初，对外援助部际联系机制升级为对外援助部际协调机制，涵盖外交部、财政部、卫生部、中国人民银行、中国进出口银行、科技部、农业部、教育部、全国妇联等 24 个部门。陈德铭指出，“进一步健全决策、执行、监督相互制约又相互协调的援外运行机制。”③ 2012 年 3 月 1 日，商务部召开援外部际协调机制第二次全体会议，增补水利部等 9 家单位为对外援助部际协调机制成员单位，由 2011 年成立时的 24 个部委增加到 33 个。援外突发事件应急联动工作机制包括商务部援外司、办公厅、人事司、财务司、亚洲司、西亚非洲司、欧洲司、美大司、经济合作局、交流中心、研修学院、地方商务主管部门、驻外经商机构等单位。

除此之外，各部门进一步加强了彼此之间的人员交流以确保其间的有机联系。2014 年 1 月 9 日，国务院任命商务部原副部长王超担任外交部副

① 丁绍彬：《奥巴马政府的对外援助变革——以国家安全战略调整为背景》，载于《外交评论》2012 年第 3 期，第 142 页。

② 《全国援外工作会议在京召开》，见《人民日报》，2010 年 8 月 15 日第 1 版。

③ 陈德铭：《努力开创援外工作新局面》，载于《求是》2010 年第 19 期。

部长，标志着援外机构主要官员之间人员交流的良好开端。王超副部长1982年曾担任中国对外经济贸易部援外局干部，也曾在驻外大使馆经商处或经参处工作。这种高级别的人员交流必将推动各部门之间的有机协作，从而制定出更加连贯一致的援助政策。

（三）管理碎片化

目前中国政府没有一个政府机构具有必要的专业知识以提供项目指导与政策导向，从而推动中国对外援助的政策议程。商务部是中国政府的重要对外援助机构，在国务院指导下负责对外援助政策、年度援助计划等的制定。此外，外交部、财政部等部委往往也参与对外援助项目的实施。然而在现有中国对外援助碎片化的政府架构下，没有一个机构系统地规划与评价对外援助政策及其项目的有效性。尽管中国驻外大使比较熟悉所驻国的援助，但是事实上很少对援助项目规划产生影响。中国对外援助的组织架构有自身的优势，但是会产生行政与交易成本，难以在整个政策与战略框架下发挥最优化的影响，也难以从对外政策目标的角度评价对外援助。

由于中国对外援助决策集中于中央政府，因而国务院是中国对外援助的最高管理部门，负责对外援助政策决策与对外援助计划审批等。尽管财政部负责多边援助、债务免除并且签署年度援助计划，但是商务部、外交部与中国进出口银行在对外援助活动中扮演着关键性角色。与日本外务省负责对外援助有所不同，国务院授权商务部“负责拟定对外援助政策、规章、总体规划和年度计划，审批各类援外项目并对项目实施进行全过程管理”。[①] 商务部在对外援助中的主导地位是历史形成的，然而这种对外援助管理机制现在无法充分地满足对外援助战略使用的现实需要。如部际联系机制所表明的，对外援助党政部门涉及33个部委等单位。特别是2012年10月9日外交部成立了国际经济司，其主要职责为研究国际经济的有关政策，主要包括国际经济组织等重大峰会的筹备及后续行动协调、国际和区域合作框架内经济与发展合作等工作。

---

① 国务院新闻办公室：《中国的对外援助》，人民出版社2011年版，第26页。

第二节 美国、日本、英国对外援助行政管理改革

20 世纪 90 年代中后期，对恐怖袭击的安全担忧等因素促使美国、英国、新西兰等国家重视部门联合、信息共享等，开启以“整体政府”（whole of government approach）为内容的政府改革与公共治理运动，从政府机构或部门协调与整合的视角进行组织创新，以期改变传统官僚体制中政府部门碎片化的趋势。“全球社会经济一体化推动了新公共管理朝着‘高效率’的目标推进，政府运用竞争机制、绩效管理、分散化等治理方式提高解决问题的能力。随着信息技术的发展，其带来的机构‘碎片化’的副作用却愈发凸显，机构分散化、部门机构协调困难、公共服务效率低下等一系列问题要求政府的公共行政必须从部分走向整体，从破碎走向整合。”① 整体政府方法成为西方国家公共管理改革的新途径，是对当代全球化与信息时代的反映和创新，意味着从结构性分权、机构裁减和设立单一职能的机构转向整体政府。“整体性政府”或“协同”方法往往呈现出多部门平等协商的形式，包括外交部、国防部、发展部。

一、美国对外援助政府部门的管理与改革

（一）1961 年《对外援助法案》及其美国国际开发署

美国国会 1948 年以《经济合作法案》成立了经济合作署，授权于“马歇尔计划”，从各方面改革对外援助。1951 年 12 月 31 日，“马歇尔计划”原本结束了，但是由于朝鲜战争的升级，事实上比其预定的时间提前 6 个月。美国国会试图将其军事行动、经济项目与技术援助结合起来，因而 1951 年 10 月 31 日批准了《共同安全法案》（The Mutual Security Act），设立了共同安全署（Mutual Security Agency）而取代了经济合作署，以领导其在每个国家的行动。该法案及其 1957 年修订版包含着安全与发展援助

① 袁方成、盛元芝：《对新西兰“整体政府”改革的理解》，载于《政治学研究》2011 年第 5 期，第 113 页。

的概念，设立向发展中国家提供贷款的权威性机构。然而这些法案并未形成一个对外援助的长期架构。

1953 年 8 月 1 日共同安全署被取消，其功能转交给援外事务管理署（the Foreign Operations Administration）。这一机构是独立于国务院的政府部门，1955 年 6 月 30 日由国际合作署（the International Cooperation Administration）所取代。并不像援外事务管理署，国际合作署隶属于国务院。由于上述组织无法满足海外长期的发展项目的需要，1961 年《对外援助法案》授权总统选择一个机构以实施其具体规定。由此，1961 年 11 月 3 日肯尼迪总统以行政命令方式将发展贷款基金与国际合作署合并而新设立了国际开发署，负责具体国别计划及长期发展规划。

（二）美国对外援助行政管理的重组与改革

1973 年，《对外援助法案》重组了对外援助部门，包括农业、教育、人口以及能源、环境等部门，以农业、教育等具体领域的贷款与赠予的方式取代了技术援助和发展贷款。1977 年，美国参议员休伯特·汉弗莱（Hubert Humphrey）曾经推动立法协调对外援助政府机构，但是并未立法。1979 年卡特总统仅仅以此设立了一个综合性的对外援助机构，即国际发展合作署（the International Development Cooperation Agency，IDCA）。由此，总统将经济援助计划授权于国际发展合作署，再由其授权于国际开发署。安全援助项目仍在国务卿的权限之内。

国际发展合作署仅仅协调国际开发署，有 75 位雇员，再无其他对外援助行动。事实上，里根政府放弃了国际发展合作署，也没有向其安排职员。最终 1995 年《对外事务改革与重组法案》取消了国际发展合作署，同时美国国际开发署由法定机构转变为法定授权机构。里根总统曾在其第一任期内设立了安全与经济援助委员会（the Commission on Security and Economic Assistance），由国防部副部长弗兰克·卡卢奇（Frank Carlucci）负责，以考察安全援助的角色。

克林顿总统任命副国务卿利福德·沃顿（Clifford Wharton）负责评估对外援助，以重组二战后的对外援助并改革美国国际开发计划署。克林顿政府还提议重新组织对外事务的功能，保留美国国际开发计划署的独立机构地位，但是将其置于国务院的管理之下。1998 年国务院批准了《对外事务改革与重组法案》，扩大了国务院对美国国际开发署的管理权限。随后，1999 年国务院授权美国国际开发计划署以履行其使命。20 世纪 90 年代，由于美国国际开发署有多于其权力的责任，因而往往被控诉为存在糟糕的规划与执行问题。①

（三）21 世纪以来美国对外援助行政管理的变革

2002 年以来，发展成为美国国家安全利益所依赖的三大支柱之一（其余为国防与外交），由此，对外援助逐渐被视为美国国家安全的工具之一。2004 年美国政府设立了千年挑战公司，以管理千年挑战账户（the Millennium Challenge Account，MCA）的资金，改变了以往一个重要双边援助机构的格局，加剧了美国援助体系碎片化的趋势。美国对外援助包括国务院内部至少 18 个援助机构以及独立的美国国际开发署，涉及医疗、军事训练、禁毒援助、对盟国的经济资助等领域。20 多个联邦部门与机构有自己的援助计划。由此，对外援助往往受到美国个别机构的愿望或美国使命的影响，而没有反映美国对特定国家连贯一致的战略。②

小布什政府的对外援助改革计划寻求使碎片化的、功能失调的美国对外援助机制具有更多的战略一致性。为此，2006 年美国国务院设立了对外援助办公室及其对外援助办公室主任（Director of Foreign Assistance，DFA）的职位，以使对外援助与其明确的对外政策目标更加紧密，运用经济援助解决安全问题，将对外援助整合到“转型”外交③框架中。其基本职责是起草美国对外援助的总体战略以及五年国别计划，监管国务院与美国国际开发署所有基金与项目的设计、规划、协调与执行，协调美国援助项目并指导实施对外援助项目的其他机构。

时任美国国务卿赖斯任命兰德尔·托拜厄斯（Randall Tobias）为首位对外援助办公室主任，相当于副国务卿，同时兼任美国国际开发署署长

① Carol Lancaster, Foreign Aid: Diplomacy, Development, Domestic Politics, Chicago and London: The University of Chicago University, 2007, pp. 105 – 106.

② Stewart Patrick, “U. S. Foreign Aid Reform: Will It Fix What Is Broken?”, p. 1.

③ Secretary of State Condoleezza Rice, “Transformational Diplomacy,” speech at Georgetown University, January 18, 2006.

(2007 年 4 月辞职)。尽管对外援助办公室主任也负责协调、指导“美国政府其他机构与实体的所有对外援助，包括千年挑战公司（the Millennium Challenge Corporation）、全球艾滋病协调办公室（the Office of the Global AIDS Coordinator）”①，负责召开部门间会议，但是美国国务院对外援助办公室仅涉及国务院与美国国际开发署的援助项目而没有协调国防部等其他部门的对外援助，而且没有包括美国对国际组织的多边援助。因而对外援助署由于行动范围有限以及国会专项拨款的限制而无法完成自己的使命。②

一般而言，美国对外援助主要包括五个类型：双边发展援助、推进美国政治与安全目标的经济援助、人道主义援助、多边经济捐助、军事援助。由此，对外援助涉及 20 多个联邦政府机构，然而美国国际开发署仅是其中最显著的机构。此外，千年挑战公司与美国国际开发署之间的关系并不明确，导致对外援助提供方面的问题及其两个机构之间的紧张关系。许多学者认为，美国对外援助行政管理应该设立独立的内阁级国际发展部门，以使对外援助、人道主义援助在美国行政部门具有更坚实的基础，更适合其对于对外政策日益重要的角色。因而单一的政府行政部门与世界上其他发展机构协调是必要的。③ 大量资源并不在美国国务院对外援助办公室主任的控制之内，包括千年挑战账户、其他部门与机构 50 个项目的资金。美国对外援助涉及国防部、财政部、外国资产管制办公室（Office of Foreign Asset Controls）、技术援助办公室、国际事务办公室、卫生与人力资源服务部、美国国立卫生研究院、全球卫生办公室、农业部对外农业局与林务局、商务部、能源部、美国贸易代表、环境保护署、海外私人投资公司（OPIC）、美国和平队（Peace Corps）、美国贸易和发展署、美国进出口银行、美国联邦应急管理局（FEMA）、美国小企业管理局（US Small Business Administration）、非洲发展基金、美洲发展基金、美国麻醉品控制政策办公室（Office of National Drug Control Policy）22 个机构。

---

① State Department Fact Sheet, “New Leadership Role for U. S. Government Foreign Assistance,” January 13, 2006.

② Stephen J. Wiese, “U. S. Foreign Aid Reform: Changing Institutional Problems in Order to Meet Morden Day Needs,” Washington University Global Studies Law Review, Vol. 8, Issue 4, 2009, p. 756.

③ Raj M. Desai, “Revitalizing America's Foreign Aid Regime,” http://www.brookings.edu/research/opinions/2007/05/29macroeconomics-desai? rssid = multilateral%2bdevelopment%2bbanks.

表 1.1　美国国际开发署机构组织架构

中文名	英文名
总检察长办公室	Office of Inspector General
行政秘书处	Executive Secretaries
法律顾问办公室	Office of General Counsel
预算与资源管理办公室	Office of Budget and Resources Management
安全办公室	Office of Security
中小企业办公室	the Office of Small and Disadvantaged Business Utilization
公民权办公室	The Office of Civil Rights and Diversity
食品安全局	Bureau for Food Security
经济增长、教育与环境局	Bureau for Economic Growth, Education, and Environment
民主、冲突与人道主义援助局	Bureau of Democracy, Conflict and Humanitarian Assistance
全球卫生局	Bureau for Global Health
政策与规划局	Bureau for Policy, Planning and Learning
对外援助资源办公室	Office of U. S. Foreign Assistance Resources
全球发展实验室	theU. S. Global Development Lab
立法与公共事务局	Bureau for Legislative and Public Affairs
人力资本与人才管理办公室	Office of Human Capital and Talent Management
管理局	Bureau for Management
非洲局	Bureau forAfrica
欧洲与欧亚局	Bureau for Europe and Eurasia
亚洲局	Bureau forAsia
阿富汗与巴基斯坦事务办公室	Office of Afghanistan and Pakistan Affairs
中东局	Bureau forthe Middle East
拉美与加勒比局	Bureau forLatin America and the Caribbean

资料来源：此表根据 https：//www. usaid. gov/who – we – are/organization 由笔者绘制。

奥巴马政府着手进行对外援助行政管理改革，主要涉及白宫的统筹以及各职能部门和机构间的相互协调两个方面。

其一，创立由美国国际开发署管理的全球发展委员会，以提供咨询与建议，由国务院、财政部、国防部、开发署、千年挑战公司等部门和机构负责人以及总统任命的非政府人士组成全球发展委员会。全球发展委员会寻求超越传统的援助概念，进而包括贸易、外交、税收与投资、信息、创新、风险缓解与国家安全。此外，国务卿、财政部部长、国防部部长、美国国际开发署署长、千年挑战公司首席执行官、海外私人投资公司总裁与首席经理、美国贸易代表担任无表决权委员。现在全球发展委员会包括1位主席、1位副主席、8位委员以及3位职员。

表1.2 美国国务院涉及对外援助的部门

民主、人权与劳工事务局	Bureau of Democracy, Human Rights and Labor
中东和平倡议	Middle East Peace Initiative
全球艾滋病事务协调员办公室	Office of the Global AIDS Coordinator
监督与打击人口贩运事务办公室	Office to Monitor and Combat Trafficking in Persons
人口、难民和移民事务局	Bureau for Population, Refugees and Migration
政治—军事事务办公室	Office of Politico-Military Affairs
国际缉毒与执法事务局	Bureau of International Narcotics and Law Enforcement Affairs
人道主义信息办公室	Humanitarian Information Unit
特别协调员办公室	Special Coordinator's Office
经济和商务局贸易政策与项目处	Bureau of Economic and Business Affairs, Trade Policy and Programs Division
海洋、国际环境与科学事务局	Bureau of Oceans and International Environmental and Scientific Affairs
国际卫生事务办公室	Office of International Health Affairs

资料来源：此表根据 http：//www.state.gov/r/pa/ei/ris/dos/99494.htm 由笔者绘制。

其二，提升美国国际开发署的地位，开发署署长必要时参加国家安全委员会会议。[①] 2014年4月14日，美国总统的全球发展委员会举行了首次公开会议，建议“确立新型的有效且统一的发展援助架构”。并且针对私

① 丁绍彬：《奥巴马政府的对外援助变革——以国家安全战略调整为背景》，《外交评论》2012年第3期，第141页。

人部门的利用，以创新、透明与证据为基础的政策，气候友好型食品安全(climate-smart food security)，美国的全球领导四个领域提出建议。

作为公开数据的重要步骤之一，2011 年美国签署了国际援助透明倡议(the International Aid Transparency Initiative，IATI)，发布了开放型政府伙伴关系（the Open Government Partnership）的时间安排。美国国际开发署支持奥巴马总统提出的“开放型政府倡议”(Open Government Initiative)，按照透明、参与和协作的原则开展开放型政府行动计划，重新设计了内部与公共网站，公布援助数据，继续发布绿皮书，参与国际援助透明倡议(International Aid Transparency Initiative)。① 2011 年以来，美国国际开发署署长拉吉夫·沙阿（Rajiv Shah）发布其年度信件。2011 年他解释了美国国际开发署在海地、阿富汗与苏丹的行动，描述了食品安全倡议、全球健康倡议（the Global Health Initiative）所展现的新方法等；2012 年阐述了战略选择背后的思想，关注了发展在美国对外政策中地位的上升。为公众提供参与决策过程的机会。

将现代援助架构视为解决美国所面临的新战略环境的三大支柱之一，提升发展在美国国家安全决策中的重要性及其美国政府更大的连贯性。美国政府考虑借鉴美国贸易代表贸易政策评议小组（Trade Policy Review Group）评估贸易政策的方法，评价美国全球发展政策变化的“发展影响”(development impact)。为了重新确立美国在国际发展领域的全球领导者地位，美国政府有必要将美国国际开发署建设为重要的、世界上首屈一指的发展机构，并加强其与千年挑战公司之间的协调。②

为了实现民事权力的潜在影响，赋予美国军队所需的伙伴，推进美国世界范围内的国家利益，美国对外政策架构与进程必须适应21 世纪。美国总统对“整体政府”的承诺必须并不仅仅是个口头禅。③ 国务院作为总统授权执行美国对外政策的机构，扮演着独特的角色。尽管美国国家安全委员会领导着跨部门协作并且协调着政策，但是国务院也协调着统一的国别

① USAID Open Government Plan v2. 0，04/09/2012 http：//open. commerce. gov/sites/default/files/DOC%20Open%20Government%20Plan%20v%202_ 0%20%202012-04-03%20Final_ 0. pdf.

② President's Global Development Council，“Global Development Council Report”.

③ Quadrennial Diplomacy and Development Review：Leading Through Civilian Power，p. 4. http：//www. usaid. gov/qddr/.

战略的制定。与此同时，美国国际开发署负责国别发展合作战略的制定。最常见的对外援助改革建议之一呼吁设立内阁级别的部以管理发展项目，然而这不仅不会解决对外援助的许多制度性问题，而且会产生更多的问题。[①]

二、日本对外援助的行政部门管理改革

1954 年日本加入了《科伦坡计划》（the Colombo Plan），向其亚洲成员国提供了少量的技术援助，标志着日本对外援助的正式开始。1960 年，在日本经济团体联合会、执政的自民党的压力下，日本政府设立了海外经济合作基金以管理不断增多的援助贷款。两个次级内阁机构海外经济合作基金（后来成为日本国际合作银行的一部分）、日本国际协力机构（Japan International Cooperation Agency，JICA）实施援助决策。[②] 1961 年日本设立了海外技术合作机构（the Overseas Technical Cooperation Agency，OT-CA），整合了数个已有机构的技术训练与援助活动，提供赠与形式的援助，即后来的日本国际协力机构。1999 年海外经济合作基金被并入日本进出口银行，从而创建了日本国际合作银行（the Japan Bank for International Co-operation，JBIC）。

日本政治制度曾经是主要援助国中最不透明的国家之一，因为其许多决策在政府官员、长期执政的自民党领导人以及商业利益之间闭门达成。因而从一开始，日本对外援助就受到一系列相同行为体的影响，即不同部门官员、商界以及自民党政治家，以及日本外务省、大藏省与通产省在援助政策决策中都扮演着关键性角色。日本国际协力机构隶属于外务省，而且外务省也管理日本政府的赠予式援助项目。大藏省负责日本参与国际金融制度。其他大约 19 个省厅也时而涉足援助，包括内阁府、警察厅、金融厅、总务省、法务省、文部科学省、厚生省、农林水产省、国土交通省、环境省等。

---

① Stephen J. Wiese, "U. S. Foreign Aid Reform: Changing Institutional Problems in Order to Meet Morden Day Needs," Washington University Global Studies Law Review, Vol. 8, Issue 4, 2009, pp. 760 - 761.

② Carol Lancaster, Foreign Aid: Diplomacy, Development, Domestic Politics, Chicago and London: The University of Chicago University, 2007, p. 111.

由此可见，日本对外援助体系在数个方面也是碎片化的。首先，政策与执行是相分离的。对于日本国际协力机构而言，日本外务省决定着政策。其次，日本援助政策的执行也是各自为政的：日本国际合作银行负责贷款，日本国际协力机构负责以赠予为基础的技术援助，外务省负责另一种类型的赠予。许多其他机构实施少量的援助计划。显而易见的是，这些机构之间的协调是需要的。此外，日本国际合作银行、日本国际协力机构两个援助机构在发展观方面有所不同。日本国际合作银行将经济发展视为日本官方发展援助的主要目标而强调基础设施资助，然而日本国际协力机构则更关注减贫、冲突管理与全球问题等新目标。①

21 世纪，日本官方在发展金额缩减而且受到国内民众的质疑、发展问题的新挑战等情况下，日本政府诉诸于援助管理行政改革等措施以提升援助的效率与质量，增强大众参与和支持，应对冲突预防、和平建设等新的发展挑战。早在 1998 年 1 月，成立于 1997 年 4 月的 21 世纪官方发展援助改革咨询委员会（the Consultative Committee on ODA Reform for the 21st Century）向外务省提交了《官方发展援助改革第一届理事会的最终报告》（the Final Report of the First Consultative Committee on ODA Reform），曾经提出制定国别援助计划，设立政策制定所需的机构，加强政府与国际组织之间广泛的合作等具体措施。日本政府与外务省在 1992 年《官方发展援助大纲》的基础上制定了 2003 年修订版《官方发展援助大纲》,② 进一步推进其官方发展援助改革。

在《官方发展援助大纲》2003 年修订版发布之前，日本政府与外务省等已经着手官方发展援助改革的设计与规划。2002 年 6 月，日本成立了日本官方发展援助综合战略委员会（the Board on Comprehensive ODA Strategy）以推进大众参与，增加透明度并加强外务省作为官方发展援助的协调性机构的作用。日本外务大臣担任该委员会主席，而且发展领域的专家、履职国际组织的人员、非政府组织、商界人士及其记者担任委员，讨论官

---

① Carol Lancaster, Foreign Aid: Diplomacy, Development, Domestic Politics, Chicago and London: The University of Chicago University, 2007, p. 141.

② Government of Japan etc., Japan's Official Development Assistance Charter, 2003. http://www.mofa.go.jp/policy/oda/reform/review0303.html.

方发展援助的基本政策，如国别援助计划及其他重大问题。

除了日本外务省与日本国际协力机构之外，日本内阁与省厅分别参与技术合作和其他发展援助。尽管日本外务省肩负着协调的责任，而且召集省厅之间的咨询会议，但是相关机构之间的协调仍是不够的，因而日本政府着重加强外务省作为协调性机构的指导作用。《官方发展援助大纲》2003 年修订版指出："在与海外经济合作委员会及其相关机构的监管下，外务省以人员交流以及各种机构专业知识的方式在加强政府部门与机构之间广泛合作方面发挥着中心性的协调角色。"① 这种协调性的制度建设有助于政府从总体上连贯一致地制定与实施政策。日本政府还加强实地考察团（海外外交使团、实施机构办公室）的作用，承担在援助政策决策与实施过程中的关键性角色。

官方发展援助行政改革进一步明确了政府与援助实施机构（日本国际协力机构、日本国际合作银行）的角色及其责任分工，而且加强二者之间的有机联系、实施机构之间的相互合作。2003 年日本国际协力机构成为独立的行政机构，直属日本内阁政府，负责实施政府层面的技术合作、培训计划、外派专家计划及其援外设备、日本海外合作志愿者计划、移民计划、紧急灾难救济计划。特别是日本政府在 2006 年对官方发展援助计划进行了根本性的改革。2006 年 4 月，日本内阁设立海外经济合作委员会（the Overseas Economic Cooperation Council），直接由首相负责以讨论海外经济合作的基本战略。海外经济合作委员会成员还包括内阁官房长官、外务大臣、财务大臣、经济产业大臣。2006 年 12 月，日本修订了《日本国际协力机构法案》，规定日本国际协力机构是实施三种合作形式的唯一机构，即日元贷款、技术合作与赠与援助。这一系列改革试图提高日本政府经济合作的战略意义，形成一个更具效率的有机管理体系。为了加强日元贷款、技术合作等手段之间的协调从而提高对外援助的效率，2008 年 10 月，日本政府将日本国际协力机构与日本国际合作银行负责官方发展援助贷款的海外经济合作处（the overseas economic cooperation division of the former Japan Bank for International Cooperation，JBIC）整合在一起。此外，日

① Government of Japan etc.，Japan's Official Development Assistance Charter，2003，p. 6. http：//www. mofa. go. jp/policy/oda/reform/review0303. html.

本外务省有关赠予贷款的工作也转移到日本国际协力机构中，使其成为综合性的援助组织，以统一提供技术合作、贷款援助、赠予援助。

2006 年 8 月，日本外务省重组了经济合作局而设立了国际合作局，意在加强外务省在经济合作方面的规划、组织以及适应能力。外务省国际合作局总体规划与草拟官方发展援助政策，而且在整个政府机构中扮演着核心的协调角色。2009 年 7 月，日本外务省国际合作局进行了组织改革，下辖援助政策规划、赠予和技术合作、贷款援助、国别援助规划等部门并新设立了发展援助政策协调部门，以加强外务省对官方发展援助的政策规划与建议功能。[①] 日本官方发展援助行政与组织改革意在加强有关部门与机构在双边援助、多边援助之间的协调，加强国际合作的战略性以及更加有效地实施援助。例如，在医疗领域，外务省、卫生、劳工与福利部、文部科学省及其实施机构定期举行咨询与讨论。总之，日本政府寻求确立一种机制，以加强具体领域的援外项目之间的合作。这不仅是官方发展援助的问题，而且是政府政策连贯性的问题。短期而言，官方发展援助与贸易、农业等其他政策之间的一致性也是同样重要的问题。

总之，日本对外援助行政管理呈现出内阁与外务省负责政策制定，而由独立的行政机构负责政策实施的行政管理模式。日本官方发展援助行政改革逐步确立了日本内阁海外经济合作委员会讨论海外经济合作的基本战略、由外务省负责对外援助政策制定但由独立的日本国际协力机构等负责对外援助政策实施的行政管理框架与模式，使其制定出较为连贯一致的援助政策以及确定优先问题、优先地区。这有助于日本政府从整个政府角度制定出长期的基本援助政策与战略。在这种援助行政管理模式下，日本政府确定减贫、可持续发展、全球性问题以及和平建设为优先问题。[②]

三、英国对外援助行政管理改革

英国援助项目始于大英帝国时期。直到 1929 年英国政府才承认了向殖民地提供财政援助的法律责任。1929 年《殖民地发展法案》设立了殖民地

① Ministry of Foreign Affairs, Japan's Official Development Assistance White Paper 2012, p. 157. http：//www. mofa. go. jp/policy/oda/page_ 000016. html.

② 白云真：《21 世纪日本对外援助变革及其启示》，载于《教学与研究》2014 年第 7 期。

发展基金，由殖民地发展咨询委员会（the Colonial Development Advisory Committee）负责分配资金。1940 年英国联合政府批准的《殖民地发展与福利法案》首次确立了一个不完全服务于援助国利益的援助项目。二战后，由于大英帝国的解体，1958 年英国政府宣布援助扩展到非英联邦国家。1961 年英国保守党政府设立了技术合作部。1964 年英国工党政府设立独立于英国外交部的海外发展部，前三任海外发展部大臣都是英国内阁成员。然而 1970 年 10 月保守党政府再次执政后，将海外发展部并入外交部，重新命名为海外发展局（the Overseas Development Administration，ODA）。1974 年工党政府重新执政后，再次设立独立的海外发展部，然而其大臣在 1967 年至 1970 年期间并不是内阁成员。1975 年 6 月以后海外发展部大臣的权力正式移交外交大臣。1976 年 12 月以后海外发展部大臣也不再是内阁成员。1979 年保守党人撒切尔夫人执政后，海外发展部如 1970 年那样恢复如初。1979 年时，其雇员达到 2300 人，然而在 1987 年下降到 1500 人。

1997 年布莱尔工党政府设立了国际发展部（DFID），任命克莱尔·肖特（Clare Short）为国际发展部大臣，负责双边援助、多边援助以及整个政府层面的协同型发展政策（joined-up development policy）。肖特不仅是英国内阁成员，而且是数个部门间大臣委员会的成员。特别是，国际发展部在贸易、冲突、对外关系等其他领域政府政策制定中拥有合法的发言权。国际发展部除了管理援助项目，而且分析一系列广泛影响发展的政策，包括环境、贸易、农业、投资、善治、人权、冲突预防、债务减免、财政稳定、毒品、移民以及文化联系等。2002 年英国议会批准了《国际发展法案》，取代了 1980 年的《海外发展与合作法案》。

布莱尔工党政府对英国援助行政管理改革受到协同型政府或整体政府观的影响。例如，2001 年英国政府设立了由外交大臣负责的全球冲突预防基金（the Global Conflict Prevention Pool）、由国际发展部大臣负责的非洲冲突预防基金（Africa Conflict Prevention Pool），意在整合国防部、外交部与国际发展部的资源，从而形成更具战略性的冲突预防观。2002 年 4 月，英国外交部与国际发展部的联合小组成立，以管理英国与苏丹的关系。英国对外援助行政管理改革表明，所有援助应该集中在一个单一政府部门，而且设立一个一体化的发展部，也包括双边援助与多边援助的统一管理。[①]英国政府将所有重大发展项目、政策及其执行责任统一到一个部门，造就了所有援助大国中最连贯一致的发展援助组织。2005 年加拿大政府的一项研究表明，“10 年前，英国国际发展部被视为一个中等的发展机构。时至今日，它一般被视为世界上最出色的发展机构。”[②]《经济学人》将英国国际发展部描述为“其他富国的榜样”。[③]

第三节　中国对外援助行政管理改革

在经济崛起过程中，中国面临着重大的挑战与机遇，迫切需要将对外援助提升为中国对外政策的主要关注点。为此，中国有必要将对外援助提升为与国防、外交一样重要的对外政策工具，统筹好国家主权、安全和发展利益，统筹好中国自身发展与发展中国家的整体利益，实现对外援助的全面协调可持续发展，推进中国更为广泛的对外政策与国家安全目标，履行负责任大国的责任。正如胡建梅等所认为的，“中国对外援助管理决策机制较为分散，在所有与对外援助有关的正部级部委中，没有专门从事对外援助工作的部委，且缺少对外援助协调机制，尚未形成对外援助的网络化管理。与改革开放初期由专门的对外经济联络部主管援外工作相比，当前的对外援助管理体系的层级不高，不利于对外援助作用的发挥。”[④]中国政府的基本责任是维护国家稳定与安全，因而中国对外援助行政管理改革必需有利于制定出连贯一致的长期援助政策，以国家利益、安全目标的考量为基础，确定中长期的对外援助政策、国别援助政策，从而解决安全、

① Owen Barder, “Reforming Development Assistance: Lessons from the U. K. Experience,” in Lael Brainard ed., Security By Other Means: Foreign Assistance, Global Poverty, and American Leadership, Washington, D. C.: The Brookings Institution, 2007, p. 31.

② Robert Greenhill, Making a Difference: External Views on Canada's International Impact. The Interim Report of the External Voices Project (Toronto: Canadian Institute of International Affairs, January 2005).

③ “Clare Loses It,” Economist, May 17, 2003.

④ 胡建梅等：《法国对外援助管理体系及对中国的启示》，载于《国际展望》2012 年第 3 期，第 79 页。

外交、发展之间的张力，增加冲突后重建的安全援助等。

随着经济的持续增长，中国对外援助资金、规模、范围与地域不断扩大，在国际援助体系中的角色日益重要，因而中国对外援助政府部门的战略决策、协调、管理、评估、反馈能力等需要进一步提升，以加强中共中央国家安全委员会、国务院等党政部门在对外援助战略制定与实施中的关键性角色，“全面提升对外援助的执行与保障能力”。[①] 对外援助行政管理改革应该按照“整体性政府”模式与方法突破现有制度安排的局限性，强化战略规划与战略责任，加强预算管理、项目规划，建立协调且一致的中国特色对外援助行政管理体系，以满足共同发展的挑战与目标。必须完善和发展中国特色的对外援助行政管理与治理体系，推进中国对外援助治理体系与治理能力的现代化，势必在对外援助的行政制度、决策制度、监督制度、评估制度等重要领域进行突破性的的改革。[②]

一、设立直属国务院的援助行政部门以统一规划援助战略、重大援助计划

对外援助行政管理的基本标准并不存在，而且外交与发展领域的职业人员并不易于彼此取代。事实上，大多数援助国政府往往维系着外交与发展两个不同的人事体系。[③] 尽管如此，中国对外援助行政管理框架的完善有助于将中国援助项目与战略目标有机结合在一起。如非洲问题专家李安山指出的，“中国有必要设立负责对外援助的高层委员会和专门机构，从事决策、计划、统筹和协调对外援助事务。这样既可提高援助效果，将有限的资金用在刀刃上，也可避免各部门互相牵制或重复援助，从而形成决策、管理和评估一体化的系统机制。”[④] 值得注意的是，在1982年之前中国曾设立专门负责对外经济技术援助工作的部门，即对外经济联络总局

① 《全国援外工作会议在京召开》，《人民日报》2010年8月15日第1版。

② 完善和发展中国特色社会主义制度，推进国家治理体系和治理能力现代化是党的十八届三中全会《中共中央关于全面深化改革若干重大问题的决定》的重要内容之一。

③ Carol Lancaster, George Bush's Foreign Aid: Transformation or Chaos? Brookings Institution Press, 2008, 72.

④ 李安山：《浅析法国对非洲援助的历史与现状——兼谈对中国援助非洲工作的几点思考》，《西亚非洲》2009年第11期，第21页。

（1961—1964 年）、对外经济联络会（1964—1970 年）、对外经济联络部（1970 年 6 月—1982 年 3 月）。

表 1.3　国外对外援助行政管理模式

国家	对外援助行政管理体系
日本	日本外务省负责援助政策，两个独立的援助机构执行
德国	德国发展部负责发展政策，两个援助机构负责执行
英国	国际发展部负责所有援助项目、政策及其执行
法国	次内阁级别的援助机构，接受财政部与外交部的政策指导
丹麦、荷兰	完全整合了政府的援助与外交事务功能，特别是促进发展是其重要外交利益之一

资料来源：由笔者根据上述六国的网站信息绘制而成。

中国需要推进对外援助组织与行政管理的改革，增加强有力且权威性的协调与领导、机构之间的人员交流以确保彼此的有机联系。短期而言，这仅需要将商务部对外援助司与外交部国际经济合作司整合在一起，强化商务部作为对外援助主管部门的角色，增强外交部介入对外援助协调的角色。长期来看，中国政府必须加强我国对外援助行政部门间协调，重新界定商务部对外援助司、国际经济合作事务局以及外交部国际经济司的角色及其明确的职责和分工，以大部制改革为契机，设立直属国务院领导的海外发展合作局，专门负责对外援助政策的规划与制定，保留商务部对外援助司作为援助实施机构，强化外交部国际经济司对援助进行评估的角色。更为关键的是，国务院迫切需要设立海外发展合作委员会，直接由总理负责，包括负责外事工作的国务委员、外交部长、商务部长、财政部长、国防部长等参与，以充分讨论与统筹规划海外发展合作的基本战略与政策。

二、对外援助管理部门角色的拓展与完善

中国对外援助管理部门的角色应该包括决策、执行、管理、监督、评估、反馈等方面，推动援外工作制度化、规范化与法制化，充分调动地方政府和民间力量支持援外事业发展。笔者在本章前面部分已重点论述对外援助管理、评估与反馈的角色，在接下来的部分将着重探讨对外援助决策机制的问题。

（一）跨部门协同等管理改革

部际联系机制或跨部门小组时而开会讨论议题或解决特定的挑战或危机。然而这种安排存在着如下的问题：缺乏相关信息的共享、并未决策或执行、冗长且费时。在这些问题的背后，不同机构的代表必然会基本上按照保护与推进其部门利益而行动。如果跨部门协调更加有效，那么跨国部门的合作需要强有力的动机及其新模式。① 美国小布什总统实施了艾滋病紧急救援计划（Emergency Plan for AIDS Relief，PEPFAR），代表着跨部门合作的整体性政府模式。美国国务院全球艾滋病协调员办公室领导与协调着这个项目，包括卫生与公共服务部的疾病控制与预防中心、卫生资源和服务管理局、美国国际开发署、国防部、和平队。② 为此，中国对外援助管理应该按照整体性政府模式以援外项目为切入点对对外援助计划或项目实施跨部门协同管理。

此外，中国理应加强以协调、结果、责任为导向的管理，确保采购及其他程序的透明度以预防腐败。国际社会采用了2005年3月在巴黎召开的第二届援助的有效性高层次论坛所通过的《巴黎有效援助宣言》。为了提高援助有效性，《巴黎宣言》提出了五项原则，即所有权、联盟、协调、结果、责任。2011年11月29日，在韩国釜山召开的第四届援助有效性高层论坛所通过的《釜山宣言》强调“发展有效性”的概念。据中国知名学者王逸舟指出，“根据非洲许多民间团体、智库的说法和一些当地报纸的披露，中国庞大的援助费用中，有一些被某些非洲国家的权贵阶层不恰当利用，有一些成为当地官员和腐败分子谋取私利的‘蛋糕’，有一些成为管理不当、效率不高、当事国民众获益甚少的烂尾工程。”③ 特别是，中国对外援助行政部门进一步切实落实中央颁布的八项原则，厉行勤俭节约，严格遵守廉洁从政等有关规定，表明中国对外援助行政管理部门廉洁管理对外援助的决心。

---

① Carol Lancaster, George Bush's Foreign Aid: Transformation or Chaos? Brookings Institution Press, 2008, p. 80.

② Quadrennial Diplomacy and Development Review: Leading Through Civilian Power, p. 32.

③ 王逸舟：《创造性介入——中国之全球角色的生成》，北京大学出版社2013年版，第109页。

（二）有效的评估机制

为了提高对外援助的有效性与质量，中国迫切需要改进对外援助评估机制，推进评价能力建设，以有机地评价援助政策与项目。以日本官方发展援助评估为例：1975 年日本海外经济合作基金开始对援助项目进行事后评估；1981 年外务省也开始事后评估；20 世纪 90 年代日本官方发展援助项目评估扩展到以部门为基础的、以国别为基础的、以议题为基础的评估，而并非仅仅是以项目为基础的评估。与此同时，日本广泛地意识到公共管理评估的重要性，特别是 2002 年《政府政策评估法案》开始实施后。2003 年《官方发展援助大纲》阐明了事先、事中、事后三个阶段连贯一致的评估方法、评估政策、第三方评估、行政管理部门的自评。2010 年日本外务省进行了“官方发展援助评估”，6 月份公布了最终报告。2013 年《日本官方发展援助评估年度报告》包括了国别援助评估、优先问题评估、援助方式评估、部门项目评估等。

监管与评估对外援助政策及其效果的监管与评价机制是中国对外援助行政管理的必要组成部分。笔者建议，由商务部成立的对外援助评估专家委员会负责对外援助项目等实施过程的监督，由外交部成立的评估委员会负责对外援助政策、优先问题与优先地区的评估。这些评估委员应适当聘请专家负责，尽可能地推进第三方的评估方法。为此，中国应该致力于建构中国特色的对外援助评估体系与机制，以改善管理与增强责任，赢得大众对对外援助的支持。

三、完善对外援助行政决策机制

对外援助决策基本上限于行政管理系统内，因而这需要加强横向交流与协作，倡导多部门的协同决策。所有政府机构需要政策与规划体系以确定机构的目的、优先事项以及目标。因而这需要根据全球、部门、地区以及具体国别的战略目标完善对外援助基本政策，制定中长期援助政策以及国别援助政策。笔者曾经指出，“对外援助政策和战略决策体制及机制是战略决策能力的重要因素，也是对外援助战略成功实施的制度保障。对外援助决策体系与一国政治体系的机构设置密切相关，需要决定对外援助战略目标与援助资源分配的正式机制。”① 国务院可以设立由财政部、商务部、外交部、国防部、总参谋部、中国进出口银行、国家开发银行、教育部、农业部、环保部等组成的海外发展合作委员会，以充分讨论与统筹规划海外发展合作的基本战略与政策。

为了解决和平建设等挑战与发展中国家所面临的严重问题，对外援助决策者必须根据对外政策制定国别援助政策，因为政策选择与战略集中是必要的。单纯的部委协调机制已经无法有效地应对新的形势与任务。作为中共中央关于国家安全工作的决策和议事机构，中央国家安全委员会肩负着统筹协调与国家安全有关的发展援助的重大事项，有利于跨党政部门的对外援助决策与协调等。特别是 2014 年 4 月 15 日，中国国家安全委员会主席习近平已经指出了与发展有关的新型安全观，即“发展是安全的基础，安全是发展的条件”。② 因而对外援助决策集中在中央国家安全委员会是可能的、必要的。例如，从根本上而言，美国对外援助办公室主任不仅控制着美国国际开发署及其国务院的大多数援助预算，而且控制着所有其他援助项目的预算，事实上已将重要的决策权转移到国务院。可以想象的是，美国国家安全委员会或白宫其他机构是全面控制、协调以及预算的权威机构。③

此外，中国全国人大及其外事委员会应以立法、调研、研究报告等形式参与对外援助决策，以增强立法部门对对外援助行政决策的介入和监督，提高对外援助立法行动的能力。关键是应加强政策咨询机制建设，以了解发展中国家的发展政策以及援助需要可协调其与中国援助政策的一致性。

总之，尽管中国政府管理对外援助的行政体系已经逐步确立和健全，而且部际协调机制也日益完善，然而对外援助管理体系的及时调整与改革刻不容缓，迫切需要深入的、系统的制度改革设计，以加强对外援助战略的规划与评估。对外援助行政管理的组织变革具有极大的政治成本而不仅

---

① 白云真：《中国对外援助的战略分析》，载于《世界经济与政治》2013 年第 5 期，第 83 页。

② http://www.gov.cn/xinwen/2014-04/15/content_2659641.htm.

③ Carol Lancaster, George Bush's Foreign Aid: Transformation or Chaos? Brookings Institution Press, 2008, pp. 81 - 82.

仅是个技术或立法问题，因而这项改革是富有挑战性的。对外援助行政部门的决策、执行、监督、管理、评估与反馈的角色鼓励了政府内部及其不同层次之间的合作，以在整个战略框架内实施援助行动、战略规划、政策执行，从而适应21世纪的援助趋势、外交场景与安全局势。对外援助战略与政策评估使援外部门有机会摆脱日常援助事务，紧急危机、重大事件处理等具体工作，从而理解未来趋势，评价应对措施。中国政府不仅增加战略性援助的金额，更为关键的是战略地使用对外援助以形成更加均衡的全球发展伙伴关系，重新思考对外援助的新角色，特别是在人的安全、和平建设等安全与和平领域。

（白云真、罗文静*）

---

* 罗文静，中央财经大学国际政治系讲师，研究领域为政府经济与管理。

第二章

社会组织与中国对外援助

2015年3月，一股来自民间的声音发声。这就是安平公共传播公益基金、中国政法大学公共决策研究中心、中国扶贫基金会、察哈尔学会和北京大学公共传播与社会发展研究中心联合发出倡议，为了推动“调整我们在国际舞台上的角色意识和行为方式”，提议政府要“改革传统的对外援助与交往体制，积极探索委托民间组织承接国际援助的模式，转变直接的‘G2G’（政府帮助政府）为‘G2G + P2P’（政府帮助政府 + 民间帮助民间）援助模式，以增强援助项目跟当地原住民需求的融合度，提升援助效率和准确性，提升援助的人际感染力、传播力以及社会影响力，从而推动中国国际形象的重塑”。①

为什么要呼吁中国的社会组织②参与到中国的对外援助事业呢？截至目前，中国政府已两次发布《中国对外援助》白皮书（2011年、2014年），公布了中国对外援助资金、援助方式、援助分布、援助管理等内容。那么不禁要问，在中国进行对外援助的60多年来，除政府这一援助主体，有没有其他社会力量参与对外援助呢？特别是改革开放推动中国社会的转型，社会力量不断孕育，社会团体不断蓬勃兴起，这些新生社会力量是如何参与中国的对外援助事业的呢？它们对中国的对外援助事业发挥着怎样的作用呢？

---

① 《中国对外援助倡议书》，凤凰网，2015年3月10日，http://news.ifeng.com/a/20150310/43309855_0.shtml。

② 在中国，社会组织（又称为民间组织）包括社会团体、民办非企业单位、基金会三部分。在国际上，由于各国在文化传统和语言习惯方面存在着不同，社会组织有多种不同的称谓，如非政府组织、非营利组织、公民社会、第三部门或独立部门、志愿者组织，等等。总之，社会组织是与政府、企业相区别而存在的，具有非营利性、非政府性、独立性、志愿性、公益性等特征。

基于此，本章以中国的社会组织为着眼点，探讨它们是如何参与对外援助，以及社会组织在对外援助中所发挥的作用。本章首先以案例分析的方式，分析中国社会组织参与对外援助的特点及面临的挑战；其次，把视野扩展到日本、美国，通过透视这两个发达国家的社会组织是如何进行对外援助的，以期对中国社会团体参与对外援助有所启示；最后，把视野重归国内，探讨如何在坚持中国自身经验与优势的同时，借鉴发达国家的可取之处，同时提出了一些提高完善中国社会团体在对外援助中的作用的建议，以期提高完善中国社会团体参与对外援助的水平。

第一节　中国社会组织对外援助的现状与挑战

中国的社会组织相当于西方语境中的非政府组织或非营利组织。中国社会组织的发展与中国从计划经济向市场经济转型密切相关，市场经济催生了公民社会，公民社会蕴育了社会组织。反过来，社会组织又成为沟通政府与公民社会之间的桥梁。市场经济和民主政治要求善治。善治的实质就是政府与公民的良好合作，但这种合作并不总是直接的，常常需要中介组织的协调，中国社会团体就是这样一个中介。[①] 无论国内事务，还是国际事务，政府都可以充分调动社会团体的作用，对社会团体进行适度的制度安排，达到政府、市场与社会三者之间的良性互动。

在中国的对外援助领域，社会团体从最初隶属于政府这一主体，逐渐发展成为独立的、自由的援助主体。整体来看，在中国开展的对外援助过程中，中国社会团体积极配合中国行政部门进行对外援助，成为政府对外援助的有力补充。在中国，伴随着计划经济向市场经济的转型、政府职能的转变，权力影响范围逐渐缩小，有不少社会事务需要社会团体的配合与合作，社会团体也有责任担负起弥补社会需求与政府供给间落差的责任，回应社会的内在需求，维护并提高政府服务的水平，使民间的“创业精神”和“成本效益分析”带入政府服务的功能中，社会团体与政府一起承

① 俞可平：《治理与善治》，社会科学文献出版社 2000 年版，第 349 页。

担起共同的公共责任，共同处理相关的公共事务，这样，就使政府对社会团体的依存度越来越强，真正使两者之间处于合作与互补的状态之中。[①]

这里，首先分析中国社会组织参与对外援助的特点；其次分别以中国红十字会、中国扶贫基金会、中国援外医疗队、中国援外志愿者、中国青少年发展基金会进行对外援助的事实进行案例分析；最后从这些案例中指出目前中国对外援助面临的挑战。

一、中国社会组织对外援助的特点

随着中国改革开改的推进，中国社会有所转型，社会团体发展的制度环境发生了根本性变化，呈现出自治性社团蓬勃兴起的局面。尤其是进入21世纪以来，随着中国社会的深度转型，社会团体呈现强劲的发展势头。[②]目前，中国有全国性社会团体近2000个。其中使用行政编制或事业编制，由国家财政拨款的社会团体约200个。可以说，改革开放前，中国社会团体的对外援助具有政府色彩，行使政府的部门职能；改革开放后，社会团体的对外援助越来越具有独立自主性。下面从四个方面介绍中国社会组织对外援助的特点。

（一）中国社会组织对外援助起步晚，且呈零星分散状态[③]

除了中国红十字会很早就加入了红十字国际联合会，开展一些海外援助、国际交流与合作之外，其他中国社会组织的海外项目都是21世纪之后才开始的。[④] 如中国扶贫基金会最早的海外项目是2005年才开始的。其他的社会组织，如中国妇女发展基金会、中国残疾人福利基金会、壹基金是最近几年才启动海外项目，或将海外援助确定为组织未来的战略重点。尽管中国于1963年开始派遣援外医疗队，但是中国援外医疗队是中国政府对外援助的组成部分。与发达国家一些老牌的社会组织（乐施会、国际美

① 徐家良：《危机动员与中国社会团体的发展》，载于《中国行政管理》2004年第1期。

② 王名：《中国非政府组织的发展现状及政策分析》，载于《公共管理评论》2007年8月。

③ 邓国胜等：《中国民间组织国际化的战略与路径》，中国社会科学出版社2013年版，第60页。

④ 邓国胜等：《中国民间组织国际化的战略与路径》，中国社会科学出版社2013年版，第60页。

慈、世界宣明会等）相比，中国社会组织的对外援助起步较晚。

中国社会组织在海外开展项目还处于零星分散状态，还缺乏长远的发展战略。[①] 除了中国红十字会、中国扶贫基金会、中国青少年发展基金会走在对外援助的前列，中国扶贫基金会设立了“国际发展项目部”，中国青少年发展基金会的“非洲部”，大多数的社会组织参与国际事务都局限于参与国际会议和国际交流，真正在海外设立办事处，有执行团队、有经常性项目的还非常少，能长期坚持下来的更少。

（二）中国社会组织援助主体意识不断增强，开始制定国际化战略

尽管中国社会组织起步晚，但进入新世纪以来，我国社会组织对外援助的主体意识不断增强，开始制定国际化战略。除了中国红十字会特殊的地位外，其他的社会组织开始探索国际化道路。中国扶贫基金会 2005 年提出国际化战略，2007 年提出了“由操作型基金会向筹资型基金会转变和国际化发展”的总体发展战略。[②] 2006 年至 2008 年将国际化战略加以具体化，提出国际救灾领域走出国门，开展国际项目活动的探索；调查研究周边国家情况，进行国际化探索；与中国在非洲的企业联系，走出国门，援助非洲。[③] 下文将提到的中国扶贫基金会援建苏丹杰济拉州阿布欧舍医院就是一个典型的例子。

自 2005 年，中国扶贫基金会提出国际化战略，先后对印尼海啸、美国新卡特里娜飓风，缅甸台风，巴基斯坦大地震，智利、海地和日本地震，非洲之角旱灾等世界范围内的自然灾害进行了援助，也开展了柬埔寨受饥儿童、几内亚比绍和苏丹贫困母婴的救助行动。截至 2012 年 6 月，中国扶贫基金会共计对外援助约 6300 余万人民币。[④] 中国青少年发展基金会自

---

① 邓国胜等：《中国民间组织国际化的战略与路径》，中国社会科学出版社 2013 年版，第 60 页。

② 中国扶贫基金会机构战略，http：//www. cfpa. org. cn/pageDetail. cn? pageId = dcd0eaccac2249b1929cc2a565b16377&p = cdf1ffca2d4549598a438e36bf5007e8，2015 年 4 月 7 日访问。

③ 赖钰麟：《民间组织从事对外援助：以中国扶贫基金会援助非洲为例》，载于《国际论坛》2013 年第 1 期。

④ 中国扶贫基金会国际发展项目，http：//www. cfpa. org. cn/project. cn? projectId = f44f3ff91d974dc18edc097526d11617&p = ff7dfa5dca964a20b66b145f6e97817c，2015 年 4 月 7 日访问。

2010 年与世界杰出华商协会合作，开展“希望工程走进非洲”项目，截止到 2012 年 12 月，中国青基会已收到世界杰出华商协会会员和社会爱心人士向中国青基会直接定向捐赠的 3412. 2 万元人民币。[①]

与走在前列的中国扶贫基金会、中国青少年发展基金会相比，其他社会组织刚刚开始国际化战略，要真正发挥社会组织对外援助的功能还有很长一段路要走。

（三）中国社会组织注重与政府部门、中资企业联合开展援助工作

中国社会组织在实行对外援助的过程中，紧紧地与政府部门（中国外交部、中国驻在国使馆、中国社会组织主管部门、受援国政府等）和驻在国的中资企业，甚至包括受援国的社会组织进行合作。例如，中国扶贫基金会开展的苏丹阿布欧舍医院的援建，就是与中国驻苏丹大使馆、苏丹杰济拉州卫生厅合作、与中石油尼罗河公司进行合作、与苏丹本土社会组织——比尔特瓦苏慈善组织进行合作完成的。

中国社会组织一般都是在民政部登记，往往还存在一个业务主管部门。例如，中国青少年发展基金会是 1989 年共青团中央主办；中国扶贫基金会是 1989 年国务院扶贫办开发领导小组办公室主办；中国红十字总会的名誉会长是国家领导人，1999 年 12 月，将中国红十字会总会由“卫生部代管”改由“国务院领导联系”。中国援外医疗队是政府对外援助的组成部门，更是与政府部门关系密切，中国援外志愿者的业务主管部门是商务部。由于历史上的原因，中国社会组织与相关政府部门有着千丝万缕的联系，这也为社会组织在对外援助中加强与政府的联系铺垫了平台。

同时，中国的社会组织与海外中资企业社会责任战略紧密结合，利用驻在国的中资企业履行企业的社会责任的便利，向海外中资企业募集资金。事实上，海外中资企业是社会组织募集资金最重要的对象。

---

① 中国青基会海外合作项目，http：//www. cydf. org. cn/xwgczjfz/，2015 年 4 月 7 日访问。

二、中国社会组织对外援助的案例

（一）中国红十字会对外援助案例

中国红十字会运动创始于1904年，是中西慈善文化相互融合的结果。中国红十字会从成立之初就加入了国际红十字会运动，是国际红十字运动的成员。1978年4月，国务院批转卫生部、外交部《关于恢复红十字会国内工作的报告》，此后，红十字会总会和地方红十字会陆续恢复了组织机构和业务活动。与中国的其他社会组织相比，中国红十字会的国际援助具有法律依据和国际网络优势，是中国参与人道主义援助中一支重要的力量。根据中国慈善机构的分类，红十字会是级别最高的慈善组织，具有高度的独立性和单独的红十字会法（《中华人民共和国红十字会法》1993年10月通过），职能也比较特殊。

尽管在2011年，受“郭美美事件”的影响，中国红十字会受到公众的质疑，但中国红十字会过去几十年所做的贡献还是有目共睹的。中国红十字会自成立以来，在国内国际救助难民、救护伤兵、赈济灾民、日常慈善、社会服务等方面做了大量卓有成就的工作。[①] 中国红十字会在对外援助方面的工作主要体现在紧急人道主义援助、发展援助、国际合作三个方面。[②] 中亚、非洲、亚太是中国红十字会开展对外援助工作的三个重点地区。

1. 紧急人道主义援助

紧急人道主义援助主要包括援助物资和资金，派遣救援队。中国红十字会以中国政府签署的国际人道法为依据，积极开展国际人道主义援助。改革开放以来，中国红十字会重新融入世界，活跃在国际人道主义援助的舞台，在特殊情况、突发事件中以及在政府不便出面办理的有关事务中，扮演着政府外交的补充者角色。[③] 这也是其他社会组织所无法代替的。例

---

① 邓国胜等：《中国民间组织国际化的战略与路径》，中国社会科学出版社2013年版，第52页。

② www. redcross. org. cn/hhzh/sinoafricaseminar/140820-Humanitarian Work of RCSC and.

③ 邓国胜等：《中国民间组织国际化的战略与路径》，中国社会科学出版社2013年版，第53页。

如，在中华人民共和国外交部网站，就有这样一则报道：中国红十字会向南苏丹紧急提供10万美元人道主义现汇援助。[①]

2013年12月27日，驻南苏丹大使马强代表中国红十字会向南苏丹红十字国际委员会提供10万美元紧急人道主义援助，用于南苏丹难民救助。马大使在签字仪式后向媒体表示，近期，南苏丹局势突变，首都朱巴和多地爆发激烈冲突，造成大量人员伤亡，人道主义局势恶化。中国是南苏丹人民的好朋友，对当前南苏丹人道主义形势深表忧虑。中国红十字会在第一时间通过红十字国际委员会向南苏丹人民提供10万美元现汇援助，希望红十字国际委员会根据南当地实际情况和需要，尽快将上述援款用于采购物资和生活用品，发放给南苏丹人民。

这则新闻传达了明确的信息，在中国进行紧急人道主义援助的过程中，中国红十字会是与中国政府紧密合作的。中国红十字会所开展的人道主义援助属于民间外交的范畴。其实，从中国红十字会的人事设置方面也体现出这一点。中国红十字总会由"国务院领导联系"[②]，国家领导人江泽民、胡锦涛先后都作为中国红十字会的名誉会长，[③] 这样的人事关系的设计有利于中国红十字会开展工作。

国际救援队是新世纪以来，中国红十字会开展对外援助的新创制。2013年11月，中国红十字会第一次派出国际救援队援助菲律宾"海燕"台风灾害。在这次援助过程中，中国红十字会国际救援队第一批18名队员于11月20日晚搭乘民航班机抵达菲律宾首都马尼拉，从马尼拉转赴菲中部台风重灾区参加人道主义救援行动。中国红十字会此次共组织30人救援队伍分两批抵菲，除包括专业搜救及医护人员外，还配备可对灾民进行心理辅导与治疗的人员，并携带大量帐篷、棉被、医护用品等救援物资。[④] 之后，由中国红十字会常务副会长赵白鸽率领的第二支救援队21日下午抵

---

① http://www.fmprc.gov.cn/mfa_chn/gjhdq_603914/gj_603916/fz_605026/nsd_606018/nsdzwbd_606038/t1112538.shtml.

② 中国红十字会历史沿革，http://www.redcross.org.cn/hhzh/zh/hsigk/lsyg/。

③ 中国红十字会领导介绍，http://www.redcross.org.cn/hhzh/zh/hsigk/ldjs/201110/t20111011_836.html。

④ 中国救援队代表组织救援菲律宾中新网，http://www.360doc.cn/article/11269421_331784277.html。

达菲律宾首都马尼拉。事后统计，在这次紧急人道主义救援过程中，中国红十字会国际救援队共搜寻并处理53具尸体；向4786人提供了医疗救助服务，为14000人提供健康急救知识培训；为20所学校援建教室166间，9960平方米。①

2. 发展援助

发展援助也是红十字会进行对外援助的重要方式，它主要包括援助物资、进行培训、开展综合社区发展项目。从2011年至2014年，中国对外发展援助金额达4250万美元，折合人民币约2.4亿。如表2.1所示，在这3年中，中国红十字会对外援助物资、开展综合社会发展项目19个，援助资金445万美元，对70个国家331人进行过人力资源培训。

表2.1 2011年至2014年中国红十字会对外援助数额

	人道主义援助	发展援助	
		物资、社区项目	人力资源培训
国家	35个	19个	70个国家331人
USD	3400万 （RMB 2.04亿）	445万 （RMB 2670万元）	275万 （RMB 1650万元）

资料来源：张明：《中国红十字会的人道工作与中非国家红会合作战略》，中非人道合作部长级研讨班资料，http：//www. redcross. org. cn/hhzh/sinoafricaseminar。

3. 国际合作

国际合作包括推动多边、双边合作，引进先进理念，提升自身国际化，也包括积极参与国际红十字运动事务（资源动员、争取政府官方援助资金、企业合作和社会捐赠）。下面以中非红会合作战略为例来说明中国红十字会的国际合作。2011年11月、2012年5月、2013年5月，中非国

① 张明：《中国红十字会的人道工作与中非国家红会合作战略》，中非人道合作部长级研讨班资料，http：//www. redcross. org. cn/hhzh/sinoafricaseminar。

家红会会长级论坛召开，确定中非红会合作区域并建立了合作的平台。2012 年，中非红会派代表，对埃塞俄比亚、肯尼亚、乌干达三国进行了实地考察，分析了面临的挑战和可行性后，设计了战略合作伙伴社会综合发展项目。并于 2013 年 5 月，与埃塞俄比亚、肯尼亚、乌干达红十字会签署了战略合作谅解备忘录，同意在社区层面合作开展综合性发展项目，项目立足基层社区，以硬件设施、物资援助为依托，以软件为核心，以 3 年为周期，建设中非交流合作和志愿者参与国际志愿活动的平台，总结经验，形成模版并逐步推广。(如表 2. 2 所示)①

表 2. 2　中非战略合作伙伴社会综合发展项目设计

设施建设	物资援助	人员培训	交流活动
修建符合社区需求的小型基础设施和设备，如太阳能饮水系统、卫生站等	根据社区实际需求，为改善当地生活条件提供物资援助，如卫生用品、教学用具、农具、医疗设备和药品等	派出国际代表（志原者）开展社区为本的健康和急救培训、卫生促进教育、备灾减灾培训、生计项目、志愿服务交流主题活动等	邀衣社区所在红会和政府工作人员、社区领袖等参加中国红十字会援外培训班

资料来源：张明：《中国红十字会的人道工作与中非国家红会合作战略》，中非人道合作部长级研讨班资料，http：//www. redcross. org. cn/hhzh/sinoafricaseminar。

第一批项目于 2014 年 5 月实施，中国红十字会与埃塞俄比亚、乌干达红会合作，向乌干达提供援助物资 40 名学员受训。

其实，参与中非红会战略合作伙伴社区综合发展项目的相关方还有中国驻该国的使馆人员和驻该国的企业（如表 2. 3 所示）。没有中国使馆和企业的参与，援助的工作会大打折扣的。

① 张明：《中国红十字会的人道工作与中非国家红会合作战略》，中非人道合作部长级研讨班资料，http：//www. redcross. org. cn/hhzh/sinoafricaseminar。

表 2.3　中非红会合作项目的相关方

考察科目	埃塞俄比亚	乌干达	肯尼亚
各级红会	(1) 秘书长和两位副秘书长与考察组见座谈，对中红会表示感谢，表达强烈合作愿望 (2) 获得项目所在地政府支持 (3) 派出副秘书长和健康促进部部长全程陪同 (4) 各级分会极为重视 (5) 所提项目充分考虑社区需求和中红会能力及可视性，与中方计划契合度高	(1) 秘书长亲自赶往社区，与考察组会见座谈，对中红会表示感谢，表达强烈合作愿望 (2) 获得项目所在地政府支持 (3) 派出社区发展部长等全程陪同考察 (4) 各级分会极为重视，准备工作及为充分 (5) 所提项目充分考虑社区需求，中红会能力及可视性，与中方计划契合度高	(1) 秘书长与考察组会见座谈 (2) 派出副秘书长和灾害管理部长陪同下点 (3) 所提项目过于偏远不遍，覆盖面过小，未能充分考虑中红会能力及项目的可视性 (4) 当地政府未有效沟通，准备工作不够充分 (5) 同意考察组对项目点的考察意见，重新推荐建设非洲区培训中心项目供中红会考虑
使馆	(1) 钱兆刚参赞会见考察组听取汇报 (2) 对发挥红会作用加强民间援助给与充分肯定 (3) 对埃塞推荐项目同意和支持	(1) 欧阳道冰参赞会见考察组听取汇报 (2) 对发挥红会作用加强民间援助给与充分肯定 (3) 对乌干达推荐项目点同意和支持	(1) 延秀生参赞会考察组扣取汇报 (2) 对发挥红会作用加强民间援助给与充分肯定 (3) 建议调整项目点并愿提供帮助
中兴通讯	(1) 高度重视此项工作，确定了项目责任人孙金成，与考察组深入沟通参与使馆会见 (2) 派出技术经理参与实地考察 (3) 就项目提出积极建议意见	(1) 高度重视此项工作，分支机构 CEO 王森波与考察组深入沟通并参与使馆会见 (2) 派出技术经理参与实地考察 (3) 就项目提出积极建议意见	(1) 高度重视此项工作。分支机构 CEO 许成荣与考察组深入沟通并参与使馆参见 (2) 派出技术经理参与实地考察 (3) 建议更换项目点并积极支持

资料来源：张明：《中国红十字会的人道工作与中非国家红会合作战略》，中非人道合作部长级研讨班资料，http：//www. redcross. org. cn/hhzh/sinoafricaseminar。

在中非红会战略合作伙伴社区综合发展项目中，中国红十字会与政府、与企业均有合作，因为政府和企业都是中国红十字会重要的筹资对象，中国红十字会也同样开展同国际援助机构的合作（如白求恩国际培训计划），关系图如图2.1所示。

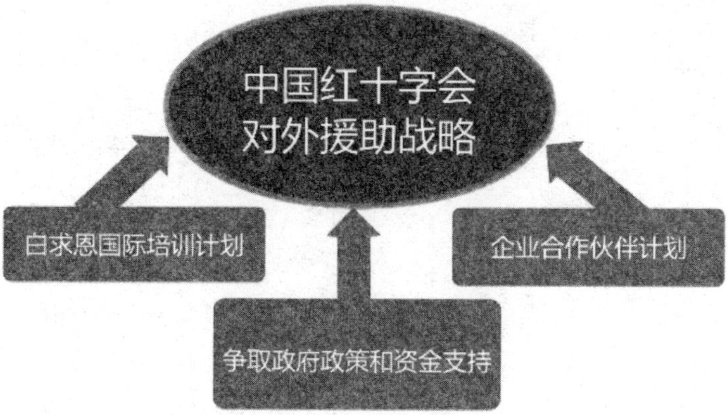

图2.1　中非红会合作战略框架图

可以说，中国红十字会以其独特的地位和职能，完成国家赋予它的使命。正如，中国红十字会前常务副会长赵白鸽所言：在过去很多年当中，我们得到世界的资源，我们现在应该回馈整个国际社会。当然，回馈国际社会不仅仅指的是“钱”，它应该包括知识、经验、物质、金钱以及人的智慧。目前中国红十字会正在策划和非洲地区的合作、亚洲地区的合作以及周边地区很多国家的合作，因为中国现在的发展情况有这样的责任。我们也正在和政府非常重要的一些机构，像外交部、商务部、中联部进行合作，希望将来把外援这部分扎扎实实地推广开来。我认为中国红十字会完全可以作为一个独立的社会组织把我们在人道领域当中的外援工作很好地开展起来，并且成为公共外交的一个非常重要的内容和力量。①

（二）中国扶贫基金会对外援助的案例

中国扶贫基金会（China Foundation for Poverty Alleviation，缩写CF-

① http：//news. china. com. cn/index. htm.

PA）成立于1989年，[①] 中国扶贫基金会是目前中国规模最大、实力最强的公益慈善组织之一。20世纪90年代末，中国扶贫基金会进行了去行政化的改革，2007年，中国扶贫基金会提出了“由操作型基金会向筹资型基金会转变和国际化发展”的总体发展战略，[②] 致力于走出国门、开展海外公益慈善项目，并发展成为国际化、筹资型的世界一流基金会。[③]

中国扶贫基金会走向国际化的标志性事件是2008年在苏丹援建阿布欧舍友谊医院。医院位于苏丹首都喀土穆南140公里处，这是1971年中国第一个援苏医疗点。20世纪90年代，由于中国援外医疗工作战略的调整，援苏医疗队也曾一度撤出阿布欧舍医院，由于当地群众不断到总统府请愿，中国援苏医疗队几年后又重新回到阿布欧舍医院。此时的阿布欧舍医院早已破旧不堪，环境较差，医疗设施落后，而且医生的安全没有保障，前来看病的病人也较少，医院的财务状况也越来越差。[④]

2008年中国扶贫基金会对援助苏丹进行了可行性分析。2009年10月，中国扶贫基金会赴苏丹实地考察，针对苏丹孕产妇死亡率高的问题，设计了“援建苏丹妇幼保健系统示范项目”，旨在通过在苏丹农村地区援建彩钢房妇幼保健医院，引进基金会母婴平安项目经验建立妇幼保健网络示范区，实现扩大当地医疗服务范围、改善农村医疗服务水平、降低苏丹孕产妇和婴儿死亡率，提供具有可借鉴经验的综合项目。[⑤]

“援建苏丹妇幼保健系统示范项目”获得了中国石油天然气集团公司的资助，由中石油尼罗河公司捐资60万美元重建阿布欧舍医院。为了规避异地实施项目的风险，中国扶贫基金会与比尔特瓦苏慈善组织（BTO）共

① 中国扶贫基金会官网，http：//www. cfpa. org. cn/about. cn？ p = cdf1ffca2d4549598a438e36bf5007e8。

② 中国扶贫基金会官网，http：//www. cfpa. org. cn/pageDetail. cn？ pageId = dcd0eaccac2249b1929cc2a565b16377&p = cdf1ffca2d4549598a438e36bf5007e8。

③ 邓国胜等：《中国民间组织国际化的战略与路径》，中国社会科学出版社2013年版，第27页。

④ 邓国胜等：《中国民间组织国际化的战略与路径》，中国社会科学出版社2013年版，第29页。

⑤ 中国扶贫基金会苏中阿布欧舍友谊医院项目，http：//www. cfpa. org. cn/proReDetail. cn？reportId = df435b023e664fa2913062d4014e4de7&p = 。

同组建了项目办公室。项目从 2010 年 6 月开始设计，2011 年 5 月竣工[①]，7 月 16 日，由中国石油天然气集团公司资助、中国扶贫基金会和苏丹合作伙伴比尔特瓦苏慈善组织合作援建的苏中阿布欧舍友谊医院竣工典礼在苏丹杰济拉州阿布欧舍镇隆重举行。竣工典礼的举行标志着中国首家民间组织跨出国门实施公益项目取得阶段性成果。[②]

为了保证医院的顺利运转，中国扶贫基金会、苏丹比尔特瓦苏慈善组织和杰济拉州卫生厅签订了三方协议，同意设立医院董事会，共同决策医院的运营管理。今后，中国扶贫基金会还将针对医院医护人员的能力建设培训、构建社区母婴保健网络和派遣医生志愿者等活动继续提供支持。会议审议通过了由 9 名董事组成的董事会。9 名董事中来自中国扶贫基金会的 2 名、苏丹比尔特瓦苏慈善组织的 2 名、苏丹杰济拉州卫生厅、哈撒黑撒市、阿布欧舍镇、阿布欧舍医院和中国医疗队的各 1 名。会议还审议通过了阿布欧舍医院 2011 年工作和财务报告及 2012 年工作计划，以及中国医疗队改善医院管理的建议和 2012 年开始实施母婴保健网络项目的建议。[③]

比较 2011 年和 2012 年 1 月至 6 月的医院门诊和住院病人数据，2011 年 1 月至 6 月平均就诊人数为 436 人次，2012 年同期为 587 人次，增值达 34.63%。接诊数量增加成为经济收入新的增长点，大大改善了医院的财务状况。2012 年 7 月，项目组在地评估中发现院方将增加的一部分收入用于医院排污系统更新、周边绿化设施重建、原有的病房翻修，即新院舍投入使用后带来的经济效益影响力已经放大并覆盖到免费住院患者和周边社区居民。[④]

阿布欧舍医院建成以后在苏丹的社会反响很好。在中国援建苏丹阿布欧舍医院的过程中，由中国扶贫基金会主导、中石油出资支持，并与当地慈善组织合作，加上中国政府和苏丹政府的相关部门支持，成就了中国援助苏丹的一个经典案例。中国驻苏丹大使罗小光指出民间组织操作的慈善

---

① 邓国胜等：《中国民间组织国际化的战略与路径》，中国社会科学出版社 2013 年版，第 30 页。

② 《中国扶贫基金会国际发展部简报》2011 年第 2 期，2011 年 7 月。

③ 《中国扶贫基金会国际发展部简报》2011 年第 4 期，2011 年 12 月。

④ 中国扶贫基金会苏中阿布欧舍友谊医院项目，http：//www.cfpa.org.cn/proReDetail.cn?reportId = df435b023e664fa2913062d4014e4de7&p = 。

项目对于外交部而言是一个新生事物，也是公共外交的重要组成部分，是国家外交软实力的建设，也是大国责任的体现。他称赞道，阿布欧舍医院项目已经成为外交部民间公共外交的典范。① 确实，2011 年中国外交部把苏中阿布欧舍友谊医院评为“2011 年公共外交典范工程”。

中国扶贫基金会作为一个公益国际化的探索者，过去几年中，在致力于消除国内贫困的同时，也开展了国际灾害救助和消除非洲地区贫困的工作。2005 年开始，中国扶贫基金会提出了国际化战略，不仅对印尼海啸、美国“卡特里娜”飓风、缅甸台风、巴基斯坦大地震、智利、海地和日本地震、非洲之角旱灾等世界范围内的自然灾害进行了援助，还开展了柬埔寨受饥儿童、几内亚比绍和苏丹贫困母婴的救助行动。截至 2011 年底，中国扶贫基金会已经累计筹集约 6300 余万元开展国际援助项目（见表 2.4）。

表 2.4 中国扶贫基金会援外项目资金明细表（2005 年至 2011 年）

序号	时间	项目名称	援助价值（万元）	备注
1	2005 年 1 月	印尼海啸	4400	药品（530 美元）
2	2005 年 10 月	巴基斯坦地震	30	床垫、布匹
3	2005 年	美国“卡特里娜”飓风	1.7	资金
4	2007 年 7 月	几内亚比绍贫困母婴的救助	400	物资
5	2008 年 5 月	缅甸飓风	33	资金
6	2010 年 1 月	海地地震	256.6	资金
7	2010 年 3 月	智利地震	40.5	资金
8	2010 年 3 月	援助苏丹医疗物资	38.8	医疗设备
9	2010 年 4 月	苏丹 NGO 扶贫能力培训班	56	培训
10	2010 年 6 月	办公设备	6.22	计算机、打印机
11	2010 年 8 月	巴基斯旦水灾	0.08	资金
12	2011 年 3 月	日本地震海啸	11.2	资金
13	2011 年 6 月	援建苏丹阿布欧舍医院	718.2	医院房屋、设备和家具
14	2011 年 6 月	几内亚比绍贫困母婴的救助	350	物资
15	2011 年 10 月	援助非洲之角	10	资金
16	2011 年 12 月	喀土穆孤儿学校	12	资金
合计			6364.3	

资料来源：中国扶贫基金会国际发展项目，http：//www.cfpa.org.cn/project.cn？projectId = f44f3ff91d974dc18edc097526d11617&p = ff7dfa5dca964a20b66b145f6e97817c。

① 《中国扶贫基金会国际发展部简报》2011 年第 4 期，2011 年 12 月。

2013 年 12 月，埃博拉疫情在几内亚爆发，随后在西非国家间迅速蔓延。2014 年 3 月，埃博拉病毒疫情被确认。之后，病毒在利比里亚、塞拉利昂和尼日利亚相继爆发。在此次抗击西非埃博拉病毒过程中，中国扶贫基金会从 2014 年 10 月 16 日至 2015 年 1 月 16 日共筹集善款 1604424.73 元。[①] 中国扶贫基金会还与联合国世界粮食计划署携手，帮助陷入饥饿危机的儿童及其家庭。自埃博拉疫情爆发以来，世界粮食计划署一直在几内亚、利比里亚和塞拉利昂开展区域紧急援助行动，为疫区人民分发粮食，防止医疗危机演变成粮食危机。截止到今天，粮食署已经为超过 43 万受埃博拉疫情影响最严重的几内亚、利比里亚和塞拉利昂民众提供了粮食援助。

（三）中国援外医疗队对外援助案例

严格意义上讲，援外医疗队是中国官方对外援助的主要方式之一。援外医疗被认为是一种花钱少、见效快、影响大的对外援助方式，是因为可以直接接触到受援国的人民，使受援国人民切身感受到真诚的帮助。因此，这里把中国援外医疗队作为研究对象加以研究。1963 年 4 月 6 日，根据周恩来总理的指示，中国政府应邀向阿尔及利亚派遣了第一支援外医疗队，打开了中国同第三世界国家合作的新局面。至今 50 多年来，援外医疗队的规模逐渐扩大，已先后向非洲、亚洲、拉丁美洲、欧洲、大洋洲的 66 个国家和地区派出援外医疗队，累计派出医务人员 2.3 万多人次，已诊治病人达 2.4 亿人次。[②] 援外医疗队员的精湛技术和良好的医德医风赢得了受援国政府领导人和人民群众的高度赞扬。截至 2013 年 6 月，中国在 49 个国家派有援外医疗队，其中 42 个国家在非洲。[③]

中国援外医疗队的工作影响是持久和深远的。胡耀邦同志曾指出："群众性的东西，影响不易消失，而钱却花得很少，中国在对第三世界的友好活动中，比较成功的就是医疗队。"[④] 在过去的 50 多年中，中国援外医疗队的贡献集中在三个领域：为受援国人民防病治病，拯救生命；为受

---

① 中国扶贫基金会网站，http://gongyi.qq.com/succor/detail.htm? id = 1395。

② 新华网，http://news.xinhuanet.com/ziliao/2009-04/13/content_11178783.htm。

③ 中国新闻网，2013 年 8 月 9 日，http://www.chinanews.com/gn/2013/08-09/5144101.shtml。

④ 李安山：《中国援外医疗队的历史、规模及其影响》，载于《外交评论》2009 年第 1 期。

援国培训医务人员，提高当地医疗卫生水平；传播中国传统医术，造福当地百姓。[①]

1. 防病治病，拯救生命

中国援外医疗队遍及五大洲，主要集中在非洲。长期以来，热带病和传染病威胁着非洲人民的生命安全。据统计，非洲每年约有100万儿童死于疟疾，因疟疾而亡者约占死亡人数的90%；2002年非洲占世界因传染病和寄生虫病死亡人数的50%；2004年世界因霍乱死亡人数的99%在非洲；非洲医生十分缺乏，外科医生与人口的比例为1∶40000，30多个非洲国家每1万人才有1名医生。[②] 最近发表的联合国儿童基金会有关非洲儿童状况的"白皮书"指出，2006年，非洲5岁以下的儿童死亡人数达500万。非洲大陆缺医少药的情况极其严重。从1963年开始，中国援外医疗队免费为群众服务，给贫困地区患者的生活带来了巨大变化。以阿尔及利亚为例。40多年来中国援阿医疗队达3000余人次，遍及21个省市，涉及普外、脑外、骨科、妇产、心内、整形、眼科、麻醉、针灸、护理等10多个专业，建立医疗点16个，成为人数最多、规模最大、影响最好的医疗队。[③]

2. 培训受援国医务人员，提高当地医疗水平

1965年周总理访问桑给巴尔时告诫医疗队员："中国医疗队迟早要走的，我们要培训桑给巴尔医务人员，使他们都能独立工作，为了非洲人民的解放事业，给当地人民留下一支永远不走的医疗队。"[④] 为了帮助受援国自力更生发展医疗卫生事业，中国医疗队在完成医疗任务的同时，采取多种方式，为受援国培训医务人员。第一种是在临床实践中开展"传、帮、带"，与受援国医务人员同看门诊、同台手术，结合实际病例给他们讲解诊断和治疗方法。第二种是采取短期培训或讲座的形式，对所在受援国医

---

① 左耘：《中国援外医疗队的贡献及面临的挑战》，载于《国际经济合作》2013年第11期。

② Samuel Siring, "Africa and China Join Forces to Comb at Malaria", The LANCET, Vol. 1362, August 9, 2003, p. 456; Ambassador DavidH. Shinn, "Africa, China and Health Care", p. 14. 转引自：李安山：《中国援外医疗队的历史、规模及其影响》，载于《外交评论》2009年第1期。

③ 湖北日报网站，http://ctdsb.cnhubei.com/html/hbrb/20080416/hbrb320150.html。

④ 江苏省卫生厅编：《辉煌的足迹》，《辉煌的足迹—江苏省援外医疗队派遣四十周年纪念文集》，江苏科学技术出版社2004年版，第3页。

院的医生和护士进行专业培训。根据不同对象，确定不同的讲课形式和内容，开展有针对性的培训，提高了当地医生的技术水平。第三种是开展长期培训。中国在赤道几内亚、几内亚、桑给巴尔等国家和地区的医疗队均举办过这类培训班，培训期一般为两年左右。经过培训，学员大多能独立承担医疗工作，有的成为医院的技术骨干。中国医疗队的培训理论联系实际，取得了良好的效果，为受援国培养了许多医务人员，提高了当地的医疗卫生水平，获得了受援国政府和人民的普遍赞扬。①

3. 传播中国传统医术，造福当地百姓

中国传统医术对治疗某些疾病具有独特的功效，尤其是针灸、推拿等。中国医疗队也把这些传统中医疗法带到了亚非国家。1975 年，援阿尔及利亚医疗队在梅迪亚省医院开办了首个全日制中医针灸培训班。中国医生编教材、定教学计划，将教材译成法文，在短短两年时间内培养了 25 名针灸技师。② 在中国医疗队开展针灸疗法的早期，许多国家的人民和患者都有疑虑，甚至害怕。然而，当针灸治愈了一些病人的顽疾后，其疗效迅速传播开来，广为流传，在许多非洲国家几乎家喻户晓，口碑极好。甚至一些西方国家的患者也慕名前来求医。中国医疗队还在突尼斯、莫桑比克、马达加斯加等国开展了针灸培训，使这一中国传统医术能够更多地为当地百姓服务。③

历史证明，援外医疗是一种花钱少、见效快、影响大的对外援助方式。这种援助改善了受援国人民特别是患者的生活，成为中国外交的重要组成部分。援外医疗队的成绩在对外援助会议上多次得到国家领导人的肯定，也通过中国与发展中国家在国际舞台上的互相支持而得到验证。中国医疗队员的奉献精神、医德医风和精湛医术加强了中国的软实力，甚至影响到政府高层政策的制定。④

（四）中国援外志愿者对外援助案例

援外志愿者是新世纪中国对外援助开创的新方式。援外志愿者指中国

---

① 左耘：《中国援外医疗队的贡献及面临的挑战》，载于《国际经济合作》2013 年第 11 期。
② 湖北卫生厅主编：《名医风流在北非》，新华出版社 1993 年版。第 181—186 页。
③ 左耘：《中国援外医疗队的贡献及面临的挑战》，载于《国际经济合作》2013 年第 11 期。
④ 李安山：《中国援外医疗队的历史、规模及其影响》，载于《外交评论》2009 年第 1 期。

选派志愿人员到其他发展中国家，在教育、医疗卫生和其他社会发展领域为当地民众提供服务。目前，中国派出的志愿者主要有援外青年志愿者和汉语教师志愿者。[①] 和中国援外医疗队相同，中国援外志愿者虽然也是中国官方发展的对外援助的重要组成部分，但由于在国内招募和选拔的是志愿者，受援国服务的对象也是基层人民，故笔者把中国援外志愿者也作为这一章的研究对象。

根据《中国的对外援助（2014）》的统计，中国向60多个国家派遣青年志愿者和汉语教师志愿者近7000名。[②] 2002年5月，中国首次派遣5名青年志愿者赴老挝，在教育和医疗卫生领域开展了为期半年的志愿服务。截至2009年底，中国向泰国、埃塞俄比亚、老挝、缅甸、塞舌尔、利比里亚、圭亚那等19个发展中国家共派遣405名援外青年志愿者，服务范围涉及汉语教学、中医治疗、农业科技推广、体育训练、计算机培训、国际救援等领域。其中，向埃塞俄比亚、圭亚那等多个国家实现连续派遣。2003年，中国开始对外派遣汉语教师志愿者。[③]

1. 援外青年志愿者

援外青年志愿者本来是中国青年志愿者协会海外计划。中国青年志愿者协会成立于1994年12月5日，是由志愿从事社会公益事业与社会保障事业的各界青年组成的全国性社会团体，是中国共产主义青年团中央指导下的，由依法成立的省、自治区、直辖市青年志愿者组织和全国性的专业、行业青年志愿者组织和个人自愿结成的全国性的非营利性社会组织，是全国青联团体会员，联合国国际志愿服务协调委员会（CCIVS）联席会员组织。2002年4月，团中央、商务部和中国青年志愿者协会联合启动实施青年志愿者海外服务计划，商务部是援外青年志愿者援外服务的主管部门。

2005年，青年志愿者海外服务计划纳入国家对外援助工作范畴。2004年9月23日经中华人民共和国商务部第11次部务会议审议通过了《援外青年志愿者选派和管理暂行办法》，明确指出：援外青年志愿者是国家援外

① 国务院新闻办公室：《中国的对外援助》白皮书，人民出版社2011年版。
② 国务院新闻办公室：《中国的对外援助》白皮书，人民出版社2014年版。
③ 国务院新闻办公室：《中国的对外援助》白皮书，人民出版社2011年版。

人员的组成部分，以志愿人员身份到发展中国家工作；援外青年志愿者主要被派往对中国友好的发展中国家从事教育、医疗卫生和其他有益于发展中国家公益事业发展的服务。这也标志着援外青年志愿者工作开始走向制度化。

2. 汉语教师志愿者

“汉语教师志愿者项目”的宗旨是：通过有一定汉语教学水平的中国公民发扬奉献精神，在世界有需要的地方承担汉语教学的任务，支持当地汉语教学，介绍中国文化，加深中国人民与世界各国人民之间的相互了解，发展友谊，促进交流。为保证此项目顺利开展，国家汉语国际推广领导小组办公室（简称“国家汉办”）设立“汉语教师志愿者中心”（以下简称“志愿者中心”），并委托各省、自治区、直辖市教育厅（教委）和教育部直属高校负责汉语教师志愿者（以下简称“志愿者教师”）工作的招募、遴选、培训、派出及日常管理等具体事务。

2003 年，作为试点，国家汉办向泰国和菲律宾派遣了首批汉语教师志愿者，为全面实施此项目奠定了基础、积累了经验。2004 年经教育部批准，“国际汉语教师中国志愿者计划”正式实施，从国内招募志愿者到国外从事汉语教学并设立“志愿者中心”，负责汉语教师志愿者的统筹、规划、组织和协调。为加强汉语教师、志愿者管理，国家汉办颁布《汉语教师志愿者管理规定》《汉语教师海外志愿者工作管理办法》《汉语教师志愿者艰苦地区补贴实施办法》《汉语教师志愿者岗位考核津贴实施办法（试行）》和《汉语教师志愿者培训管理规定》。[①] 截至 2009 年底，中国向全球 70 多个国家派遣汉语教师志愿者共计 7590 人次。[②] 2013 年国家汉办向 139 国派出专职院长、教师、志愿者 1.44 万人，较 2012 年增加 3400 人。其中，培训派出院长教师 5800 人，较 2012 年增加 45%。向 95 个国家派出志愿者 5660 人，比 2012 年增长 39%。[③] 在国外，汉语教师志愿者以孔子学院为依托，与孔子学院的院长、老师共同做好对外汉语的教学工作。在国内，国家汉办与孔子学院其实是一个机构，兼具两个职能，目前国家汉办

---

① 孔子学院总部/国家汉办：《孔子学院 2013 年度发展报告》，第 19 页，http://www.doc88.com/p-1426984589512.html。

② 国务院新闻办公室：《中国的对外援助》白皮书，人民出版社 2011 年版。

③ 孔子学院总部/国家汉办：《孔子学院 2013 年度发展报告》，第 19 页，http://www.doc88.com/p-1426984589512.html。

主任许琳同时也是孔子学院总部总干事。

志愿者的工作极大地促进了任教国的汉语教学，缓解了汉语师资短缺的问题，增进了中国与世界各国的教育文化交流和友谊。但是对项目本身在运作和管理方面的利弊还缺乏科学理性的分析，对志愿者这一特殊群体的研究和探索也远远落后于飞速发展的形势，在志愿者的管理方面还有待完善提高。①

（五）中国青少年发展基金会对外援助案例

中国青少年发展基金会简称为“中国青基会”（China Youth Development Foundation，CYDF）。中国青基会是5A级基金会，1989年3月由共青团中央发起成立。中国青基会是联合国新闻部联系单位，也是国际青年基金会伙伴网络成员。中国青基会是全国性公募基金会，其面向公众募捐的地域是中国以及许可中国青基会募捐的国家和地区。② 中国青基会的使命是：通过资助服务、利益表达和社会倡导，帮助青少年提高能力，改善青少年成长环境。多年来，基于共同使命、共同价值观、共同的道德标准及共同行动，中国青基会与全国37家地方青基会形成全国青基会共同体。

中国青基会一直以来注重对外交流与合作，设有海外部，主要承担海外资源动员、管理、服务、协调以及机构国际合作的职能。2011年成立非洲部，专门负责对非洲希望小学的援建工作。非洲部的成立标志着中国青少年发展基金会向国际化的目标又迈出了坚实的步伐。③ 下面具体介绍一下中国青年少年发展基金的“希望工程走进非洲”项目。

据联合国教科文组织2004年公布的数字，在撒哈拉沙漠以南的非洲国家，大约有4600万个学龄儿童从来没有上过学。贫穷、劳力不足和教育设施缺乏是非洲儿童失学的主要原因。“希望工程走进非洲”项目是中国少有的几家基金会走出国门试水海外公益事业的项目之一。2010年初，世界杰出华商协会向中国青基会表达了在非洲实施教育资助工作的意愿，双方

① 何懿、郭广伟、秦静：《东南亚汉语教师志愿者现状分析及对策》，载于《河北经贸大学学报（综合版）》2012年第1期。

② 中国青少年基金会简介，http：//www. cydf. org. cn/Abouts/。

③ 邓国胜等：《中国民间组织国际化的战略与路径》，中国社会科学出版社2013年版，第37页。

邀请了原外交部副部长吉佩定，原中国驻冰岛、驻埃塞俄比亚大使蒋正云，非洲问题专家、前外交官联谊会代表、企业和媒体代表等组成调研小组，赴坦桑尼亚、肯尼亚、乌干达、卢旺达、布隆迪、马拉维、埃塞俄比亚等非洲国家进行充分调研，对在非洲实施公益资助项目的可行性进行了论证。①

本项目的使命是“助非洲少年儿童人人有书读”，其目标是在非洲欠发达地区资助建设希望小学。项目首期在坦桑尼亚、肯尼亚、纳米比亚、布隆迪和卢旺达等非洲五国开展工作。“希望工程走进非洲”项目是由中国青少年发展基金会与世界杰出华商协会于 2010 年 12 月共同发起，世界杰出华商协会负责募集捐款，中国青基会负责项目的运行和管理。自“中非希望工程”发起以来，得到了联合国粮农组织、中非友好协会、中国前外交官联谊会的大力支持，全国政协副主席、中非友好协会会长阿不来提·阿不都热西提亲自担任工程主席。②

截至 2012 年 12 月，中国青基会已收到世界杰出华商协会会员和社会爱心人士向中国青基会直接定向捐赠 3412. 2 万元人民币，已在坦桑尼亚、肯尼亚、布隆迪和卢旺达四个非洲国家新（扩）建 22 所希望小学。2011 年 3 月 6 日，工程组委会带着 3000 万元人民币，首先到坦桑尼亚、埃塞俄比亚、肯尼亚、卢旺达、乌干达、布隆迪等非洲六国进行工程试点，兴建首批希望小学。③

“希望工程走进非洲”项目惠及 26000 名非洲儿童。让他们拥有了接受教育的权利，极大地改善了受援助地区的基础教育条件，当地民众对来自中国的援助反响积极，同时得到了中国驻受援国使馆、受援国政府、社会公众和媒体的积极评价。“希望工程走进非洲”项目不仅实实在在帮助了非洲贫困地区儿童，也对中非民间外交起到了积极推动作用。通过民间外交的对非援助，非洲人民对中国的援助更容易接受，感情方面更容易理解。有些非洲国家把国际援助看作是一个重要的前进动力，在一些民众中形成一种不愿意承认被援助同时又需要国际援助的矛盾情绪，“希望工程

① 中国青基会海外合作项目，http：//www. cydf. org. cn/xwgczjfz/。

② “中非希望工程”在京正式启动，http：//www. cydf. org. cn/index. php? m = content&c = index&a = show&catid = 281&id = 533，2015 年 4 月 7 日访问。

③ 中国青基会海外合作项目，http：//www. cydf. org. cn/xwgczjfz/。

走进非洲”项目正是通过一种公益组织援助的途径，成为政府对政府援助的一个有效补充，也是受援国公众矛盾情绪的“润滑剂”。[①]

以上对中国红十字会、中国扶贫基金会、中国援外医疗队、中国援外志愿者、中国青少年发展基金会进行对外援助的具体实践进行分析，通过对案例的研究发现社会组织开展对外援助的规律。接下来介绍中国社会组织对外援助的特点。

三、中国社会组织对外援助面临的挑战

从几则案例可以看出，中国社会组织参与对外援助已经迈出了可喜的一步。然而，中国的社会组织参与对外援助的道路上还面临许多挑战。这些挑战一方面是政策环境的挑战以及如何处理好与其他利益相关方之间的关系，另一方面是社会组织内部技术人才的挑战。概括起来，主要表现为以下三个方面。

（一）政策环境的挑战[②]

许多国际非政府组织都是依据国内法设立的，但是目前中国尚没有相关法律规定中国的社会组织如何在海外设立办事处或分支机构。据民政部统计，截至2014年第三季度，全国依法登记的社会组织达56.9万个。其中社会团体29.8万个，民办非企业单位26.9万个，基金会3872个。在2015年3月召开的两会上，全国人大常委会委员、中国社会保障学会会长、中国人民大学教授郑功成指出，中国社会组织需要大发展，也正在大发展。但立法滞后，成为社会组织发展的瓶颈。因此，专门制定社会组织法尤为迫切。[③]另外，中国的社会组织走出国门的相关配套措施缺乏，诸如对物资出关、资金出境等都缺乏明确的规定。

中国社会组织参与对外援助是一项长期发展的国家战略，它是衡量一

① 中国青基会海外合作项目，http：//www.cydf.org.cn/xwgczjfz/。

② 邓国胜等：《中国民间组织国际化的战略与路径》，中国社会科学出版社2013年版，第62页。

③ 人民网，“制定社会组织法突破发展瓶颈”，http：//legal.people.com.cn/n/2015/0313/c188502-26685867.html，2015年4月7日访问。

个国家软实力的重要指标。[①] 近年来，日本、韩国的社会组织国际化程度快速提高，但中国的社会组织的国际化程度还非常低，国家对此应该高度重视，加大扶持社会组织的国际化力度，通过制定一系列政策，鼓励中国的社会组织走出国门。其中，最重要的措施之一就是在每年的对外援助资金中，拿出一部门用于资助中国社会组织积极参与海外的援助活动。

（二）与利益相关方之间关系的挑战

就利益相关者来说，中国社会组织参与对外援助，首先要处理好与捐赠人的关系，其次是要处理好与受援国当地民众的关系，再次是要处理好与受援国本土社会组织和来自其他国际非政府组织的关系，最后是要处理好与本国民众的关系。[②]

第一，中国社会组织参与对外援助首先要解决的是资源问题，中资企业、中国政府、私人捐赠人都可能成为中国社会组织参与对外援助的支持者。目前，中资企业是最重要的捐赠者，政府也逐渐认识到资助社会组织开展国际发展援助的意义和价值。因此，社会组织要处理好与政府、中资企业之间的关系。

第二，处理与受援国当地民众之间的关系。官方发展援助经常是政府对政府的援助，受援国民众不一定真正收益，而社会组织参与的对外援助直接对象是受援国民众，处理好与受援国民众之间的关系，直接关系到国家的信誉和口碑。正如中国国家领导人曾说过：群众性的东西，影响不易消失，而钱却花得很少，中国在对第三世界的友好活动中，比较成功的就是医疗援助活动。

第三，中国社会组织参与对外援助时，离不开受援国本土非政府组织的合作，这一方面是加强本土非政府组织能力建设的有效方法，另一方面是许多受援国当地法律的要求。[③] 例如，中国扶贫基金会在援建苏中阿布欧舍医院项目中，就与当地非政府组织——比尔特瓦苏慈善组织进行了合

---

① 邓国胜等：《中国民间组织国际化的战略与路径》，中国社会科学出版社 2013 年版，第 62 页。

② 邓国胜等：《中国民间组织国际化的战略与路径》，中国社会科学出版社 2013 年版，第 63 页。

③ 邓国胜等：《中国民间组织国际化的战略与路径》，中国社会科学出版社 2013 年版，第 64 页。

作，在医院的后期成立的董事会中也有一个名额分配给这个组织。与当地非政府组织的合作有利于更好地开展工作。

第四，中国社会组织参与对外援助时，还要处理好与其他国际非政府组织之间的关系，避免重复建设，提高援助效率。中国社会组织参与对外援助也是展示中国软实力的外交方式，加强与国际非政府组织的交流，发挥自身在国际舞台的影响力。例如，在抗击埃博拉病毒疫情中，中国扶贫基金会还与联合国世界粮食计划署携手，帮助陷入饥饿危机的儿童及其家庭。

（三）技术人才方面的挑战

作为一名援外的社会组织成员，只有热情是不够的，还需要有过硬的专业技术。许多社会组织援外的项目，在实施前需要作调研，进行可行性评估。社会组织的成员还需要处理好与政府相关部门、受援国政府、受援国的民众、受援国非政府组织以及海外中资企业之间的关系，这对社会组织参与对外援助的人员提出了更高的业务能力要求。

第二节 日本、美国社会组织对外援助的方式

前文以中国社会组织参与对外援助五个案例为研究对象，分析了中国社会组织参与对外援助的特点以及面临的挑战。本节以发达国家的社会组织为研究对象，主要选取了日本、美国两个国家的社会组织进行研究，分析他们各自的特点。就社会团体与政府之间的互动模式而言，美国学者以目标与手段之间的不同结合方式为准，把它概括为四种不同模式：第一种是合作模式，指政府与社会团体之间分享共同的价值目标及达成目标的手段；第二种是冲突模式，指政府与社会团体之间有不同的价值目标和达成目标的手段；第三种是互补模式，指政府与社会团体之间有共同的价值目标，但在达成目标的手段上不同；第四种是竞逐模式，指政府与社会团体之间尽管拥有共同的资源或手段，但却在所达成的目标上不同。①

① Franklin I. Gamwell, Beyond Preference, Chicago: The University of Chicago Press, 1984, p. 28；转引自江明修：《非营利管理》，智胜文化事业有限公司2002年版，第237—240页。

一、日本社会组织对外援助方式

日本对外援助的社会团体，即非政府组织，也就是日本从事海外援助、国际交流与合作的民间组织。目前，日本有500个以上的国际非政府组织（社会组织）活跃在发展中国家、国际热点地区以及日本的国内社会，成为日本外交中一支不可忽视的力量。[①] 1989年日本成为世界第一大援助国并连续八年保持世界第一。新世纪日本对外援助总量虽已不如从前，但总的来说其对外援助管理体系发展较为成熟。下面就日本对外援助过程中社会组织与政府和企业的关系、社会组织的运作和资金来源做详细介绍。

（一）援外视角下的日本政府与其民间组织的关系

日本国际非政府组织以提供服务为主，与政府的合作尚处在基础层面的政策交流对话和培训等方面。与英美国家相比，日本政府在对外援助领域与社会组织的合作起步较晚。日本政府对其社会组织的援助制度建设可以分为起步阶段、完善阶段、成熟阶段。

第一阶段：起步阶段（20世纪八九十年代）。1989年，日本外务省颁布了《民间组织项目补贴计划》，设立了“非政府组织事业补助金制度”，日本政府与非政府组织开始首次合作。同年，日本的农业林业和渔业省出台了《民间组织农业和森林业合作计划》；1991年原邮政和通讯省出台了《全球志愿者援助储蓄计划》；1992年原建设省出台了《建筑业国际合作计划》；1993年原环境署出台了《全球环境日本基金》。这些规章条例出台后，更多的从事对外援助合作的民间组织也随之产生，原有的民间组织也开始设立国际合作部门。[②]

20世纪90年代后期，日本国际协力机构（JICA）开始加强与民间组织的合作，并于1997年出台“社区加强计划”，1999年出台“发展伙伴计划”，2000年出台“小型发展合作伙伴计划”。这些方案后来合并到“伙伴计划”，并且一直延续至今。目前，外务省和日本国际协力机构（JICA）

---

① 胡澎：《日本非政府组织的发展及其在外交中的作用》，《日本学刊》2011年4期。

② 汪沁：《发达国家民间组织参与对外援助制度初探》，载于《国际经济合作》2015年第1期。

是主要的资助部门，其余的资助项目还包括日本邮政省的国际志愿者邮政储蓄金、环境恢复和保护机构的地球环境基金、日本国际农林合作协会的农业和森林项目基金，以及日本大使馆、领事馆和外务省共同资助的草根人类安全无偿援助基金等。①

第二阶段：完善阶段（2000 年至 2010 年）。20 世纪 90 年代后半期，由于日本经济停滞，很多民间组织面临资金方面的困难，政府开始提供多种资金渠道支持民间组织的工作。随着日本在政策上逐步减少对民间组织的项目补贴，2002 年，为了整合现有的官方涉及的民间组织援外项目，日本外务省出台了《日本民间组织项目资金资助方案》。该方案为民间组织提供资金，在发展中国家开展社会经济发展项目和人道主义项目。

非政府组织与地方公共团体开展支援无偿资金合作的实施方式，是通过日本驻外机构根据所在地国家的申请，向本国政府提出项目，申请财政预算。2002 年度共有 86 个非政府组织和地方公共团体在 39 个国家和地区实施了 149 个项目，总额达到了 5.4 亿日元。

第三阶段：成熟阶段（2011 年至今）。2012 年度日本《官方发展援助白皮书》特别强调要构建“全民参与型的援助体制”②。

日本对非政府组织援助的支持一般有两种渠道：对非政府组织的直接资助（包括核心扶持），扶持非政府组织发起的项目；由非政府组织执行政府发起的项目。2008 年，日本净 ODA（官方发展援助）只有 3% 通过以上两种方式对非政府组织进行支持，低于 DAC（经合组织发展援助委员会）平均水平（7%）。虽然从量上看还不大，但日本有众多非政府组织资助计划，且每个计划都采用不同的管理方式。近年来，日本政府表示会增加非政府组织在援助上的介入并认可非政府组织在某些情况下的相对优势，今后通过非政府组织的援助应会有所增加。③

可以说，日本的社会团体参与对外援助正是得益于日本政府的大力支持，形成了日本公众参与对外援助的独特方式，即政府出资支持、民间方

---

① 杨义凤、邓国胜：《发达国家社会组织参与对外援助的制度比较与经验借鉴》，载于《经济社会体制比较》2014 年第 4 期。

② Ministry of Foreign Affairs, Japan's Official Development Assistance White Paper, p. 170.

③ 黄梅波、蒙婷凤：《新世纪日本的对外援助及其管理》，载于《国际经济合作》2011 年第 2 期。

式开展工作、政府主管部门归口管理。如1972年成立的日本国际交流基金会（The Japan foundation），这个基金会是由政府出资，对外实施开发援助的主要机构之一，受日本政府管辖。该组织作为国际文化交流的专门机构，其宗旨是为增进国际间的相互理解，促进国际友好，有效推动国际文化交流事业，以及为世界文化水平提高和人类的进步做贡献。

日本政府除了对民间组织进行对外援助提供制度建设方面的工作，日本政府还注重对民间组织的援助工作进行监管和评估。日本外务省和JICA（国际协力机构）等负责对外援助的机构都下设专门负责与社会组织打交道的办公室，负责制定社会组织参与对外援助的参与门槛、筛选标准、资助比例、重点领域、管理方法、评估机制等规则。统一的协调机构有助于降低项目的管理成本，避免资源的重复和浪费，并提高了管理效率。为保证社会组织参与对外援助的效率，这些资助往往有着严格的管理评估标准和监督考核机制，注重可量化的结果评估。社会组织除了要提交财务报告、组织预算评估外，一般在项目结束时还要提供外部审计报告，在项目结束3—4年后，外务省仍会对某些项目的影响力和满意度进行抽查检验，如果效果不明显，或者与项目相关的管理、维护出现了任何问题，都需要执行此项目的社会组织继续为此负责并采取必要的矫正措施（日本外务省：MOFA，2007）。[①]

（二）日本社会组织对外援助的资金来源

日本从事海外援助非政府组织的资金来源主要由五部分组成：政府补贴、机构自筹、扶持资金、托管资金、其他资金和上年度结转资金。

政府补贴是日本的社会团体重要的资金来源，日本政府及其部门对于非政府组织的直接资助，主要采取补助金的形式。1989年，日本外务省设立了非政府组织事业补助金制度，对日本在发展中国家开展发展援助项目的非政府组织提供一定程度的财政补助。同年，日本农林水产省还设立了针对日本非政府组织在海外开展农林项目的资金支持项目，1991年，日本邮政省设立了国际志愿者邮政储蓄制度，将邮政储蓄利息的一部分（20%—

① 杨义凤、邓国胜：《发达国家社会组织参与对外援助的制度比较与经验借鉴》，载于《经济社会体制比较》2014年第4期。

100%）以捐赠形式支援在发展中国家开展海外公益活动的日本非政府组织。1993 年，环境厅设立了环境基金，建设省、厚生省也相继建立了支持非政府组织的财政支援制度。到了 20 世纪 90 年代中期，日本各个主要政府省厅都相继建立了支援制度，越来越多的财政资金开始提供给非政府的海外公益组织。

为促进非政府组织在对外援助中发挥积极作用，日本外务省主要的非政府组织资金援助制度有两种：一是支持日本非政府组织的无偿资金援助，二是非政府组织事业补助金。日本财政预算中，一般都安排有对非政府组织的补助金。据了解，2003 年日本财政预算中非政府组织的补助总额为 3000 亿日元。支持日本非政府组织的无偿资金援助，是外务省于 2002 年设立的一种无偿预算。2005 年度预算为 28.5 亿日元，主要用于支援五类事业：第一，支援开发援助，对直接有益于社会开展援助事业进行支援；第二，支援非政府组织伙伴事业，对日本的非政府组织与日本国内外的其他非政府组织合作、联合实施的支援开展援助事业进行支援；第三，非政府组织紧急人道援助，支援对海外发生的大规模武力冲突和自然灾害等的难民、避难者进行的紧急人道支援活动；第四，支援小规模融资，对在当地拥有小规模信贷业绩的日本非政府组织提供作为资金，为向贫困人群进行小额无担保贷款提供支援；第五，支援扫雷行动，对日本非政府组织进行的除去地雷、未爆炸炸弹，帮助牺牲者，开展避雷教育等有关活动提供支援。对于该无偿资金援助，总部设在日本国内的、具有法人资格的、活动期满 2 年的、以国际援助活动为主要目的的非政府组织，可以根据不同事业类型申请最高限额 1000 万至 1 亿日元不等的援助金。

非政府组织事业补助金，自 1989 年起开始实施，2005 年度预算为 1.1 亿日元。该补助金主要向在海外从事有关经济社会开发项目而“支援日本非政府组织无偿资金援助”无法支援的日本非政府组织提供。其主要补助包括三类活动：一是补助项目策划调查，对非政府组织为开发援助项目的发掘、形成而亲自作为实施主体进行的策划调查活动所需的经费进行补助；二是补助项目评价，对非政府组织亲自实施的开发援助项目在当地的评价活动所需经费进行补助；三是补助提高组织运营、活动能力，对非政府组织为提高组织运营能力和有关活动领域的专业性，以广大非政府组织工作人员为对象实施持续一定期间的研修会、讲习会等所需经费进行补助。非政府组织事业补助金以结算方式支付，每个项目的补助金额为全部事业费的1/2，数额在50万日元以上1000万日元以下。

（三）日本民间组织从事对外援助的案例

日本的民间组织在对外援助的不同领域中均有所表现，在应对紧急情况，提供人道主义援助，在保护环境，甚至参与联合国的活动方面均存所作为。

第一，在科索沃、阿富汗和伊拉克等热点地区以及地震、海啸灾区，对难民进行人道主义救助，帮助当地居民救灾及重建家园。如，非政府组织“日本平台”（JPF）在2005年巴基斯坦地震之际进行了支援；2006年对黎巴嫩、东帝汶及苏丹国内的难民进行了援助；2007年对苏丹的返乡难民进行了后续支援，还对伊拉克难民、秘鲁地震灾民进行了救助，受到当地居民的好评。日本地雷处理援助会（JMAS）从2002年开始在柬埔寨处理地雷，2006年开始帮助被地雷炸伤致残的当地居民以及在地雷爆炸中失去亲人的儿童，深受当地居民欢迎。

第二，日本的一些非政府组织在国际热点地区、自然灾害发生地区以及经济上较为落后的发展中国家进行人道主义援助，加深了受援国民众对日本的国民感情。例如，日本基督教发展救济机构（ADRAJapan）从1989年开始向尼泊尔派遣建设学校和诊疗所的志愿者。在援建的同时，他们了解到当地居民中有不少人患有先天性唇腭裂，患者渴望得到手术矫正。该机构从1995年开始派遣由外科医生、麻醉师、护士、临床工学技工、药剂师、营养师等组成的治疗唇腭裂志愿者小组。截至2009年，共派遣了14批医疗小组，为近750名患者做了手术。针对一些家庭贫困的患者，该机构不但为他们负担医药费、住院费，还负担家属来医院的交通费、住宿费等。这些举动感动了当地居民，拉近了两国国民的感情。

第三，日本的一些非政府组织在武力纷争地区进行人道主义援助。例如，“和平之风”（PWJ）在伊拉克、科索沃、阿富汗、苏丹等武力纷争地区进行了人道主义支援。他们看到阿富汗长期战乱导致不少学龄儿童辍学，一些女孩子由于文化和宗教上的原因无法接受教育，而教育的缺乏正是纷争、误解和偏见产生的深层原因。于是，从2002年到2003年期间，他们在援建学校、提供学习用品的同时，以首都喀布尔的成人为对象开展扫盲教育，来学习的大多是得不到教育机会的妇女。授课时不仅教她们认字，还传授了文化和科学知识，提高了她们的文化水平和道德观念。在阿富汗农村，该团体还对妇女进行了传统养蚕技术的指导，为那些失去丈夫的妇女提供养鸡饲料，并上门指导饲养技术，使她们获得经济来源，逐步脱贫。

第四，在联合国大会上，一些取得联合国咨商会员资格的非政府组织参会，并就相关议题进行讨论。例如，联合国经济社会理事会对那些支持联合国工作的非政府组织给予咨商会员资格。取得咨商会员资格的非政府组织可以出席经济社会理事会及其他相关机构的会议，提出书面和口头建议。现在全世界有3000家以上的非政府组织取得了咨商会员资格，成为联合国的重要伙伴。大约有40家总部设在日本的非政府组织获得了咨商会员资格，还有近30家总部设在日本的非政府组织作为联合国新闻部（DPI）的合作伙伴，对联合国的宣传活动予以支持。另外，在联合国大会召开之际，往往同时召开非政府组织论坛。非政府组织论坛规模大、人数多，有时参与代表甚至过万。他们讨论联合国大会的相关议题，提出意见和建议，为会议的宣言、决策的起草和评估提供咨询意见、建议和政策分析。

日本非政府组织以组织形式首次登上联合国舞台是在1992年6月联合国环境发展会议（UNCED）上，一些致力于解决环境与发展问题的日本非政府组织代表出席会议，与其他国家的非政府组织代表交换意见。之后，在涉及人权、妇女、环境、发展等领域的联合国大会上，均能见到日本非政府组织代表的身影。1995年，北京第四次世界妇女大会和非政府组织论坛召开之际，参加非政府组织论坛的各国非政府组织代表人数超过了3万，日本非政府组织也派了约5000人参加。值得一提的是，1994年的开罗世界人口大会，日本非政府组织的成员首次加入政府代表团出席会议。目前，日本的非政府组织对国际会议、政府间国际组织的参与度越来越高。这些非政府组织利用联合国会议和非政府组织论坛，提出自己的决议草案以影响决议内容和决议的最后通过。

二、美国社会组织对外援助方式

二战后，实施对外发展援助计划一直美国对外政策中的重要组成部分。1961 年美国国会通过了《对外援助法案》（Foreign Assistance Act），并在联邦层面成立了美国国际开发署，负责具体的国际发展援助业务。自美国国际开发署成立以来，它一直在美国对外援助过程中发挥着主导作用。下面首先介绍美国社会组织与美国政府的关系，其次介绍美国社会组织的资金来源，最后介绍一些美国的社会组织。

（一）援外视角下的美国政府与其民间组织的合作伙伴关系

据美国国际开发署网站信息表明，美国国际开发署有意和非政治组织建立起伙伴关系，共同致力于推动贫困国家和地区的经济增长、提高其健康和受教育水平，以及一些国家或地区的灾后重建、国内社会民主化改革和社会进步等。[①] 美国国际开发署把能够建立伙伴关系的非政府组织分为五类：一是可合作性组织（Cooperative Organizations），主要指通过合作发展项目（Cooperative Development Program，CDP）共同促进发展，比如支持那些能够动员志愿者和技术专业人士到援助地从事面对面的农业援助项目（Farmer-to-Farmer Program）的非政府组织。二是基金会，美国国际开发署有意和一些私人慈善机构合作，共同致力于解决工业、农业、教育、性别平等等领域中的问题。三是私人志愿组织，美国国际开发署设有私人志愿组织注册制度，目的是对私人志愿组织进行事先评估，以判断能否完成美国国际开发署资助的项目。四是援助当地的国际组织。五是全球层面的国际组织，如联合国。因后两类与本研究关系不大，不再赘述。

20 世纪 80 年代，美国对外援助出现了新特点，即美国对外援助活动的具体实施是通过一些私人志愿组织（Private Voluntary Organizations，PVOs）的渠道来完成，[②] 自 80 年代以来，美国的对外援助领域形成了美国的政府部门与私营部门伙伴关系式的对外援助模式。目前，美国对发展中国家的资金援助 91% 是通过私营部门（private sector）的渠道进行的，而不是通过官方发放援助，可以说，美国的私营部分是美国国际开展署重要的合作伙伴。[③]

---

① http：//www. usaid. gov/partnership-opportunities/ngo.

② http：//www. usaid. gov/who-we-are/usaid-history.

③ Partnering for impact：USAID and the private sector，http：//www. usaid. gov/sites/default/files/documents/15396/usaid_ partnership%20report_ FINAL. pdf.

在对外援助领域，美国也非常注重社会组织的力量。在20世纪80年代，社会组织（非营利自愿组织，Private Voluntary Organizations，PVOs）积极参与到美国对外援助领域。20世纪90年代，更多的非政府组织参与到对外援助领域，① 为此，美国政府国际发展署（美国国际开发署）专门设立了发展伙伴办公室，2011年更名为“创新与发展伙伴办公室”，下设发展创投部、全球伙伴部、地区可持续发展部和移动技术部四个部门，开展与美国社会组织的合作。当然，并不是社会组织都有资格申请资助，美国国际开发署对合作伙伴有参与门槛方面的要求，社会组织一般需要先按要求注册为私人志愿组织（PVO）并获得唯一的9位数组成的“D－U－N－S”码，进而才有资格获得资助，注册过程需要4—6周的时间。目前，已注册的私人志愿组织总计686家，其中包括日本救援协会等117家在其他国家注册成立的国际非政府组织。②

伙伴关系是美国政府与社会组织关系的最重要的特点。美国政府通过与非政府组织的伙伴关系，输送美国式民主、实施海外志愿服务、推动经济增长、改善社区层面的健康和受教育水平等等。③ 2014年，美国国际开展署与200多家私营部门建立起伙伴关系，这些伙伴关系大大促进了美国的海外发展与对外政策的实施，比如：加强粮食安全、结束可预防性的儿童死亡、增大成千上万的非洲人民使用电力能源的机会，增强一些发展中国家人们的识字率。

美国国际开展署与私营部门开展伙伴关系，私营部门主要包括：公民社会、跨国的与本地的企业、基金会、非政府组织等。在美国国际开发署与私营部门合作的过程中，存在着商业利益与发展目标的调整问题。在全球化时代的今天，这两个目标正在日益重合，④ 利益共识和价值共识是合作的基础，美国国际开发署很清楚，最有效的合作伙伴关系是建立在核心商业利益与美国国际开发署发展目标两者一致的基础上，这样双方才能资

---

① http：//www. usaid. gov/who-we-are/usaid-history.

② 杨义凤、邓国胜：《发达国家社会组织参与对外援助的制度比较与经验借鉴》，载于《经济社会体制比较》2014年第4期。

③ http：//www. usaid. gov/partnership-opportunities/社会组织。

④ Partnering for impact：USAID and the private sector，http：//www. usaid. gov/sites/default/files/documents/15396/usaid_ partnership%20report_ FINAL. pdf.

源共享、风险与责任共担。①

美国社会组织从事对外援助最大的特点就是与美国国际开发署之间的合作式伙伴关系，在这种伙伴关系中，美国的非政府组织又保持有相对的独立性。

（二）美国社会组织对外援助的资金来源

美国民间组织的资金来源大致有三个渠道：一是自主经营收入，二是社会捐赠和资助，三是政府财税政策支持和项目资助。联邦政府是美国民间组织最大的资助者之一，占民间组织总体收入的1/3。在财税政策支持方面，美国政府通过所得税和财产税减免支持民间组织发展。联邦税务局负责对民间组织的所得税和财产税减免。地方税务局负责对民间组织的土地税、销售税的减免。在项目资助方面，政府通过招标的方式，将大量公共服务项目委托给民间组织。民间组织只要经注册取得法人地位，就有资格取得政府的资助。②

美国哈德逊研究所（the Hudson Institute）全球繁荣中心（Center for Global Prosperity）发布的2013年《全球慈善事业索引》数据显示，美国是经合组织国家中进行对外援助最多的国家，其援助额比排在第二名的英国高出两倍还多。在美国整体对外援助中，私营部门的对外援助也超过了官方发展援助的数额。在具体的资助模式上，美国国际开发署设计了政府购买契约（Acquisition）、补助金（Grants）、限定责任补助金（Fixed Obligation Grants）、合作协议（Cooperative Agreement）四种方式，其中，合作协议和限定责任补助金是各部门采用最多的两种资助模式。美国国际开发署“自动指示系统300系列文件”中明确规定了不同资助方式的选取标准及操作规则。③ 全球伙伴部开展的“全球发展联盟计划”（Global Development Alliance Program，GDA）是重要的合作协议的模式。该计划规定合作

① Partnering for impact：USAID and the private sector，http：//www. usaid. gov/sites/default/files/documents/15396/usaid_ partnership%20report_ FINAL. pdf.

② 汪沁：《发达国家民间组织参与对外援助制度初探》，载于《国际经济合作》2015年第1期。

③ 杨义凤、邓国胜：《发达国家社会组织参与对外援助的制度比较与经验借鉴》，载于《经济社会体制比较》2014年第4期。

伙伴需要提供 1∶1 的资金配套，其目的是撬动美国国际开发署之外的资源，特别是跨国公司的资源，以促进发展中国家社会经济状况的改善，提高美国国际开发署的影响力。GDA 同时向社会组织提供项目申请的机会，社会组织和企业与美国国际开发署共同设计、共同资助、共同管理项目运营，以收集更多的创新方法和经验，提高对外援助的效率及效果。自 2001 年以来，GDA 已经与 3500 多家组织完成了 1500 多个伙伴项目，总计投入 200 多亿美元。

限定责任补助金一般与具体的任务目标相结合，美国国际开发署会提前设计重点资助的项目领域，基础设施与服务、农业发展、食品与经济安全、水和卫生、医疗健康、人道主义援助、治理和善治等方面的项目最有可能获得资助。有合作意愿的社会组织可以提交相关的申请材料，按照事先制定的框架协议和合同条款，在每个阶段都要取得标志性成果，项目结束后有明确的评估标准和要求。

此外，2008 年开始，美国国际开发署向那些不能直接申请美国国际开发署资助或者缺乏申请经验的社会组织（包括受援国的社会组织）提供最高 200 万美元、最长为期 5 年的“小额发展补助金计划”，直接目的是扩大美国国际开发署合作伙伴的数量，帮助这些组织发展能力，以增强社会组织参与的多样性和灵活性，保证参与活力。截至 2013 年，该项目已经资助了 49 个国家的 162 个社会组织，资助总额为 1.73 亿美元。

根据不同的资助方式，美国国际开发署对社会组织的监督与评估机制有不同的表现形式。限定责任补助金的监督评估机制偏重于可测量的结果，适用于比较明确的任务环境和具体的资助项目，美国国际开发署作为资助者并不关心项目执行过程，而是以结果为导向，资助流程简化快速，既能减轻美国国际开发署的行政成本也能减轻受资助者的管理费用。合作协议方式由美国国际开发署和受资助的社会组织双方共同设计项目规划，面对复杂的任务有较强的适应能力，结果的不可预期性和不可测量性风险增加，美国国际开发署的监督和评估机制更注重操作过程是否合理，更适用于对大规模项目的管理；补助金则适用于小规模的资助，主要是为了增加社会组织参与的灵活性与多样性，美国国际开发署对该类资金的使用并未明确规定，由接受资助的社会组织灵活掌握。

（三）美国民间组织从事对外援助中的案例

据美国国际开发署的《2013 年从事海外救济发展援助的志愿机构报告》中指出，截至 2013 年 9 月 1 日，在国际开发署注册的有 595 个美国私人志愿组织，112 个国际私人志愿组织，6 个美国合作发展组织（Cooperative Development Organizations，CDOs）[①]。著名的美国私人志愿组织有凯尔国际（CARE）、美国关怀基金会（Americares Foundation）、美国救助儿童会（Save the Children）、世界宣明会（World Vision）、天主教救济服务会（Catholic Relief Service，CRS）、信义宗世界救济会（Lutheran World Relief）、世界基督教协进会（World Council of Churches）、美国公益服务委员会（American Friends Service Committee，AFSC）、国际美慈组织（Mercy Corps）等。尽管美国非政府组织能够得到美国国际开发署的支持，但从美国国际开发署的《2013 年从事海外救济发展援助的志愿机构报告》的数据也可以看出，这些机构自身也有很强的筹资能力。如在 2011 财年，已在美国国际开发署注册过的 PVO 通过美国国际开发署渠道获得资金 31 亿美元，而通过非政府的渠道和私人渠道获得资金 211 亿美元，后者是前者的 6 倍多。

1. 美国国际开发署与卢特资本（Root Capital）的合作[②]

2014 年，美国国际开发署开始与卢特资本（非营利性的农业贷款方）进行合作，贷款给咖啡公司（包括 Cooperative Coffees，Equal Exchange，Keurig Green Mountain and Starbucks），让这些咖啡公司帮助小型咖啡种植户战胜咖啡叶子上生的锈菌病。总之，美国国际开发署、卢特资本，以及咖啡公司共同开展了"咖啡种植户适应能力的倡议"（Coffee Farmer Resilience Initiative），帮助拉丁美洲 40000 多咖啡种植户战胜了锈菌病。通过这一倡议，卢特资本为这些需要资金的农户提供了贷款，使些农户能够修复或修整受病菌侵害的农田，继续获得收入。

在倡议之初，美国国际开发署支持卢特资本 1500 万美元信用资金，通

---

① http：//www. usaid. gov/sites/default/files/documents/1866/volag2013. pdf.

② Partnering for impact：USAID and the private sector，http：//www. usaid. gov/sites/default/files/documents/15396/usaid_ partnership%20report_ FINAL. pdf.

过这笔资金，美国国际开发署分担了“咖啡种植户适应能力的倡议”活动的50%的贷款风险。起初，Keurig Green Mountain（咖啡公司）面临着40万美元的潜在损失，但是通过引入其他咖啡公司进来，美国国际开发署与Keurig Green Mountain咖啡公司降低门槛以动员其他私营部门的加入，共同投资于拉丁美洲的咖啡种植户。同时，由于发动“咖啡种植户适应能力的倡议”，卢特资本已经从福特基金会和星巴克（Starbucks）筹集到800万美元的额外资金。

2. 美国国际开发署与“最后一公里项目”（Project Last Mile）的合作[①]

“最后一公里项目”是2010年在健康领域开展的活动，这个项目也是公共部门与私营部门进行合作的案例。这个项目是为更好地利用以下的资源如美国国际开发署的资源与专家、可口可乐公司及其基金会、抗击艾滋病、肺结核、疟疾的全球基金、救济艾滋病人的美国总统紧急计划和以彼皮·盖茨夫妇名义命名的基金会。“最后一公里项目”是为了增强非洲政府的能力，为那些需要帮助的人们提供必要的药品和医疗设施。

总之，美国国际开发署以多种形式参与私营部门的对外援助。以市场为基础的解决办法去应对挑战，获得声望，美国国际开发署以及它的合作伙伴正在分享合作的体验，正在开创一种以市场为基础的公共部门与私营部门合作伙伴关系的新模式。总之，从事对外援助的非政府组织是美国整体对外援助的重要组成部门，它也是对官方对外援助的有力补充。

第三节 中国社会组织对外援助的政策建议

2015年3月，一股来自民间的声音发声。这就是安平公共传播公益基金、中国政法大学公共决策研究中心、中国扶贫基金会、察哈尔学会和北京大学公共传播与社会发展研究中心联合发出倡议，为了推动“调整我们在国际舞台上的角色意识和行为方式”，提议政府要“改革传统的对外援助与交往体制，积极探索委托民间组织承接国际援助的模式，转变直接的

① Partnering for impact：USAID and the private sector，http：//www.usaid.gov/sites/default/files/documents/15396/usaid_ partnership%20report_ FINAL.pdf.

‘G2G’（政府帮助政府）为‘G2G + P2P’（政府帮助政府 + 民间帮助民间）援助模式，以增强援助项目跟当地原住民需求的融合度，提升援助效率和准确性，提升援助的人际感染力、传播力以及社会影响力，从而推动中国国际形象的重塑”。①

前面通过对日本、美国两个国家对外援助社会组织的分析，认为中国政府和社会团体都需不断调整自己的战略以提高对外援助的效果。从政府的视角讲，可加强与社会团体关系；从社会团体的视角讲，可以从专业化建设、人力资源、能力建设、对外合作等方面更加努力。

一、完善中国社会组织参与对外援助的制度建设

（一）把中国社会组织国际化纳入国家对外援助的统一战略规划，完善社会团体对外援助的法律法规

把中国社会组织国际化纳入国家对外援助的统一战略规划，建立政府与社会组织的制度规范。对政府而言，社会组织参与对外援助，在与受援国基层公众的互动中拓展共识、发展友谊，已经成为各国外交“软实力”建设的重要组成部分。在这方面，美国、日本等发达国家的经验值得我们借鉴。随着中国经济实力的增强和大国地位的提升，确立中国政府对社会组织的支持与合作关系，并把中国社会组织的国际化纳入到国家整体对外战略中是非常必要的。②

中国社会团体参与到对外援助丰富了中国对外援助的方式，增强了中国整体对外援助的力量，也是对中国政府对外援助的有力补充。具体来讲，中国社会团体对外援助的作用如下：中国民间组织需要走出国门，在国际人道主义救援、国际社区援助方面，在国际公共空间构造和公共利益维护的倡导方面，积极扮演角色。更需要做好足够的准备，才能担负好承接政府委托、海外中资企业委托，参与国际援助及国际社区援助的重任。

---

① http：//news. ifeng. com/a/20150310/43309855_ 0. shtml，《中国对外援助倡议书》，凤凰网，2015 年 3 月 10 日。

② 杨义凤、邓国胜：《发达国家社会组织参与对外援助的制度比较与经验借鉴》，载于《经济社会体制比较》2014 年第 4 期。

中国的民间组织还要担负通过交流、互动、培训，推动中国公民国际意识觉醒的责任，动员中国国内公民通过捐款和投入时间，志愿参与中国在世界舞台上的国际社会责任建设，从而促使日益增多的中国公民在国际交往中，既能扮演民族使者又能扮演国际主义使者，以促使中国国际形象和国际化能力的升级。①

（二）培养具有跨国运作能力的非政府组织，与政府紧密协作，参与国际人道救援

在官方援助中纳入非政府组织的参与，从而鼓励以民间方式推动国家间的沟通和交流，已经成为许多西方国家对外援助的惯用方式。中国应该依循国际惯例，着力培养一批运作基础良好和国内救灾经验相对丰富的非政府组织，积极参与到国际人道主义救援当中去，与政府协调步调，进而更为全面深入地参与全球治理，从民间角度塑造中国负责任的大国形象。②

二、推动中国社会团体与政府之间的合作伙伴关系建设

应考虑引入民间组织，建立起政府、企业和民间组织三位一体的立体援外模式。在联合国系统，非政府组织日益成为联合国联系国际公民社会的桥梁。就各国政府而言，许多国家政府间的活动在非政府组织中得到越来越多的体现，如美国国务院已经将公共外交领域的许多职能让非政府组织和机构分担。美国政府与社会组织的关系不是冲突的，而是广泛的合作关系。③

（一）建立中国政府与社会组织之间的协调机构，政府积极引导社会组织参与对外援助

建立中国政府与社会组织之间的协调机构，专门负责对社会组织的资

---

① http：//news. ifeng. com/a/20150310/43309855_ 0. shtml，《中国对外援助倡议书》，凤凰网，2015 年 3 月 10 日。

② 徐莹：《国际非政府组织参与人道主义救援的基本路径》，载于《今日中国论坛》2007 年第 7 期。

③ 孔根红：《对我国民间组织加强国际合作的几点对策思考与建议》，载于《学会》2006 年第 2 期。

助和管理，负责确定优先援助领域、重点援助地区、项目类型和资助比例、资助方法等具体规则。这不仅可以有效降低政府与社会组织合作的管理成本，还可以集中信息和资源、统一规划对社会组织的资助方案，避免多部门管理下的重复资助和资源浪费。除进行管理之外，协调机构还可以负责向参与对外援助的中国社会组织提供国际事务发展的动态信息以及相关的培训活动，加强中国社会组织走出去的能力建设。

要赋予社会组织参与对外援助的合法身份和适当的资源，这是中国社会组织参与对外援助的基础和前提。国际非政府组织依据国内法设立，政府的注册登记、管理办法等直接影响着中国社会组织能否在海外设立办事处、分支机构，决定了社会组织能否长期制度化的参与到对外援助事业中来。从资源的角度来看，国际经验表明政府资助一直以来占据了国际非政府组织收入的相当比例，在替代发展时期甚至达到50%—75%，政府资助国际非政府组织开展对外援助已经成为国际社会的通行做法。

政府应当建立具体的合作机制并明确政策导向，加强非政府组织参与对外援助的制度建设。政府对非政府组织参与对外援助的资金支持是建立在非政府组织有助于提高对外援助效率的假设之上，必要的制度建设是提高效率的保障。

在合作机制方面，我们可以借鉴日、美等国的经验，设立统一的管理协调机构以降低管理成本；制定明确的申请流程、管理和监督评估制度以提高非政府组织对外援助的透明度和效率；根据非政府组织的实力和项目的内容，确定采取契约、补助金、合作协议或是其他的资助方式等。政策导向则需要按照政府对外援助的战略目标设定，比如，根据政府对外援助的重点领域，设立针对紧急救援、农业发展、科技进步、教育、医疗卫生、环境保护等不同领域的基金，对非政府组织给予分类资助；或者根据政府对非政府组织项目开展周期、开展方式的偏好设立专项资助基金，如英国政府的联合基金计划专门针对在受援国开展长期社区发展项目的非政府组织提供项目一半的配套资金支持，并鼓励国际非政府组织与受援国本土非政府组织合作等。

为了改善非政府组织参与对外援助的效果，政府可以为非政府组织搭建互助合作的平台。例如，借鉴发达国家的经验，加强与受援国政府在政策层面的合作以降低本国非政府组织在海外运营项目的风险；推动跨国企业特别是本国海外企业的社会责任建设，为本国非政府组织提供更广阔的合作空间；与其他国家政府共同出资成立多方援助信托基金，为本国非政府组织提供更多的资源；搭建非政府组织之间相互交流的信息平台，为本国非政府组织的国际化提供培训和必要的国际事务发展的动态信息等。

（二）推动社会团体加强与中资企业的合作

对非政府组织而言，构建政府、企业和非政府组织三位一体的多元合作伙伴关系，并在受援国完成本土化任务是提高非政府组织对外援助效果的有效途径。建立有效的对话交流机制，搭建政府与企业、社会组织、受援国政府等不同利益相关方之间合作的平台。对话交流机制不仅是指以定期召开会议等制度化的形式加强政府与社会组织之间在政策交流、经验信息等层面上的共享，而且要搭建社会组织与海外中资企业之间跨界合作的平台，促进中资企业社会责任的实现，同时帮助社会组织获得海外活动所必需的资源。此外，对话交流机制还包括中国政府与受援国政府的对话交流，在受援国为中国社会组织参与对外援助提供有利的政策环境。

之所以强调政府、企业和非政府组织多元合作的战略伙伴关系，主要是从非政府组织生存需求和非政府组织优势发挥的角度而言。一方面，从生存需求的角度来看，非政府组织国际化所需的资源离不开政府和企业的资助，尤其是在中国这样一个发展中国家，私人基金会和公众捐赠的能力还非常有限，非政府组织面向全球不发达地区开展对外援助项目，离不开政府和企业的支持。另一方面，从非政府组织优势发挥的角度来讲，相比政府外交，非政府组织更能表现出其亲民性、灵活性和创新性，能够把中国发展的一些鲜活的经验带到发展中国家，并能专业化地帮助海外中资企业履行社会责任，政府和企业则不仅可以为本国非政府组织国际化提供物质资源，而且还可以从宏观和微观等不同层面为本国非政府组织的国际化提供便利。例如，政府可以加强与受援国政府和国际组织的沟通，企业则可以为非政府组织提供一些资金与员工志愿者等方面的帮助。与政府和企业合作有助于提高非政府组织参与对外援助的效率。

三、加强中国社会团体与非政府组织、联合国及附属机构的合作[①]

应加强中国一些专业性非政府组织与联合国及附属机构的合作。中国国内不乏由专业技术人员组成的专业性非政府组织，如果能够像澳大利亚救助工程师注册协会那样，通过待命员工机制安排同联合国相关机构建立密切的合作关系，就可以随时为联合国难民事务高级专署、世界粮食计划署、联合国联合后勤中心、联合国儿童基金会、联合国人道主义事务协调办公室和联合国项目管理办公室等联合国附属机构的人道主义救助工作提供所需要的工程技术人员。

至于在受援国完成本土化任务，则主要是从提高非政府组织参与对外援助的效果和影响力的角度来讲的。相比政府外交，非政府组织的最大优势是能够深入基层社区开展项目，在与受援国群众的日常交往中建立友谊和创造共享价值，这是政府很难做到的事情。国际经验表明，相比政府，非政府组织更能直接深入社区，在具体的项目运营中将价值观传输给受援国的社会大众和精英，往往能起到更好的效果。因此，中国非政府组织要开展对外援助，同样需要融入当地社区，在与当地非政府组织和受益群体的互动中完成本土化任务，创造共享价值。在此基础之上，中国非政府组织参与对外援助可以根据自身实际设定具体的发展路径。例如，从紧急救援类项目入手，逐渐扩展至中长期的发展项目；从小规模的项目入手，逐步发展出相互支持的项目体系，全方位提升项目影响力；适时展开与国际非政府组织和受援国本土非政府组织的交流与合作，并借力国际非政府组织网络开展对外援助等。

四、根据项目需要设计有效的监督评估机制，提高中国社会组织参与对外援助的透明度和公信力，进而提高其效率和影响

帮助培育受援国国内的社会力量，然后致力于在多边与双边之间、政

① 徐莹：《国际非政府组织参与人道主义救援的基本路径》，载于《今日中国论坛》2007年第7期。

府与非政府之间建立网络。① 根据项目需要设计有效的监督评估机制，提高中国社会组织参与对外援助的透明度和公信力，进而提高其效率和影响力。从各国经验来看，对社会组织的监督和评估没有统一的模式，可以根据具体的项目需要，确立评估框架和评估指标。如果项目以提供具体服务为主，确立以量化评估为主的结果导向评估监督机制是十分必要的；面对复杂的情境，在合作协议的资助模式下则需要设计包括定性指标的更复杂的合作框架和评估机制。②

（耿喜梅*）

① 李可：《中国大陆非政府组织参与政府官方对外援助研究》，北京师范大学硕士论文，2007 年。

② 杨义凤、邓国胜：《发达国家社会组织参与对外援助的制度比较与经验借鉴》，载于《经济社会体制比较》2014 年第 4 期。

* 耿喜梅，中央财经大学国际政治系讲师，研究领域为能源与气候政策、对外援助。

第三章

教研机构与中国对外援助

在全球发展合作日益深入的时代，国际援助已经成为促进一国教育文化事业发展和改革的重要外部因素，并成为减少人类贫困、促进经济发展、维护社会和谐的关键驱动力量。特别是进入21世纪以来，国际社会对于公益部门的援助投入已经占到整个发展援助开支的半数以上，其中教育部门获得的援助支持稳定在总额的12%左右[①]，从而成为官方发展援助（ODA）密切关注的重点领域之一。具体来看，众多教育科研机构及其专业人员往往在实施此类援助过程中发挥着不可或缺的关键作用。

教育援外活动在中国对外援助事业当中同样占据着举足轻重的地位。仅以受益群体广泛的"援外成套项目"为例：截至2009年底，中国共帮助发展中国家建成2000多个与当地民众生产和生活息息相关的成套项目，其中"科教卫生"领域的项目达到236个，数量仅次于"轻工业"领域（320个）。[②] 那么，中国教育援外工作历经了怎样的宏观演变进程？教研机构具体又是如何参与教育援外活动的？全球视阈下的中国对外援助事业为这些主体参与教育援外活动带来了怎样的机遇和挑战？在对中国教育援外进程、体系及模式进行全面回顾的基础上，本章将尝试对以上问题给予深入分析，以期为中国构建面向未来的教育援外战略及政策提供有益参考。

---

① UNESCO, 2010 EFA Global Monitoring Report: Researching the Marginalized, Oxford University Press, 2010, p. 226.

② 此处并未将"体育设施"、"剧场影院"、"广播电信"等与一国教育事业间接相关的成套项目统计在内。参见国务院新闻办公室：《中国的对外援助》白皮书，2011年4月。

第一节　中国教研援外进程回溯

作为一种具有公益性的国际公共产品，广义的“对外教育援助”是二战后国际组织和富裕先进国家以援助投资、技术援助、发展援助和国际发展教育等名义向贫穷落后国家和地区在教育领域所提供的人力、物力、财力和技术上的帮助和支持，以帮助其改善生产、经济、卫生、教育和公共福利。[①] 中国自 20 世纪 70 年代末 80 年代初开始接受教育援助，[②] 但事实上中国作为援助国对外实施教育援助的历史更为悠久。伴随着新中国成立后不同时期内政外交政策的不断调整，中国对外教育援助经历了探索启动（20 世纪 50 年代初至 70 年代末）、发展调整（20 世纪 80 年代初至 90 年代末）和持续深入（21 世纪初至今）三个至关重要的历史阶段。

一、兴起发展阶段（20 世纪 50 年代初至 70 年代末）

中华人民共和国成立伊始，为了获得稳定的外部发展环境并支持世界民族解放运动的深入开展，中国在“一穷二白”的背景下启动了教育援外事业，当时对华保持“同志加兄弟”友好关系的广大社会主义国家成为援助投放重点。一方面，新中国教育援外事业积极“走出去”：中国政府因地制宜地实施了一系列旨在促进对方长远发展的教育援助项目，不仅对外派遣专业教师等教育技术人员，积极提供相关教学仪器和实验室设备，而且帮助一些亚洲和非洲发展中国家建设普通院校和技术院校。例如，1954 年，中国先后向阿尔巴尼亚派出近 6000 名专家，并为该国培养了多达几千名技术骨干。次年，中国政府向蒙古国派遣了约 5500 名专家和技术人员，两年后蒙古国立大学外语系首次开设了中文课程，培养了蒙古国最早的一

① 靳希斌、安学慧、严国华等：《国际教育援助研究——理论概述与实践分析》，福建教育出版社 2008 年版，第 66—74 页。

② 熊淳：《国际教育援助的人文理性——基础教育援助的价值取向》，载于《教育发展研究》2012 年第 12 期，第 29 页。

批中文人才。[①]

另一方面，新中国教育援外事业不断“请进来”：早在援越抗法战争期间，中国便将“越南送来的280余名俄文或铁路技术等方面的专科生，交由中央统战部联系华北人民革命大学学习，后刘少奇根据越南的实际情况，指示有关部门与越方商议，要安排至少一半以上的学生进行供给、财政、银行、贸易等方面工作的短期学习”。[②] 朝鲜战争爆发后，万余名朝鲜儿童曾经到中国避难，应朝鲜方面要求，1953年中国政府同意将其中2500名儿童留在国内学习生产技术知识，据不完全统计，“1954年来到中国的朝鲜实习生就有3000多人，以后增加到1万多人”。[③] 此外，在与埃及正式建交之后，新中国接收了许多埃及留学生到国内学习美术、哲学和农业。[④] 与此同时，为配合向发展中国家援建成套项目和提供物资设备的使用维护，当时的对外经济联络部（商务部前身）等机构从1956年开始为受援国培养专门的管理和技术人才。例如，应受援国政府的要求，中国以接受留学生的方式，专门为坦赞铁路、毛里塔尼亚友谊港、坦桑尼亚煤矿、圭亚那纺织厂等援建成套项目培养中高级技术和管理人才。随着中国对外提供成套项目、尤其是生产性项目的不断增多，前来中国接受培训的项目管理和技术人员也与日俱增。由此可见，新中国通过互利互惠的援助行动践行了“爱国主义”和“国际主义”原则的高度统一，当时中国的教育援外活动以双边援助为主，绝大部分资源投入均来自于政府财政预算拨款，项目设计和实施过程也主要依靠政府部门指令和教育科研机构配合来完成，各类市场主体、社会组织、受援国部门机构的参与积极性并未能被充分调动起来。

---

① 曾天山、于发友：《加强教育援助促进中蒙两国睦邻友好——赴蒙古国参观考察报告》，载于《民族教育研究》2010年第2期，第114页。

② 中国外交部解密档案：“1955年4月20日驻越使馆研究室《1950—1955年社会主义国家援助越南情况统计》”，档号：106－00831－03。转引自安阳：《中国援外培训历史及问题浅析》，外交学院2011级硕士研究生毕业论文。

③ 沈志华、董洁：《朝鲜战后重建与中国的经济援助（1954—1960）》，载于《中共党史研究》2011年第3期，第48—57页。

④ 李保平：《中非教育合作与智力援非》，中国非洲问题研究会研讨会论文，2006年3月16日。

二、深化调整阶段（20世纪80年代初至90年代末）

自20世纪80年代起，中国开展教育援外的内部环境和外部形势均呈现出新的历史变化：伴随着改革开放事业的推进，意识形态因素在对外援助中的作用逐渐减弱，援外技术功能和经济效益备受重视，教育援助逐渐成为国外民众认识了解中国发展的一扇特色“窗口”。冷战终结前后，西方发达国家的援助投入由于意识形态和战略利益的对抗减弱而出现显著下降，其中教育发展和人力开发等“软性”议题更是呈现出“援助疲劳”（aid fatigue）。相比之下，中国教育援外合作对象进一步增加，合作渠道进一步拓宽，合作方式更加多样，合作内容更加丰富。

一方面，中国双边教育援助逐步从传统领域扩展到国际贸易、临床医学、航空制造、生命科学、电子信息等高技术领域，教育发展合作朝着教师能力建设、课程教学改革、教育政策变革等更高层次迈进，非洲发展中国家在中国援外格局中的地位日益凸显，与社会主义国家和众多周边国家共同构成教育援助的关键指向。例如：1998年4月，时任国家主席江泽民同志在听取外经贸部工作汇报时曾明确指示：“要对非洲国家经济管理部门的中青年高级官员进行培训，使非洲国家进一步了解我国经济建设发展道路和政策，特别是改革开放以来取得的成就和经验，以使其借鉴我国发展经验，增强自身的发展能力。”有鉴于此，中国政府随即在北京举办了首期司处级官员高规格研修班——“非洲国家经济管理官员研修班”。这一短期培训系统介绍了中国改革开放事业取得的巨大成就，并组织非洲国家政府官员集中考察了中国各地区的发展经验；另一方面，中国以更加开放的姿态参与联合国开发计划署（UNDP）等国际组织发展机构的多边教育援助，在坚持教育基础设施和配套设施等“硬援助”的同时，适当增加了人力资源开发和教育技术培训等方面“软援助”。这一时期中国先后向多达99个发展中国家和9个国际组织提供各类援助资源，累计为发展中国家培训各类技术人才1500名①，以期提升合作方自身的教育能力建设。由此可见，中国已经不再仅仅是一个教育援助资金的提供者和发展项目的建

---

① 戴伦彰主编：《走向21世纪的中国对外经济关系》，中国物价出版社1997年版，第141页。

设者，其作为知识技术和发展经验传播者的身份逐步得以彰显。

三、全面发展阶段（21 世纪初至今）

随着新世纪我国经济实力和国际影响力的不断增强，一些西方媒体和官员频繁鼓噪对华援助“毕业论”，这预示着中国自改革开放持续接受外来援助的历史将告一段落，而国际社会也普遍期待新兴经济体能够积极承担更多的全球治理责任，中国对外教育援助的潜在需求进一步增长。2000 年，联合国召开的“千年峰会”上创建了著名的“千年发展目标”（Millennium Development Goals），并提出“进一步普及小学教育”以及“到 2015 年消除各级教育中的性别差异”等具体目标。同年，在达喀尔举办的“世界教育论坛”上通过了《达喀尔行动纲领》，其中明确呼吁国际社会加大对于基础教育领域的援助。在这种全新的背景下，中国教育援外事业参与国际多边援助的规模和程度不断扩展，基础教育被纳入到对外援助的整体战略和优先事项之中，教育基础设施建设之外的教育能力建设（尤其是人的可持续发展）备受重视。2005 年，在联合国教科文组织第五届全民教育高层会议上，温家宝总理向与会的发展中国家郑重提出旨在促进其教育长远发展的五项承诺，具体包括：扩大发展中国家校长和教师来华培训规模；向联合国教科文组织“非洲能力建设中心”和“女童妇女教育中心”提供 100 万美元援助；为发展中国家援建 100 所农村学校；增加接收发展中国家来华留学生数量。美国国际开发署（USAID）副署长弗雷里克·席克因此盛赞中国教育援外的慷慨之举，并断言“中国正在成为国际教育援助的新兴力量”。①

与此同时，中国双边教育援外事业在新世纪也开启了全方位、多层次和宽领域的有益探索，中非教育发展合作成为其中最为典型的代表。2000 年，中国政府决定依托“中非合作论坛”提供“基础教育专项资金”，并设立“非洲人力资源开发基金”，以帮助非洲国家培训各类人才，教育部

---

① 梁杰等：《美国援助署副署长高度评价中国对发展中国家的五项承诺：中国正在成为国际教育援助的新兴力量》，载于《中国教育报》2005 年 11 月 30 日。

由此建立了 4 个教育援外基地，后又逐渐增加到 10 个[①]。这些基地具体承担了教育部牵头的援外培训任务、非洲研究项目、选派援外教师等相关工作。2006 年中国政府正式发布《中国对非政策文件》，中非双方决定建立“政治上平等互信、经济上互利共赢、文化上交流互鉴”的新型战略伙伴关系，其中“文化上交流互鉴”成为新时期中非深入推进教育合作的基本原则和战略基础。当年 11 月，中非合作论坛北京峰会通过“北京行动计划（2007—2009）”，胡锦涛主席向世界郑重宣布了中国对非援助的“八项政策措施”：就中非教育合作而言，中国承诺在 2006—2009 年期间继续为非洲培训 1.5 万名各类人才，向非洲派遣 100 名高级农业技术专家，建立 100 所农村学校，留学生奖学金从每年 2000 人次增加到 4000 人次。[②] 2009 年“北京行动计划”行将到期之时，中非双方又达成“沙姆沙伊赫行动计划”，中国再次郑重承诺援建 50 所中非友好学校，为非洲培训多达 1500 名校长和教师。由此可见，中国通过对非双边教育援助兑现着世纪之初的多边教育援助承诺，但许多传统援助方则由于金融危机等因素影响而不断削减教育援助预算。此外，为了向发展中国家的地区一体化进程提供智力支持，近年来中国在保持对非教育援助资源投入的基础上，还积极强化对于东盟地区国家和太平洋岛国的援助力度。例如：自 2006 年首届中国—太平洋岛国经济发展合作论坛部长级会议以来，中国为岛国培训官员和技术人员超过 2500 名。2010 年至 2012 年期间，中国先后为东盟国家培训官员和技术人员 5000 余名，涉及商务会展、文化艺术、汉语、金融财税、传统医药和传染病防治、新能源、农业等领域。[③] 总之，一个国家对别国或其他地区进行教育援助，其政策行为通常受到以下多个因素的影响，即本国的政治和经济利益、对外战略、国际地位，以及与受援国的关系和受援国国内的政治、经济状况等等。[④] 作为中国对外援助事业不可或缺的组成部分，

① 这些基地分设于天津工程师范学院、浙江师范大学、东北师范大学、吉林大学、南京农业大学、天津中医药大学、南方医科大学、贵州大学、琼州学院、云南大学。参见牛长松：《基于教育援助有效性视角的中非教育交流与合作评估——喀麦隆的个案》，载于《比较教育研究》2011 年第 12 期，第 45 页。

② 李小云、唐丽霞、武晋：《国际发展援助概论》，社会科学文献出版社 2009 年版，第 55 页。

③ 国务院新闻办公室：《中国的对外援助（2014）》白皮书，2014 年 7 月。

④ 周永生：《经济外交》，中国青年出版社 2004 年版，第 283 页。

中国教育援外连贯的政策设计和持续的资源投入不仅充分展示了中国作为国际社会“负责任大国”的良好形象，而且赢得了众多受援国和受援群体的高度赞誉。

第二节　教研机构参与中国援外的机制和形式

具体来看，与中国教育援外密切相关的参与主体既包括政府相关主管部门，又涵盖了各类学校、公共学术组织、多边科教组织、非政府组织等机构及其人员。在技术援助、志愿服务、人力资源开发合作等援助项目从计划到实施的整个过程当中，各类“政府间”与“非政府”参与主体充分发挥着自身组织优势和专业优势，积极服务于国家整体外交战略和对外援助事业，为促进国际教育交流与合作的深入发展进行着不懈努力。

一、教研机构参与我国外援的关键机制

由于中国对外援助的参与主体及活动形式相对多元，因此教研机构参与不同类型外援活动的机制架构和政策过程也呈现出一定差异，以下结合双边和多边两类基本援助具体进行探讨。

（一）双边援助机制下的教研机构参与

双边援助在中国教育援外事业启动初期扮演着关键角色，此项援助主要指中国政府通过签署双边合作协议向其他国家及地区提供的旨在促进教育可持续发展的相关支持。具体来看，在前期调研和意向达成阶段，受援国政府根据教育发展实际需求与中国驻外使领馆经济商务部门进行商谈，某些援外人力资源项目也可由国家教育主管部门、相关部委、省级商务主管部门以及全国性行业推荐[①]，双方签订政府间教育合作的框架性协议。商务部作为国务院授权的外援主管部门组织谈判，外交部积极对援助项目申请进行一线协调。在计划决策和筹备实施阶段，商务部与受援国援外主

① 黄梅波：《中国对外援助管理体系的形成和发展》，载于《国际经济合作》2009 年第 5 期，第 38 页。

管部门签署正式合作协议，财政部审批教育援外资金预算，财政部、教育部、农业部、卫生部等专业性政府部门通过沟通协作在全国范围内调动优质资源，地方政府（尤其是商务管理机构）协助办理教育援助项目的相关具体事务。进入援助实施阶段，相关教育科研机构通过承担国家部委委托的援助项目，将计划方案中涉及的教育物资和资金提供给受益群体，传授教育发展经验，培养相关技术与管理人才，商务部援外司等部门监督援助项目的安全、质量、功能、进度、资金使用等。[①] 由此可见，这种双边教育援助的决策模式较为集中，“可以保证教育援助项目程序恰当、构思精良、实施有效、监测严格”[②]，同时体现了政府国内行为和国际行为的双重结合。然而，不可否认的是，中国对外双边教育援助的管理体系涉及部门较多，尚未形成相对独立且专业性较强的管理机构，企业和社会力量的参与广度和实践力度仍然有限，这些因素均在一定程度上制约着中国双边教育援助事业的持续深入。

伴随着文化全球化进程和中国改革开放事业的逐步深入，中国双边教育援外管理机制不断健全，援助项目的决策和实施进一步规范化。2008年，商务部、外交部、财政部、中联部、教育部、科技部、信息产业部、农业部、卫生部、国土资源部、公安部、国防部 12 个部委共同建立了援外人力资源开发“部级联系机制”，后于 2011 年进一步升级为更为紧密的“部级协调机制”。在积极发挥原有“举国体制”优势的基础之上，这一全新协作机制充分调动了相关部委参与援外事业的积极性，并发挥了各部门机构在教育援外工作当中的专业优势。与此同时，科研院校、公司企业、社会慈善、志愿服务等机构通过招投标方式更多地参与到中国对外援助事业当中，加之与国外法人机构的密切合作，由此形成了“官民并举”的教育援外工作新局面。具体来看，中国政府常常组织相关领域专家对受援国教育发展现状及现实诉求进行实地考察，相关企业通过商务部组织的项目招投标程序积极参与外援项目竞争，受援国教育、外交、农业、科技等部门机构对于合作项目保持着密切关注，来自于援助双方的众多教育科研机

---

① 商务部：《对外援助管理办法（试行）》，2014 年 11 月 15 日。

② 吴小蓉：《中美对非洲基础教育援助策略的国际比较研究》，载于《当代教育科学》2013 年第 13 期，第 36 页。

构在此过程中建立起多渠道的专业联系和社会联系。例如：自2008年起，教育部与商务部合作设立了“为发展中国家培养硕士人才项目”，通过调动北京大学、清华大学、华东师范大学、中山大学、中国传媒大学和外交学院等国内一流高校的特色优质教育资源，协助非洲等发展中国家培养公共管理、教育、国际传播、国际关系等专业领域的高层次精英人才，满足其在人力资源培训方面多样化的需求。[①]

（二）多边援助体制下的教研机构参与

20世纪60年代前后，世界银行国际开发协会（WBG-IDA）和联合国开发计划署等机构纷纷成立并开始开展国际教育援助活动。70年代以来，多边发展援助机构对于国际发展的贡献越来越大，至70年代中期已经占到国际发展援助总额的30%以上[②]，并将资源投放进一步向发展中国家减贫、卫生、教育等基础部门和社会弱势群体倾斜。冷战结束后，国际双边发展援助曾由于政治动机和战略利益的弱化而一度出现下降，但在众多国际组织的积极倡导下，国际教育援助从90年代下半期开始重新增长。[③] 与双边教育援助相比，多边教育援助具有三个方面的优势：第一，多边援助能够让受援国了解到世界上有不同的教育体制可以参考，因此更能考虑当地的实际需求；第二，多边援助的中立性更强，其政策杠杆作用更弱，对受援国内部事务的干涉更少，因此深受发展中国家的欢迎；第三，国际组织往往拥有众多的会员国，对国际教育援助的整体发展能够产生广泛而深刻的影响。[④] 为了不断适应国际多边教育援助的这一发展趋势，中国在保持双边援助的基础上，力所能及地强化了对于国际多边发展机构的教育援助投入，并积极探索在非洲等地区与传统援助国开展多边教育合作的可行性问题。“这既有助于提升中国在国际社会的影响力，树立良好的国家形象，

---

① 中国教育部国际合作与交流司亚洲与非洲事务处：《加大对非教育援助力度》，载于《国际商报》2013年6月3日。

② 李小云、唐丽霞、武晋：《国际发展援助概论》，社会科学文献出版社2009年版，第33页。

③ 赵玉池：《国际教育援助发展的四个历史阶段》，载于《外国教育研究》2013年第5期，第84页。

④ 赵玉池、陈时见：《国际教育援助及其对世界教育发展的影响》，载于《比较教育研究》2010年第10期，第50页。

又可提高中国教育机构的国际化程度和自身能力。”①

具体来看，世界银行与教育部财务司、联合国开发计划署与商务部、联合国儿童基金会与教育部国际合作与交流司、联合国教科文组织与中国联合国教科文组织全国委员会之间围绕教育援助已经分别建立起了沟通协作机制。自1981年起，中国同联合国开发计划署合作，在华实施了“发展中国家间技术合作”（TCDC）项目。20多年间，共为亚、非、拉等地区的发展中国家培训技术人员6000多名。1996年，中国又与联合国粮农组织积极合作，向提出申请的相关发展中国家选拔派遣优秀农业专家，截至2009年底，累计向非洲、加勒比和亚太地区22个国家派遣了700多名农业专家和技术员。② 从2002年开始，浙江师范大学等一批高校积极在“中非合作论坛”多边框架下承担教育部和商务部的人力资源开发项目，内容涉及非洲众多英语和法语国家的教育管理、教学研究和改革发展等领域。在2012年召开的“中非合作论坛”第五届部长级会议上，中方决定每年向联合国教科文组织信托基金提供200万美元用于支持非洲教育发展项目。2013年4月，来自中国和非洲的教育专家齐聚联合国教科文组织总部，共同制定了“中国—联合国教科文组织援助非洲信托基金”项目实施计划。该项目计划在4年时间内对8个非洲国家提供教育援助，提升教师培训水平，加强各国教育部门和教师培训机构的能力建设，缩小非洲各国之间的教育质量差距。埃塞俄比亚、纳米比亚和科特迪瓦是首批受援国家，其他5个国家随后相继被选出，联合国教科文组织将重点考虑撒哈拉以南地区的非洲国家。③ 该项目将在联合国教科文组织新的教师战略背景和南南合作框架下实施，也是中国政府首次为规模如此之大的多边教育援助计划慷慨出资。总之，在多边援助模式下，中国与相关国际组织及目标国围绕教育发展的各个具体领域展开了多层次互动。“援助方内部政府主导、多头参与的援助体系以及政府间渠道和非政府渠道并重的援助方式带来了援助

① 牛长松：《基于教育援助有效性视角的中非教育交流与合作评估——喀麦隆的个案》，载于《比较教育研究》2011年第12期，第47页。

② 国务院新闻办公室：《中国的对外援助》白皮书，2011年4月。

③ 郭婧：《联合国教科文组织与中国携手开展对非教育援助》，载于《世界教育信息》2013年第12期，第79—80页。

活动中援助方和受援国之间复杂的关系网络。"[1] 事实上，当前中国与其他援助国、相关多边机构及非政府组织进行协调合作的空间和潜力仍然巨大，背景各异、理念各异、途径各异的教育援助项目有待于实现进一步协调。仅就传统援助方和新兴援助方在教育援助领域的合作而言，中国需要"找出双方可以合作的具体领域及项目，通过具体项目的合作来实现理念的沟通和磨合"[2]，从而实现自身援助效益的最大化。

二、教研机构参与中国外援的重要形式

国际援助涉及政治、经济、文化、社会、环境等有关国计民生的方方面面，几乎没有任何一项其他对外政策能够超越其议题领域的广泛性。对外教育援助不仅意味着援助双方之间的资金和物资转移，同时也意味着知识和技术及其他相关教育资源的转移，对于受援国教育事业的发展起着"种子"、"催化"及"示范"作用[3]，中国对外教育援助的内容设计、类型选择和部门投向便体现了教育公共产品的提供和国际公益特性的渗透，不同类型的援助活动及其关联有助于形成政策合力，进一步强化中国教育援外的国际影响力和辐射效应。

（一）资金流

主要指中国提供的旨在促进合作方教育可持续发展的无偿援助、无息贷款和优惠贷款等财政支持，是当今中国教育援外过程中运用最为频繁的援助形式之一。此项资金主要由中国财政预算和相关金融机构融资两部分构成，具体可用于教育基础设施建设、教育技术设备购买、派遣专家酬劳支付、培训活动举办费用、奖学金发放等诸多援助项目开支。例如：自新中国成立至 2009 年底，中国已向非洲 50 多个国家提供政府奖学金名额 29465 人次，一些地方政府也积极向外国留学生提供奖学金资助。浙江省政府自 2009 年起便每年斥资 500 万元设立"浙江省政府来华留学生奖学

① 周弘、张浚、张敏：《外援在中国》，中国社会科学文献出版社 2007 年版，第 314 页。

② 贺文萍：《中国援助非洲：发展特点、作用及面临的挑战》，载于《西亚非洲》2010 年第 7 期。

③ 胡鞍钢、胡光宇：《援助与发展》，清华大学出版社 2005 年版，第 77—80 页。

金”项目。[①] 近年来，中国进一步增加“政府奖学金”和“来华培训教师”等名额，2010 年至 2012 年共资助 76845 名留学生来华学习。[②] 其中，2010 年中国已提前两年实现“到 2012 年为非洲提供 5500 个奖学金名额”的承诺，当年共向非洲提供各类奖学金名额 5710 个，2011 年升至 6313 名，2012 年达到 6717 名，并承诺 2013 年至 2015 年再为非洲提供 18000 个奖学金名额。除此之外，我国政府还积极优化学习生活环境，为发展中国家培养了相当数量的自费来华留学生和政府资助留学生。例如：仅 2012 年在华的非洲留学生便超过 2.7 万人，占该年来华留学生总数的 8.24%，留学人数较 2011 年同期增长了 30%，学科领域已从传统的农业、医学和语言类扩展到教育、经济、国际政治及理工类。[③] 在多边援助筹资方面，中国通过自愿捐款和股权融资等方式积极参与联合国等机构的教育援助行动，2012 年中国便在联合国教育科学及文化组织设立“援非教育信托基金”，以实际行动支持非洲 8 个国家开展师资培训。

与传统对外经济援助相比，国际教育资金援助拥有显著的持续性和非盈利性等特点，并为其他类型教育援助活动的实施提供了前提条件，众多教研机构通过招投标与教育文化主管部门及相关融资机构进行资金往来，成为援助资金运作过程中的重要市场化主体。正因如此，其往往投入相对较大且实施周期较长，正如联合国教科文组织副助理总干事唐虔所言：教育经费永远没有充足的时候，即使是发达国家也总感到教育投入不够，教育是一项永远也没有尽头的事业，总是需要源源不断地投入。

（二）物资流

主要指中国在目标国建成并提供的相关教育基础设施（如学校、培训机构等）和教育配套设备（如教材、教学用具、文体用品等），这是中国教育援外初期经常使用的一种援助形式，有时也会用于支持遭受灾害战乱的发展中国家进行教育体系重建。2010 年至 2012 年期间，中国通过援建

---

① 国务院新闻办公室：《中国与非洲的经贸合作》，2010 年 12 月；浙江省教育厅外事处：《我省设立浙江省政府来华留学生奖学金》，http://www.zhejiang.gov.cn. 2009 年 7 月 2 日。

② 国务院新闻办公室：《中国的对外援助》白皮书，2014 年 7 月。

③ 教育部国际合作与交流司亚洲与非洲事务处，《加大对非教育援助力度》，载于《国际商报》2013 年 6 月 3 日。

或维修80余个教育设施项目（包括中小学校、大学院校、图书馆、网络教学平台和远程教学系统等）以及提供大批教学设备物资（如计算机、教学用具、文体用品等），为受援国改善教学环境、丰富教学方式、扩大教学覆盖面创造了条件。① 在援助实施过程中，中国往往先与目标国达成援建项目意向并签订框架性合作协议，进而由后者教育文化主管部门根据实际需求提供方案设计，中方经实地考察后提出项目意见反馈，同时通过招投标等程序选择符合条件的承建商和质优价廉的教育物资，项目建成后双方进行项目验收交接，后期维护和日常管理等工作则主要由目标国承担。

以中国对外教育援助的重点地区非洲为例：在2005年联合国教科文组织领导人北京会议和2006年中非合作论坛北京峰会上，温家宝总理多次郑重承诺中国将在非洲地区援建多达100所小学，这些学校主要建在非洲的农村，主要是撒哈拉沙漠以南的非洲地区。2009年中国政府决定通过“沙姆沙伊赫行动计划”再为非洲援建50所中非友好学校，涉及小学、中学、职业技术学校等不同类型，包括新建54所学校和为6所学校提供相关教育设备。具体来看，中国积极建设可惠及整个地区或次区域的援助项目，如中华全国总工会为“非洲工会统一组织”援建了劳工学院，该机构的相关培训活动将有助于促进非洲国家劳动者的权益保护和工会事业的长足发展。与此同时，中国政府和教研机构还深入推进双边教育援助项目建设，如刚果（金）金沙萨大学（L'Université de Kinshasa）计算机中心已成为该国进行IT技术培训的主要基地，埃塞俄比亚职业技术教育学院更是促进了该国高质量实用性人才和职业教育师资的培养，该项目不仅成为该国职业教育领域内具有标志性意义的示范性学校，而且成为中国迄今为止开展的规模最大的教育合作项目。“这是我国从接受发达国家的职教培训到输出职教培训的转折点，标志着我国职业教育发展达到了一定的水平，赢得了国际社会的认可。”② 与前一种援助形式有所不同的是，中国教研机构在援助“物资流”时提供了更多的智力支持，特别是配合主管部门进行援外实

① 国务院新闻办公室：《中国的对外援助》白皮书，2014年7月。

② 吕贤如等：《首家教育援外基地在津挂牌》，载于2003年4月25日《光明日报》；中华人民共和国教育部国际合作与交流司，“教育援外工作”，http：//www.moe.gov.cn/publicfiles/business/htmlfiles/moe/moe_854/200906/8522.html。

地考察、审核生产企业资质、监督教育物资质量等等。

（三）人力流

这主要指中国向合作方输入学生、教师、专家、志愿者、教育管理人员等主体，以帮助其完成与教育发展密切相关的规划、培训、研究、咨询，具体涵盖了夏令营、知识竞赛、学历教育、师资培训、专家访问、教育研究等活动形式。近10年来此类援助项目所占的资金比例往往是最大的[①]，其对于目标国教育能力建设的长周期衍生效应因此得到国际社会的高度关注。截至2009年底，中国累计资助来自119个发展中国家共计70627名留学生来华进行各类专业学习，共派遣近1万名援外教师，并为受援国培训校长和教师1万余名。[②]

一方面，在充分考虑目标国教育发展需求的基础上，中国通过教育援外工作派遣了大量旨在提升其教育发展能力的优秀技术专家、管理人员和志愿者。例如：伴随着新中国成立后援助发展中国家工农业成套项目数量的不断增加，中国自20世纪70年代派往国外的专家规模也持续扩大，当时各省市都设立了“对外援助局”，如果某个发展中国家需要精通某一方面的专业人才，中央政府就会指派国内精通这一领域的省份征集一批专家迅速派往受援国。[③] 2002年，中国首次派遣5名青年志愿者赴老挝，在教育和医疗卫生领域开展了为期半年的志愿服务。2003年，中国开始对外派遣汉语教师志愿者，截至2009年底，中国向全球70多个国家派遣汉语教师志愿者共计7590人次。在此期间，中国还向泰国、埃塞俄比亚、老挝、缅甸、塞舌尔、利比里亚、圭亚那等19个发展中国家派遣了405名援外青年志愿者，服务范围涉及汉语教学、中医治疗、农业科技推广、体育训练、计算机培训、国际救援等众多领域。[④] 2010年颁布的《商务部对外援助培训项目实施管理手册》第六节第六十二、六十三条对援外培训实施人员选拔条件做出了具体规定：“培训项目的授课人员应为专业水平领先、

---

① 陶剑灵：《国际教育援助视野中的基础教育变革》，载于《当代教育与文化》2012年第6期，第4页。

② 国务院新闻办公室：《中国的对外援助》白皮书，2011年4月。

③ 胡锦山：《非洲的中国形象》，人民出版社2010年版，第178页。

④ 国务院新闻办公室：《中国的对外援助》白皮书，2011年4月。

具备较高政治素质、政策理论水平和高级专业职称的高校、科研院所的教师、学者或科研人员，以及政府机关处级以上（含处级）的政府官员”。

另一方面，中国政府非常重视对外人力资源的开发合作，先后为不同类型的教育主体提供了大量研修、学习、调研和考察的机会。早在众多发展中国家实现民族独立初期，中国便开始为其培养农业、工业、商业等国民经济领域亟需的管理与技术人才。例如：20世纪50年代至70年代，中国接收了大量来自朝鲜、越南、阿尔巴尼亚、古巴、埃及等国的实习生来华学习，涉及农林、水利、轻工、纺织、交通、卫生等20多个行业。自80年代起，人力资源培训及教育技术转移逐渐超越单纯硬件投入而成为中国对外教育援助的首选类型。例如：2000年以来，中国政府先后委托近30所院校举办了一系列短期研修班，教育部和商务部等积极指导承办单位设计主题鲜明的培训议题，聘请知名专家学者及政府高级官员授课，安排对口部门机构之间的交流探讨，为非洲等地区发展中国家培训了各类亟需的管理人才和技术人才，涵盖经济、外交、农业、教育、减贫、医疗、环保等多个领域。[①] 据不完全统计，仅2008年之前便有1200余名来自于亚非发展中国家的中高级教育官员、校长、学者和专业技术人员参加了此项学习活动。截至2009年底，中国为发展中国家在华举办各类培训班4000多期，培训人员12万人次，包括实习生、管理和技术人员以及官员，培训内容涵盖经济、外交、农业、医疗卫生和环保等20多个领域，每年在华培训发展中国家人员在1万名左右。[②] 总之，与“资金流”和“物质流”等短期支持相比，教育援助“人力流”更多体现了一种“长线投资”和“软件建设”特征，通过在华的相关知识学习、实地考察和人员互动，合作方的参与主体既可以掌握许多实用的专业技术，又能够进一步深化对于中国改革开放事业的了解认知，而中国的教研机构和相关人员则借此机会提升了自身国际化程度。

---

① 牛长松：《基于教育援助有效性视角的中非教育交流与合作评估——喀麦隆的个案》，《比较教育研究》2011年第12期，第45页。

② 国务院新闻办公室：《中国的对外援助》白皮书，2011年4月。

（四）技术流

主要指中国与合作方开展教育方法传播和教育理念引介活动，如语言培训、教材编写、课程开发、网络建设等，其与前述“人力流”共同构成了中国对外援助基本形式——“人力资源开发合作”的重要内容。例如：中国先后举办了30多期院校高级管理人员培训班、高等教育管理培训班、职业教育管理培训班、中小学校长和教师研修班、现代远程教育研修班等，为发展中国家培训了千余名教育官员、校长和教职人员。[①] 在此基础上，中国积极与多边机构合作举办以能力建设、基础设施建设为主题的国际发展合作研讨会，邀请发展中国家政府官员参会，共享发展合作经验。2011年10月，中国与联合国教育科学及文化组织合作举办了“中非大学校长论坛”，中非双方围绕中非大学未来的合作前景等重要议题深入交换了意见。

通过项目参与和活动承办，中国教研机构已经在汉语国际培训、农业种植养殖、农村人口教育、基层医疗卫生等领域展现出显著的技术优势，从而为培育具有“中国特色”的国家文化软实力奠定了坚实基础。例如：伴随着中国经济社会的快速发展和国际地位的有力提升，汉语在中国与世界友好交流中的作用日益凸显，以孔子学院为中心的汉语教学与推广已经成为中国文化软实力战略较为成功的经验。自2005年非洲第一所孔子学院在肯尼亚成立以来，孔子学院总部（国家汉语国际推广领导小组办公室）已在非洲28个国家建成了32所孔子学院和7个中小学孔子课堂。这些机构面向学生、社区和企业等广泛群体教授汉语，开展职业培训，推介中华文化。仅2012年非洲各孔子学院的正式注册学员便达到3.6万人，举办了包括“汉语桥”中文比赛在内的800余场文化活动，参加人数多达51万人。国务院印发的《孔子学院发展规划（2012—2020年）》当中明确提出，2015年全球孔子学院将达到500所，中小学孔子课堂有望突破1000个。由此可见，这种援助形式能够使合作方政府和民众充分认识到知识经济在可持续发展过程中扮演的关键角色，与此相伴的知识转移对于发展中

---

① 国务院新闻办公室：《中国的对外援助》白皮书，2011年7月。

国家提高教育研究、管理、规划和科学决策能力，乃至促进教育制度建设和教育质量提升等都具有积极的长期“外溢”效应。

第三节　教研机构参与中国援外的模式和前景

众所周知，传统国际教育援助的主要提供者集中在美欧发达国家，20世纪80年代前后，“新兴援助国”开始在国际教育发展合作领域迅速崛起，方兴未艾的对外教育援助“中国模式”备受全球关注。与此同时，由于受到全球政治经济格局重组、“新兴援助国—受援国—传统援助国”三边关系变动、国际教育发展变化等因素的综合影响，中国的对外教育援助事业正面临着许多新的挑战，也酝酿和经历着新的调整。

一、比较优势与核心理念

（一）教研合作促进各参与方共同发展

作为一项不可或缺的公益性事业，国际教育合作为实现世界教育可持续发展乃至人类社会的进步均做出了积极贡献，但其依旧难以剥离为国家战略与核心利益服务的现实属性，传统援助方的对外教育援助理念往往依附于整体对外战略，直接为国家利益服务，具有十分鲜明的政策工具性。例如：美国对外教育援助理念和实践当中便时时渗透着对于意识形态和国家安全的战略考量，而日本的对外教育援助则始终在实现“政治大国”目标和谋求经济持续增长之间寻求战略平衡。就一般情况而言，西方国家教育援助的主要对象仍然是与之保持着密切传统联系的前殖民地，援助项目的具体实施则在很大程度上依托众多半官方和非政府的“社会伙伴”，例如英国文化协会、歌德学院等。尽管新世纪以来作为全球发展治理关键构成的教育援助再次引起了西方国家的重视，但其援助模式依旧没有超越以工业化、经济增长、“涓滴效应”、单向赠予等为核心的现代化理论。“在那种条件下，没有两个能够讨论、并达成一致协议的民族实体国家。那种‘引入’或‘复制’仅取决于单方面的决定——政府的教育政策、教会的训令或商贸的需要。”① 这种模式不仅排除了双向合作与相互学习的可能性，而且忽视了边缘群体中个人实现自我发展的重要性。

与之相比，中国的对外援助事业建立在平等互利基础之上，其实质是一种双向互惠的“南南合作”关系。中国对于发展中国家的教育援助项目充分尊重对方的文化主权，旨在分享和借鉴彼此在教育相关领域内的经验，强化众多发展中国家的教育能力建设和文化互利共赢。如下图所示：2009 年《中非合作论坛——沙姆沙伊赫行动计划（2010—2012）》提出了“中非高校 20 +20 合作计划”，由双方 20 对知名高校在该计划框架下结为“一对一”合作关系，形成中非高校校际合作的新模式。② 具体合作形式包括学生和学者交流、联合科研、学术研讨、教师及管理人员培训、课程共同开发、联合研究中心建立等，政府与学校由此形成合力，共同推动教育援外工作创新。在 2013 年召开的“教育部第十一次对发展中国家教育援外工作会议”上，郝平副部长进一步强调应当“努力培养更多能够参与国际事务、适应南南合作的外向型人才，提高援外能力水平”，同时“将教育援外工作与高校特色学科建设、国际化能力建设相结合，积极推进与发展中国家的教育互利合作”。

表 3.1　“中非高校 20 +20 合作计划”参与院校一览表

中方院校	非方院校
北京大学	埃及开罗大学
北京语言大学	埃及苏伊士运河大学
湖南大学	南非斯坦陵布什大学
东北师范大学	南非比勒陀尼亚大学
南京农业大学	肯尼亚埃格顿大学
东华大学	肯尼亚莫伊大学
中国农业大学	几内亚法拉那高等农艺兽医学院
上海师范大学	博茨瓦纳大学

① 徐辉：《战后国际教育援助的影响、问题及趋势》，载于《外国教育研究》2000 年第 1 期，第 35 页。

② 中国教育部国际合作与交流司亚洲与非洲事务处：《加大对非教育援助力度》，载于 2013 年 6 月 3 日《国际商报》。

续表

天津职业技术师范大学	埃塞—中国职业技术学院
浙江师范大学	喀麦隆雅温得第一大学
华东师范大学	坦桑尼亚达累斯萨拉姆大学
对外经贸大学	突尼斯大学
东南大学	赞比亚大学
天津中医药大学	加纳大学
吉林大学	津巴布韦大学
北京第二外国语学院	摩洛哥穆罕默德五世大学
中国地质大学	纳米比亚大学
扬州大学	苏丹喀什穆大学
湘潭大学	乌干达马凯大学
苏州大学	尼日利亚拉格斯大学

资料来源：楼世洲：《援助走向合作：基于“中非大学20+20合作计划”的分析》，《比较教育研究》2014年5期，第1—5页。

（二）软硬兼施”推动受援群体有效发展

冷战结束后，国际社会对外援助理念酝酿着深刻变化，援助国和受援国之间不平等甚至依附性的双边关系广受发展中国家诟病，要求建立平等伙伴关系的呼声日益高涨。例如：英国援助将大量资源都用在了“软件”和“人”身上，积极倡导援助有效性和发展有效性；日本相继启动了所谓“草根计划”、“文化无偿援助”，这些“看得见的援助”面向基层且受惠面宽①，但大量项目以提供硬件为主，缺乏软件方面的投入，也缺乏同普通民众之间的接触②；印度推出“聚焦非洲”计划并专门启动了“泛非电子网络协议”，将非洲全部53个国家通过卫星和光纤网络与印度相连，从而使其能够分享印度在教育和医疗等领域的专业知识和技能。③

相比之下，中国在援外过程中十分重视将教育发展经验无私地传递给众多发展中国家，最大限度地将自身比较有优势和对方实际需要有机结合

① 彭文平：《日本的国际教育援助及其软实力构建》，载于《比较教育研究》2014年第2期，第96页。

② 周弘、张浚、张敏：《外援在中国》，社会科学文献出版社2007年版，第416页。

③ 郝平：《在教育部第八次对发展中国家教育援外工作会议暨“中非高校20+20合作计划”启动仪式上的讲话》，载于《世界教育信息》2010年第6期，第10页。

起来。正如塞内加尔教育部部长穆斯塔法·苏朗所言："中国曾经资助过塞内加尔小村庄中的孩子，而这可能是一些大国不屑于做的，即使是小小的援助，也可能改变他们的命运。"除了为受援国经济社会发展提供强大的智力支持，中国教研机构在参与对外援助时还非常注重合作方自身教育人才、技术力量和发展能力的培养，支持其依据现实国情推进国际教育本土化，逐步走上一条适合本国教育发展的道路。美国援助署副署长弗雷德里克·希克认为，在发达国家继续对发展中国家进行援助的同时，以中国、印度、巴西为代表的发展中国家已经开始走出依赖他人的教育发展模式，开始向其他发展中国家提供援助。"这种做法不仅是根据中国国情做出的英明决策，而且也为其他发展中国家提供了教育发展的范例。"[①]

（三）包容互鉴实现文化教育自主发展

国家内部发展的外化理论认为，在全球化及相互依赖趋势不断强化的背景下，属于传统主权管辖之下的一国内部事务开始在更大范围和更高程度受到众多外部因素影响，包括教育援助在内的国际发展合作对于一国科、教、文、卫事务的影响正是这种外部性的典型体现。由于传统援助方和受援方在现实实力和谈判地位等方面表现出显著的不对称性，援助方为实现战略目标常常会在项目设计实施过程中附加显性或隐性条件，企图通过教育援助项目"移植"其教育发展模式，潜移默化地影响发展中国家的文化价值观和主流意识形态。例如：虽然德国在中国设立的歌德学院和其他德语培训中心除了教授语言也经常举办音乐会和电影展等文化交流活动，但其提供的一些奖学金却以掌握德语为条件。[②] 大卫·查普曼和安妮·迪克斯特拉的研究发现，美国支持发展中国家教育发展的战略目标是非常复杂的，其中既有人道主义方面的考量，又有激励美国社会经济发展的打算；既有推行美国政治战略和价值观念的意图，又有树立良好国家形象的

① 梁杰等：《中国正成为教育援助的新兴力量》，载于 2005 年 11 月 30 日《中国教育报》，第 1 版。

② 周弘、张浚、张敏：《外援在中国》，社会科学文献出版社 2007 年版，第 416 页。

考虑。①

相比之下，中国兼具教育援助国和受援国的双重身份，积极倡导广泛开展文化教育互利合作，中国教育援助的项目设计不仅力求符合对方发展实际，而且杜绝设置任何可能侵犯对方主权的附加条件，绝不将提供援助作为干涉他国教育发展和谋求文化霸权的手段。尽管传统援助方常常质疑中国的“无条件”援助模式破坏了国际教育发展的“主流秩序”，但外援附加条件在根本上与联合国教科文组织等积极倡导的“尊重文化多样性”原则背道而驰，因此遭到了众多受援群体的强烈抵制。贝宁高教与科技部长凯莫高·奥塞尼·巴南曾经一针见血地批评“一些援助方试图去统治受援方的文化”，并明确指出“我们需要中国的帮助，这样说并不害羞，因为我们的现状需要这样做”。由此可见，“无论外界的舆论压力有多大，中国对外援助最本质的特征仍然是坚持‘不干涉内政’原则，不为中国对外援助附加任何政治条件”。② 这种探索扩展了西方主导下的传统国际援助格局和教育发展理论，同时为构建平等互信、包容互鉴、合作共赢的新型全球发展伙伴关系奠定了坚实基础。

二、演进趋势与改革调整

伴随着2015年联合国“千年发展目标”实施期限的迫近，“后千年时代”的全球发展合作议程（尤其是教育可持续发展和人的发展）引发了国际社会的广泛关注。如何及时有效地提供对外教育援助，处于新时期的中国教育事业也充满着机遇和挑战，《国家中长期教育改革和发展规划纲要》当中明确指出：“要加大教育国际援助力度，为发展中国家培养培训专门人才；要开展多层次、宽领域的教育交流与合作，提高我国教育国际化水平。”

---

① David W. Chapman and Anne Dykstra, “From Money to Action: Strategies in U.S. Support to Education in the Developing World”, *Journal of International Cooperation Education*, 2006 (3): 27–43.

② 周弘：《中国对外援助与改革开放30年》，载于《世界经济与政治》2008年第11期，第43页。

（一）从项目援助到计划援助

一直以来，中国对外教育援助主要采取项目援助的方式进行，项目主要集中在农业、通信、中医、职教等具有比较优势的合作领域，来自于不同层级的政府部门和民间团体纷纷参与到援助项目的管理和实施中来，这对于改善发展中国家边缘地区和弱势群体的受教育条件无疑具有积极意义。但不可否认的是，传统的项目援助偏重于单一的硬件援助和资金援助，其结果不仅容易产生援助依赖性，某些项目由于执行体系缺乏整体协调等因素而成效有限。“传统上我国‘实用主义’倾向也反映出对于国际教育援助本身所蕴含的人文理性缺乏充分的认识。而这也直接影响到我国对外教育援助政策的系统性规划。”[①] 事实上，国际教育合作绝不仅仅是一国教育本身发展的问题，而应该是一个涉及目标国政治、经济、社会、文化、安全等多元领域的系统工程。在外来援助资源数量和质量一定的情况下，教育援助能否引发持续良性效应在很大程度上取决于受援国的吸纳能力，具体包括政府制定与执行政策水平、教育体系运转和管理水平、社会组织及其他团体参与教育改革实践的能力等诸多方面。

近年来，由“项目援助”逐步向“计划援助”过渡也成为国际教育援助的一大发展趋势，后者的特色体现在将援助纳入到受援国教育发展的长期规划中，努力提供与合作国教育发展规划一致的援助资源，着眼于外部资源对于合作对象的整体性效应发挥。例如：成立于 1961 年 11 月的美国外援主管机构[②]“国际开发署”（United States Agency for International Development，USAID）积极开展人员培训、教育咨询、学术交流等国际教育合作项目，“富布莱特计划”等知名培训项目不仅是个人跨越技能和知识鸿沟的直接工具，而且成为整个组织动力提升和结构优化的输出结果。[③]

---

① 熊淳：《国际教育援助的人文理性——基础教育援助的价值取向》，载于《教育发展研究》2012 年第 12 期，第 29 页。

② 美国对外教育援助管理体系由政府机构和社会团体共同构成，其中政府机构包括国际开发署、国务院、财政部、卫生部、国防部、对外援助指导办公室、“千年挑战公司”等 20 多个部门，社会团体则主要包括盈利性企业、非政府组织和基金会等机构。

③ 宋懿琛：《美国对外教育援助的战略与实践》，载于《世界教育信息》2009 年第 10 期，第 28 页。

日本政府也非常关注为发展中国家提供教育政策方面的援助，积极支持受援国教育行政人员和学校行政人员的能力培养，包括数据管理、教育分析和教育分权计划等，帮助受援国强化中央和地方以及教育相关部门之间的关系协调，同时致力于促进全球教育研究网络的建设。① 这种转变不仅有助于改善发展中国家（尤其是最不发达国家）和地区的教育发展条件，推动这些国家现代教育制度和宏观教育规划的形成，而且促进了全球范围内多层次与宽领域的教育交流合作，在开展诸多智力支持活动的同时也强化了中国教育的国际化能力建设。

（二）从重点支持到均衡发展

尽管二战结束后众多传统援助方对于国际教育合作领域投入颇丰，众多发展中国家的教育经费开支及其占 GDP 的比重也得到了显著提升，但由于受到本国国情和投入周期等因素制约，受援国实际资源利用与教育发展需求之间依旧存在着严重缺口。联合国教科文组织早在 2006 年发布的《全民教育全球检测报告》当中便分析指出：尽管南亚和西亚地区需要获得援助，但捐助者并不优先考虑这些区域，只有挪威、瑞士和英国将其 20% 以上的援助分配给这里，就人口数量而言，该区域面临普及教育的挑战最为艰巨。事实上，即便在非洲等获得国际援助相对集中的地区，不同受益群体和不同教育领域能够真正掌握的外来资源也必定是极不均衡的。

出于投资回报和收益等方面的实用主义考虑，西方国家长期以来都将高等教育和职业教育作为对外援助首选类别，基础教育援助一度受到国际社会的冷落，联合国“千年发展目标”当中积极倡导的“平等受教育权利”指标一再搁置。这种阶段性特征虽然在中国对外教育援助发展的中前期也有所体现，但近年来中国政府在关注目标国经济社会发展的基础上努力推进教育公平正义，多管齐下地确保公民受教育权利，缩小教育发展差距，有意识地帮助受援国发展薄弱学科，致力于最不发达国家和地区的基础教育援助，从而使教育援外事业逐步涉及各个层次和领域。再如，20 世纪 90 年代前后至今，传统援助国和国际组织逐步将教育援外政策重点由

---

① 沈雪霞：《日本国际教育援助的发展现状》，载于《世界教育信息》2009 年第 10 期，第 26 页。

"硬件"建设转向"软件"强化。凭借教育基础设施投资以外的知识技能培训、人力资源开发、教学资料充实等举措，发展中国家的弱势群体有望彻底摆脱贫困，更加积极地参与政治、经济和社会生活。以对撒哈拉以南非洲的教育援助为例，中国的援助重点正在从初等教育入学机会一般性的扩充发展到关注教育平等与教育质量，从只关注初等教育普及发展到对全民教育整体目标的实现，在重视全民教育的同时对中等后教育予以更多关注，并给与那些已经步入正轨之外的其他"脆弱国家"更多教育支持。[①]值得一提的是，在中国等"新兴援助国"和多边国际组织的共同倡导及不懈努力下，亚非拉地区众多发展中国家的农村教育、女性教育、非正规教育越来越引起国际社会的普遍关注，教育发展不断被赋予更多的延伸性意义，开始与贫困、人口、性别、健康等社会公平问题紧密联系起来。

（三）从数量投入到质量提升

就本质而言，对外教育援助体现了不同文化、价值观、意识形态乃至国家软实力的碰撞与融合，在教育国际化大行其道和全球发展治理不断深入的今天，如何能够在传统援助方为主导的全球教育发展合作格局中占有一席之地，这对于中国等新兴援助国的教育援外事业而言至关重要，因此除了项目计划调整和资源配置优化，未来中国还应重点关注教育援外的质量提升。首先，完善教育援外的立法工作。尽管商务部曾先后于2010年和2014年出台《援外培训项目实施管理手册》和《对外援助管理办法》，此类部门规章也在一定程度上为中国教育援外的持续开展增添了制度保障，但对外援助整体立法和分项立法仍然相对滞后，而且尚未建立相对独立的援外专门机构，这些因素已经成为制约中国援外政策有效性发挥乃至构建"新型全球发展伙伴关系"的机制瓶颈。其次，强化援外成果的品牌推广。这一点在中日两国对非教育援助差异当中反映得十分明显。日本2003年10月组建的发展援助主管机构——国际合作署（Japan International Coop-

① 郑崧：《有效援助议程下的中国对非教育援助》，载于《比较教育研究》2011年第12期，第51页。

eration Agency，JICA)[①] 除了积极雇佣受援国本土职员（现已超过其员工总数的50%），还非常善于对援建项目进行广泛宣传。在援建非洲等地区的每所小学落成招生之后，日本驻该国大使几乎都会召集教师协会代表、政府官员、学生等举行隆重的交接仪式，并始终注重与国际组织、受援国及非政府组织的开放合作，积极扩展教育援外的国际影响[②]；相比之下，中国教育援外工作受双边政治因素影响显著，许多“交钥匙”项目的选址比较偏远，不仅当地民众的参与度十分有限，社区之外的民众对于中国教育援助项目更是知之甚少，这难免给人留下封闭保守的印象。由此可见，中国在制定和实施对外教育援助战略时应充分挖掘全球视阈下中华文明的普世性，进一步扩大与受援国地方政府、非政府组织、宗教团体和地区等不同层次客体的合作。其次，推进援外项目的后续支持。日本在落实援建项目之后，往往尝试跟进应对受援国教育领域的一些紧迫问题，特别是分期实施以数学与科学教学培训为重点的“理数科”援助模式、“社区参与式管理模式”、增进援外志愿者团队的经验交流。然而，中国教育援外的后续性行动仍然相对缺乏，在教学设备赠送、教师和志愿者选派、教材图书编写等“软件”方面并没有机制化的后续措施，对于援外对象的后续诉求缺乏进一步的信息收集机制和支持回应机制。[③] 以非洲为例，虽然商务部一直定期组织各国中小学校长及教师来华参加相关培训，但援建学校师生仍然期待与中国建立更多联系合作，尤其希望中方帮助其开设中文课程、增建师生宿舍、维护体育设施、优化校园绿化等，一些援外志愿者由于缺乏对所在国国情和文化的了解，社会交往能力和独立工作能力等仍有待于提高，汉语教学以外诸如卫生、计算机、社会服务等不同学科背景的

---

① 日本国际合作署（JICA）充分整合了原来由外务省负责的部分无偿赠款援助和国际合作银行负责的优惠贷款援助，从而成为日本政府集中管理日元贷款、无偿赠款和对外技术合作的专业性对外援助机构。在新的援助管理体系中，外务省负责制定日本对外援助的战略方针，国际合作署则负责具体执行援助政策，并为外务省提供有效建议和评价反馈。

② Takao Kamibeppu, History of Japanese Policies in Education Aid to Developing Countries (1950s-1990s): the Role of the Subgovernmental Process, New York & London: Routledge, 2001, p. 31.

③ 王学军：《教育援助与国家软实力培育——中日在尼日利亚小学援建项目的案例比较》，载于《比较教育研究》2013年第3期，第76—78页。

学生和教师也有待于充实进志愿者服务队伍。①

综上所述，具有中国特色的对外教育援助事业仍然处于不断探索之中，这既需要依托外交、商务、教育、文化等部门的战略规划和通力协作，又离不开众多教研机构及其专业人员的智力支持和服务提供。习近平总书记在2014年11月底召开的中央外事工作会议上明确提出："要切实落实好正确义利观，做好对外援助工作，真正做到弘义融利。"作为国际教育援助的新兴力量，中国应该积极反思自身接受和提供教育援助的宝贵经验教训，充分挖掘社会力量在援助外交中的战略价值，进一步加大教育援外投入，优化教育援外结构，强化援助对象的教育能力建设，提炼更容易被国际社会接受的教育援助理念，以期有效提升教育援助的长期效益。

（张鹏*）

① 牛长松：《基于教育援助有效性视角的中非教育交流与合作评估——喀麦隆的个案》，载于《比较教育研究》2011年第12期，第46—47页。

* 张鹏，中央财经大学国际政治系讲师，研究领域为欧洲一体化、对外援助。

第四章

中国对西亚与北非的援助

就地理分布来看，西亚与北非地区是全球最重要的受援地区之一。[①]出于不同的考量，无论是欧美传统的援助国，还是新兴的援助国都将该地区作为原则的重点区域之一。根据经济与合作组织（OECD）的统计，2012年至2013年，经合组织下属发展援助委员会（DAC）对该地区的双边官方发展援助（ODA）援助总额超过95.45亿美元，约占这些国家对外援助总额的9%，[②] 而部分非DAC国家2013年对北非和中东地区的双边官方发展援助分别为53.906亿美元和72.4462亿美元。[③]

中国是一个正在走向复兴的世界大国，对于中国来说，“由于中东地区特殊的地缘战略位置、丰富的自然资源和独特的历史文化传统，再加上这个地区在当代国际政治中的重要影响，中东在中国的对外关系中始终处于一种特殊的地位”。[④] 在中国的西亚和北非战略中，对外援助始终是重要的一环。尽管中国从未具体公布其对该地区的援助数据，但是西亚和北非

---

① 与之相近的词是中东。中东是一个政治术语，不是一个地理名词，它是一个欧洲中心论词汇，意指欧洲以东，并介于远东和近东之间的地区，具体是指地中海东部与南部区域，从地中海东部到波斯湾的大片地区。狭义的中东国家包括：中东北部4国土耳其、伊朗、阿富汗、塞浦路斯，地中海东部6国叙利亚、黎巴嫩、伊拉克、约旦、巴勒斯坦、以色列，阿拉伯半岛7国沙特阿拉伯、科威特、也门、巴林、卡塔尔、阿联酋、阿曼，还有北非的埃及。广义的中东国家除了上述18个国家外，还有北非的苏丹（包括南苏丹）、突尼斯、利比亚、阿尔及利亚、摩洛哥、毛里塔尼亚等7个国家和西撒哈拉地区。西亚，或称西南亚，指亚洲的西南部，西亚大致相当于传统所谓的“中东”和“近东”。参见王彤：《当代中东政治制度》，中国社会科学出版社2005年版，第1页。

② Total DAC flows at a glance，https：//public. tableausoftware. com/views/AidAtAGlance/DAC-members?：embed = y&：display_ count = no? &：showVizHome = no#1.

③ http：//stats. oecd. org/qwids.

④ 肖宪：《世纪之交看中东》，时事出版社1998年版，第419页。

无疑也是中国对外援助的重点关注地区之一，正如一位阿拉伯国家的学者指出的那样：“中国50年来一直在参与阿拉伯国家的发展，为多个阿拉伯国家在筑路、建桥、修坝方面提供贷款和援助，建立纺织工业。每个阿拉伯国家在某一阶段都受到过中国在经济和或者政治上提供的支持。”①

作为新兴的援助国，中国对西亚和北非的援助开始于20世纪50年代，50多年来经历了意识形态和政治因素主导、经济外交与能源合作主导和战略调整与外交转型三个时期。中国对也门和苏丹的援助是其中的典型代表。作为老牌和成熟的援助国，美国对西亚和北非的援助也经历了反苏、重塑中东格局以及反恐三个时期。美国对也门和苏丹的援助是美国中东和北非援助的重要组成部分，从中可以一窥美国的援助政策、方式与分布。通过比较，我们不难发现，中美对中东和北非的援助既存在不少相似之处，又有着明显的差异。借鉴和消化美国的援助经验和教训，能使得我们规范政府的对外援助行为，避免对外援助的随意性，使得对外援助更好地为中国的对外战略服务。

第一节　中国对西亚与北非援助的政策、方式和分布

多年来，中国在致力于自身发展的同时，始终坚持向经济困难的其他发展中国家提供力所能及的援助，承担相应国际义务。② 中国对外援助从帮助周边友好国家开始起步。1950年，中国开始向朝鲜和越南两国提供物资援助，从此开启了中国对外援助的序幕。截至2015年，中国的对外援助已经经历了65个年头。

从现有的公开资料和研究成果来看，中国对北非和中东的援助分别开

---

① 加法尔·卡拉尔·艾哈迈德：《中阿合作论坛十年发展及其对中阿关系的影响》，载姚匡乙、马丽蓉主编：《丝路新篇——中阿合作论坛十周年论文集》，世界知识出版社2014年版，第95—96页。

② 《中国的对外援助》白皮书，中国中央政府网（2011年4月21日），http：//www. gov. cn/gzdt/2011-04/21/content_ 1849712. htm。

始于 1956 年和 1958 年。[①] 1956 年 8 月，埃及政府宣布将苏伊士运河公司收归国有，导致英、法的干涉，从而爆发苏伊士运河危机。为了声援埃及，中国向埃及提供了 2000 万瑞士法郎现金的无偿援助，中国红十字会也捐给埃及 10 万元人民币医药物资。1956 年 8 月，北也门（也门穆塔瓦基利亚王国）宣布承认中华人民共和国。1958 年，中国与也门签订了《中华人民共和国和也门穆塔瓦基利亚王国科学技术和文化合作协定》，中国政府同意给予也门政府无利息的信用贷款 7000 万瑞士法郎。[②] 这些事件标志着中国对西亚和北非援助的开端。

盘点中国对西亚和北非的 50 多年的援助，大致可以将其分为三个时期：第一阶段是是新中国成立初期到 20 世纪 80 年代（1956—1989 年）；第二个阶段是 20 世纪 90 年代到 2011 年（1990—2011 年）；第三个阶段是中国共产党十八大召开到现在（2012—2015 年）。

一、意识形态和国际主义主导下的援助（1956 年至 1989 年）

从 20 世纪 50 年代到冷战结束，中国的外交政策尽管经历了多次调整，但是一个不争的事实就是意识形态因素、按照阶级因素和敌我阵线划线的思想始终占据着重要的位置（虽然在不同时代具体形式上的表现有差别）。这种思想也对中国的对外援助产生了重要的影响，在这一时期，对外援助首先要算政治账。出于自身安全、支持亚非国家人民独立解放运动以及反霸权的政治需要，中国在 20 世纪 50 年代，曾经向阿尔及利亚援助枪炮 15 万余件（其中包括美式武器 3 万余件）；在 20 世纪六七十年代，向埃及提供了 10 万吨小麦、1000 万美元现汇和数万人份的武器装备，多次提供大额无偿现汇援助和物资援助支持阿尔及利亚、也门、巴勒斯坦等国的民族解放战争和反霸斗争[③]；甚至到了 20 世纪 80 年代，中国对苏丹、也门等国的援助还有很强的反苏和反霸色彩。

---

① 就中国对外援助的地区分布来看，并没有单独将西亚与北非列为一个地区，而是将西亚（狭义上的中东）归入亚洲地区，将北非归入非洲地区。

② 《中华人民共和国和也门穆塔瓦基利亚王国科学技术和文化合作协定》，中国人大网，http://www.npc.gov.cn/wxzl/gongbao/2000-12/23/content_5000522.htm。

③ 刘欣路：《从中国的外交政策看中国对阿拉伯国家的软实力优势》，载于《中国穆斯林》2012 年第 1 期，第 54—57 页。

1964 年，中国提出了对外援助的“八项原则”，其核心思想是对外援助必须坚持平等互利的原则，尊重受援国的主权，绝不附带任何条件。这种坚持外援不附加任何条件现在依然是中国对外援助中遵循的最高原则之一，中国对西亚和北非国家的援助中都坚持了这一点。这一时期中国对西亚和北非的经济援助基本上是无偿援助或无息和低息贷款，主要以成套项目的形式，帮助受援国的建设项目，力求投资少、收效快，使受援国政府能够增加收入，积累资金。如 20 世纪 60 年代，中国多次根据具体的情况对西亚和北非地区提供了无偿援助；1971 年，拨出专项贷款帮助索马里修建了长达 962 公里的贝莱特温至布劳公路；1972 年和 1977 年两次向突尼斯提供长期无息贷款 1.1 亿元人民币，用于建设麦杰尔达—崩角水渠，解决了突尼斯东部用水困难问题；1973 年，中国出资援建毛里塔尼亚首都供水工程，解决了长期困扰当地的供水问题；从 1979 年到 1985 年，中国向 64 个国家继续提供援助的同时，又先后向包括阿曼在内的 19 个国家提供了经济技术援助，同他们建立了经济合作关系。中国保质守约，建成了一批效果好、影响大的项目，1979 年至 1985 年 7 年间，共帮助 62 个国家建成了 242 个项目。这其中涉及到西亚和北非国家有：叙利亚德尔祖尔纺纱厂①、阿拉伯也门阿木兰到哈贾公路、民主也门谢哈尔至赛侯达公路和海洋捕鱼项目、突尼斯水渠、阿尔及利亚砖厂、苏丹公路等。②

在这些项目中，特别值得一提的是突尼斯麦热尔德—崩角水渠和开罗国际会议中心。突尼斯麦热尔德—崩角水渠是根据中、突两国政府 1972 年 8 月 27 日签定的“经济技术合作协定”和 1974 年 7 月 14 日签订的“关于实施中、突两国技术合作协定的执行协议”，由水利部河北水利水电勘测设计研究院负责规划设计及施工现场设代全过程的一项大型工程。工程渠线全长 120.2 公里，中途两级扬水抬高水位，渠首设计流量 16 立方米/秒，末段设计流量 8.83 立方米/秒。规划发展灌溉面积 19000 公顷、柑橘林灌溉面积 6131 公顷。它是中国援外最长的水渠工程，实现了突尼斯政府西水东调的计划，不仅可以满足 1.9 万公顷土地的灌溉用水，为崩角半岛的经

---

① 叙利亚德尔祖尔纺纱厂，1983 年 8 月建成投产，拥有 7.5 万枚纱锭，是中国援外最大的纺织厂。

② 石林：《当代中国的对外经济合作》，中国社会科学出版社 1989 年版，第 73—75 页。

济发展奠定了坚实基础，而且满足了首都突尼斯市的用水。[①] 开罗国际会议中心是20世纪80年代中国最大的援外项目，也是当今世界上规模最大、设备最现代化的会议大厦之一。该工程于1986年1月1日正式开工，1989年12月19日落成揭幕。该会议中心规模宏大，占地面积30万平方米，建筑面积5.8万平方米，耗资1.5亿多瑞士法郎，设计、建筑、装饰颇具特色。埃及人称其为“中埃友谊大厦”。

进入20世纪80年代，中国对外经济合作的一个创新形式就是对外承包与劳务合作，这种对外劳务合作最初也是通过对外援助项目和对外承包工程带动起来的。从1978年至1982年，中国共批准了29家从事对外承包工程和劳务合作的企业。中国的对外承包劳务队伍第一次走向国际舞台，业务主要集中在西亚、北非。1979年，中国的4家公司进入该地区，首先在阿拉伯也门和伊拉克开展承包工程与劳务合作业务，当年签订26项合作，金额为3773万美元。到1985年末，23家中国公司在该区的12个国家共签订了承包劳务合同1116项，累计合同金额为246454万美元，在该地区劳务人员为38051人。[②]

二、经济外交与能源合作主导下的援助（1990年至2011年）

冷战结束后，意识形态和反苏反霸在中国外交中的因素逐步下降。随着中国经济在20世纪90年代的高速发展以及中国与这一地区所有国家关系的正常化，中国开始调整其对西亚和北非的援助政策。中国对该地区的援助指导思想也由算政治账过渡到算经济账。而随着中国日益成为世界重要的石油、天然气等能源的进口国，从20世纪90年代开始，中方逐渐大量进口石油及相关产品。最初主要是阿曼和也门，1995年和1996年中国从这两个国家每年进口各300多万吨原油。以后中国也从沙特、阿联酋、科威特、伊拉克、卡塔尔、苏丹等国进口相当数量的原油。2004年来自中东阿拉伯国家的原油进口占中国原油总进口量的41%，[③] 这样中国对西亚

---

① 《突尼斯麦崩水渠工程》，水利部河北水利水电勘测设计研究院网站，http：//www. gov. cn/gzdt/2011 -04/21/content_ 1849712. htm。

② 石林：《当代中国的对外经济合作》，中国社会科学出版社1989年版，第399—400页。

③ 余建华：《二十一世纪中阿能源合作探析》，载于《阿拉伯世界研究》2014年第5期，第26页。

和北非的援助中又增加了能源合作的诉求。通过对外援助，一方面促进受援国的经济发展和社会进步；另一方面也推动中国和受援国之间的经济技术合作，以达到共同发展、共同繁荣的目的。

20 世纪 90 年代，中国在加快从计划经济体制向社会主义市场经济体制转变的过程中，开始对对外援助进行一系列改革，重点是推动援助资金来源和方式的多样化。1993 年，中国政府利用发展中国家已偿还的部分无息贷款资金设立援外合资合作项目基金。该基金主要用于支持中国中小企业与受援国企业在生产和经营领域开展合资合作。1995 年，中国开始通过中国进出口银行向发展中国家提供具有政府援助性质的中长期低息优惠贷款，有效扩大了援外资金来源。这其中以阿拉伯国家为重要的“实践基地”。一份阿拉伯国家联盟（简称阿联盟）的资料显示，从 1995 年到 1999 年，中国进出口银行对支持中国企业同阿拉伯企业交往给予高度重视。为支持中国同 11 个阿拉伯国家间的贸易往来，批准了价值 30 亿美元的卖方信贷，提供了 25 亿多美元贷款，并提供了对外贸易额 30 多亿美元。在买方出口信贷方面，中国进出口银行与摩洛哥对外贸易银行签署了一项框架协议；在出口保险方面，中国银行为苏丹汽车生产线项目提供了出口保险，保额约为 3000 万美元。①

进入新世纪特别是 2004 年以来，在经济持续快速增长、综合国力不断增强的基础上，中国对外援助资金保持快速增长。中国除通过传统双边渠道商定援助项目外，还在国际和地区层面加强与受援国的集体磋商。中国政府在联合国发展筹资高级别会议、联合国千年发展目标高级别会议，以及中非合作论坛、上海合作组织、中国—东盟领导人会议、中国—加勒比经贸合作论坛、中国—太平洋岛国经济发展合作论坛、中国—葡语国家经贸合作论坛等区域合作机制会议上，多次宣布一揽子有针对性的对外援助政策措施，加强在农业、基础设施、教育、医疗卫生、人力资源开发合作、清洁能源等领域的援助力度。就中国与西亚、北非的合作平台而言，主要是中国—阿拉伯国家合作论坛。

中国—阿拉伯国家合作论坛是 2004 年建立的中国与阿盟成员国之间旨

① 《阿拉伯人观点》，阿拉伯国家联盟驻华代表处网站，http：//www. arableague-china. org/chinaese/araborchina/connection1. htm。

在加强对话与合作、促进和平与发展的平台。利用这一个平台，中国与阿盟按照“平等互利、讲求实效、形式多样、共同发展”的原则，通过制订有关法律、创造有利的商业和投资环境，建立和完善各种经贸合作机制，这其中也包括中国对阿拉伯国家的援助。以中方为阿拉伯国家培训各类人才为例，中方承诺2008年至2012年的6年内，在双方商定的领域内，每年为阿拉伯国家培训1000名各类人才①，2012年至2014年的3年内，人数增加到5000名②，而到2015年至2017年则人数增加到6000名③，年平均培养人数比2008年翻了一番。2014年6月，在中国—阿拉伯国家合作论坛第六届部长级会议上，习近平主席宣布将向在约旦、黎巴嫩等国的叙利亚难民提供新一轮人道主义援助。

2000年，中非合作论坛成立，成为新形势下中国与非洲友好国家开展集体对话的重要平台和务实合作的有效机制。自2000年中非合作论坛成立以来，中国积极在论坛框架下同非洲国家开展发展合作，逐步增加对非洲的援助力度，有效促进中非关系全面发展。2000年，中方承诺两年内减免非洲重债贫穷国和最不发达国家100亿元人民币债务。2006年北京论坛期间决定将在3年内将对非援助增加一倍。这些援助也有相当一部分针对的是北非国家。

三、党的十八大后战略调整与外交转型时期的援助（2012年至2015年）

2008年发生的金融危机，使得中国迅速成为当今世界具有重要影响力的大国。2012年，中国召开了具有历史意义的党的十八大。十八大以来，中国的对外战略正在经历着深刻的调整。与此同时，2011年以来，西亚和北非地区经历了冷战以来的最重大的变化，该地区的多个国家出现了动荡，这些因素对中国对该地区的援助政策也提出了新的机遇与挑战。就中

---

① 《中国—阿拉伯国家合作论坛2008年至2010年行动执行计划》，中国—阿拉伯国家合作论坛官网，http：//www. cascf. org/chn/wjk/bzjhywj/dsjbzjhy/t866316. htm。

② 《中国—阿拉伯国家合作论坛2012年至2014年行动执行计划》，中国—阿拉伯国家合作论坛官网，http：//www. cascf. org/chn/wjk/bzjhywj/diwujiebuzhangjihuiyi/t937766. htm。

③ 《中国—阿拉伯国家合作论坛2014年至2016年行动执行计划》，中国—阿拉伯国家合作论坛官网，http：//www. cascf. org/chn/wjk/bzjhywj/diliujiebuzhangjihuiyi/t1163770. htm。

国对该地区的政策调整而言，有两点特别引人瞩目：一是中国提出了“一带一路”的战略构想。由于西亚和北非地区是“一路”的战略支点之一，中国未来将提升对该区的重视，对外援助（尤其是新增加的援助将会向该地区倾斜）。二是在2014年12月中央外事工作会议上，习近平主席也指出，要切实落实好正确义利观，做好对外援助工作，真正做到弘义融利，这可能是中国援助政策的一个重要转变，而西亚和北非地区有可能成为该政策调整的先导地区。

2011年以来，中国针对该地区发生的动荡，出于人道主义立场对该地区的多个国家提供了必要的人道主义援助。这其中包括2011年7月向利比亚提供5000万元人民币的人道主义援助物资；2012年4月向叙利亚提供200万美元紧急人道主义援助；2012年5月宣布向也门提供1亿元人民币无偿援助；2013年8月对约旦提供价值1500万人民币的紧急人道主义物质援助；2014年6月宣布将向叙利亚提供新一轮人道主义援助；[①] 2014年12月向伊拉克提供了价值6000万元人民币的人道主义物资援助（其中3000万元人民币的物资提供给伊拉克政府，3000万元人民币的物资提供给伊拉克库尔德自治区政府。该批物资主要包括毛毯、棉帐篷、急救用品和药品等难民救助和安置急需的物品）；2015年4月为缓解叙利亚人道主义状况，中方决定再次向叙利亚提供人道援助物资。[②]

在动荡基本平息和国家稳定之后，中国也谨慎地与经历变革后的政府进行沟通，提供必要的援助，继续保持与这些国家的友好关系。2012年8月埃及总统穆尔西访华。双方发表了《中华人民共和国和阿拉伯埃及共和国联合新闻公报》，强调“在不断发展变化的国际形势下继续加强双方传统关系，不断开辟新的前景，密切合作，携手共进”。穆尔西访华期间，中埃两国签署了多项合作协议，其中包括中国国家开发银行向埃及国民银行两亿美元的贷款。2014年12月埃及新总统塞西访华，中国与埃及宣布建立建立全面战略伙伴关系，中方将继续向埃方提供力所能及的帮助，积

---

① 《习近平：中国将向叙利亚难民提供新一批人道主义援助》，见：2014年6月5日新华网，http：//news. xinhuanet. com/2014-06/05/c_ 1111000462. htm。

② 《中国再向叙利亚提供人道主义援助物资》，见：2015年4月24日中新网，http：//www. chinaneus. com/gj/2015/04 –24/7231598. shtml。

极为埃方培训各类人才。埃及是中东地区的大国，中国主动加强与埃及的关系，反映了中国对该地区的关注以及政策变化。

整体看来，这一时期，中国对西亚和北非地区援助的最大特点就是在坚持双边援助的同时，更加通过两个机制（中阿论坛和中非论坛）进行全方位的、一揽子的援助。同时，中国的援助内容和方式进一步多样化，除了提供无偿援助、无息贷款外，还积极推行政府贴息优惠贷款方式。以上述援助方式为依托，实现援助多渠道化，如经济技术援助、免除到期债务、维和行动、项目援助、人员培训、人道救援、派遣医疗队、提供奖学金等等。在该地区局势动荡的情况下，中国也加大了人道主义援助的力度。

第二节　中国对西亚、北非援助的个案分析

在对外援助中，援助国在对外援助活动中所秉承的理念十分重要。它不仅直接关系到援助国对外援助的政策、数额和方式等问题，而且也体现了援助国的战略思考，并影响援助国与被援助国的关系。

对外援助刚开始出现时，主要受冷战影响，与“发展议题”并无紧密联系。援助国主要是从战略和外交角度考虑为盟国提供援助。但从20世纪60年代开始，西方国家提供的援助越来越多地被冠以“发展”之名。尽管西方各国援助政策不尽相同，具体体现为援助目标、援助对象、援助领域和援助方式上的差异，但西方对外援助中以实现受援国发展为目的的部分还是逐渐被单独统计，并形成了一定的国际规范。①

而作为新兴的援助国，尽管中国建国初期的外援也有援助盟友的考量，但是中国在援助理念上和西方存在的差异却是显而易见的。如《中国的对外援助》白皮书所昭示，中国当前对外援助理念主要包括五个方面：坚持帮助受援国提高自主发展能力；坚持不附带任何政治条件；坚持平等互利、共同发展；坚持量力而行、尽力而为；坚持与时俱进、改革创新。

---

① 张严冰、黄莺：《中国和西方在对外援助理念上的差异性辨析》，载于《现代国际关系》2012年第2期，第41—42页。

其中，前三条是核心，涉及中国对外援助的理念以及中国作为援助方与受援国的关系，后两条主要是中国对于自身援外政策的规范和定位。在本节和下一节中，笔者以对外援助理念为切入点，以中国和美国对也门和苏丹的援助为个案，从援助方式、援助主体、三方合作等方面系统阐述中国与西方国家对外援助（尤其是对中东地区）的差异。

一、中国对也门的援助

在中国的对外援助中，也门是其中重要的一环。自 1956 年建交以来，不管国际格局和两国的国内形势发生怎样的变化，中国和也门始终保持了友好的合作关系，两国的政治互信不断加强，经贸、文教等各领域合作卓有成效，中国对也门的援助也从未间断过。一份公开的材料显示，1958 年到 2003 年，中国的援助额就高达 12.14 亿元人民币（按照当年价格约 1.47 亿美元），其中无偿援助 10.18 亿元人民币，贷款 9.66 亿元人民币。[①] 有学者指出，从 1957 年至 2004 年，中国向也门提供了 3.76 亿美元的贷款，用于高速公路、医院、工厂和学校的建设。[②]

公开数据显示，中国对也门的援助是从 1958 年开始的。从 1958 年中国正式援助也门开始到 2014 年中国与也门签订新的经济技术合作协定，我们大致可以将 50 多年中国对也门的援助分为四个时期。从 1958 年到 1978 年为第一时期，这一时期中国援助的主导因素是意识形态和国际主义。从 1979 年到 1989 年为第二时期，这一时期中国的援助逐步地去意识形态化，强调援助为经济建设服务。从 1990 到 2011 年为第三个时期，这一时期以也门统一和冷战结束为大背景，中国更多地从经济因素和能源合作的角度来考虑对也门的援助。从 2012 年到现在为第四个时期，这一时期以也门动荡与中国共产党十八大以及外交转型为大背景，中国开始从战略的角度进一步调整其对也门的援助。

---

① 杨鲁萍：《国别报告·也门共和国》，参见中东非洲研究网，http：//waas. cass. cn/upload/2011/03/d20110307092428649. pdf。

② 加法尔·卡拉尔·艾哈迈德：《中阿合作论坛十年发展及其对中阿关系的影响》，载于姚匡乙、马丽蓉主编：《丝路新篇——中阿合作论坛十周年论文集》，世界知识出版社 2014 年版，第 95—96 页。

（一）中国对也门的援助政策、方式与分布

1. 意识形态与国际主义主导下的援助（1958 年至 1978 年）

如前所述，从 1958 年到 1978 年可以视为中国对也门援助的第一个时期。[①] 这一时期，中国的外交政策尽管经历了 50 年代的“一边倒”、60 年代的“两个拳头打人”、70 年代的“一条线、一大片调整”政策，但是一个不争的事实是在这一时期的中国外交政策中，意识形态因素始终占据着重要的位置。一方面，作为一个刚刚摆脱外国侵略和压迫的发展中国家，中国政府深感有责任帮助那些与自己有着相同经历的第三世界国家，支持他们获得民族解放、发展国民经济；另一方面，作为社会主义阵营的新成员，面临着来自西方的经济封锁和政治孤立，中国也深知必须支援其他兄弟国家，才能削弱帝国主义阵营的力量。[②]

在 20 世纪 50 年代到 70 年代的相当长的一段时期内，中国对外援助的重要内容是维护自身安全、支持民族解放运动。正如毛泽东总结的那样，“已经获得革命胜利的人民，应该援助正在争取解放的人民的斗争，这是我们的国际主义义务”。[③] 对于中国来说，获得中东伊斯兰国家的外交承认、扩大中国在中东意识形态的感召力是这一时期中国中东政策的核心所在。基于这一目标，中国对也门的援助也具有很强的政治意味和历史使命感。1957 年 12 月，也门王国副首相巴德尔王太子来华访问。双方会谈中，巴德尔王太子请求中国政府帮他们修公路。毛泽东主席当即决定，帮助也门修筑这条从萨那到荷台达的公路，作为对也门革命的支持。[④] 1957 年 12 月 31 日的《人民日报》社论就热情洋溢地撰文指出，“也门人民反抗帝国主义侵略、坚持阿拉伯国家的团结和维护中东和平的努力，赢得了世界爱好和平国家和人民的赞誉，大大提高了也门王国的国际地位”，“我们两国

---

① 当时也门分裂为北也门和南也门，中国同时对南、北也门进行了援助。限于篇幅，这里仅仅讨论中国对北也门的援助。

② 许小红：《中国对外经济援助：历程、特色与反思》，载于《国际援助》2014 年第 1 期，第 25 页。

③ 《毛泽东主席接见非洲朋友的谈话》，见：1963 年 8 月 9 日《人民日报》。

④ 崔鹏：《以无私援助，求共同发展——新中国六十年援外工作纪实》，2010 年 8 月 13 日，参见人民网，http：//cpc. people. com. cn/GB/64093/64387/12427394. html。

人民都热爱和平，反对战争；我们都珍视自己的民族独立，坚决反对殖民主义的侵略。”①

就这一时期中国援助也门的方式和具体分布来看，主要是提供优惠贷款或者资金捐赠，涉及很多发展项目。根据1958年《中华人民共和国和也门穆塔瓦基利亚王国科学技术和文化合作协定》，中国将向也门派遣技术专家、技术人员和熟练工人，以提供技术援助；供应机器、成套的轻工业设备和修建公路；在中国的高等学校、技术学校和企业中培养技术人员和熟练工人。② 从1962年到1978年，也门从中国获得了6笔贷款。这些贷款大都用于发展计划，其中包括教育卫生方面的发展，发展生产，以及通讯交通、水利电力、加工工业和农业项目等。③

2. 去意识形态化、为经济建设服务背景下的援助（1979年至1989年）

1978年，中国共产党召开了十一届三中全会，会议明确提出将国家的工作重心转向经济建设。中国的外交开始逐步去意识形态化，强调超越社会制度，发展与世界各国的友好关系，这样，中国的对外援助也开始进行相应的调整，突出为经济建设服务。1982年12月到1983年1月，中国政府总理访问非洲11国时提出了“平等互利、讲求实效、形式多样、共同发展”这一经济技术合作四项原则。

在这一时期，中国继续向也门提供援助，其中最重要的两笔援助是1987年9月提供的15000万元贷款和1989年3月提供的640万英镑的贷款。从1979年开始，中国开始在也门承包劳务，中国路桥、中建、山东国际合作公司、北京八仙房地产公司、中原油田、江苏油田、长城钻井公司、中石油天然气总公司物探局、华为公司、中兴公司、中国水产公司、上海水产公司等一大批中国公司先后进入也门，开展工程承包、劳务输出、技术合作等互惠互利的经济往来业务。“中国在承包项目中占有很大的份额，无论是公路建设，还是民宅和公共设施建设。萨那—荷台达柏油

① 《欢迎也门王太子巴德尔访问我国》，见1957年12月31日《人民日报》。

② 《中华人民共和国和也门穆塔瓦基利亚王国科学技术和文化合作协定（1958年1月）》，参见中国人大网，http：//www. npc. gov. cn/wxzl/gongbao/2000-12/23/content_ 5000522. htm。

③ 《也门与中国：五十年交往》，参见2011年4月10日，也门驻华使馆官方网站，http：//www. embassyofyemen. net/uploadfile/20110410142911435. doc。

公路的按时顺利建成，使得中国在也门工程承包方面取得了极好的口碑。”①

表 4.1 中国援助也门的贷款（1964—1989 年）

顺序	金额及币种（单位：百万）	时间
1	14（瑞士法郎）	1964 年 2 月 8 日
2	1（人民币）	1964 年 2 月 28 日
3	11.667（英镑）	1964 年 6 月 9 日
4	2.115（瑞士法郎）	1964 年 11 月 3 日
5	50（人民币）	1972 年 6 月 21 日
6	50（人民币）	1976 年 9 月 23 日
7	150（人民币）	1987 年 9 月 26 日
8	6.4（英镑）	1989 年 3 月 30 日

资料来源：《也门与中国：五十年交往》，也门驻华使馆官方网站，http://www.embassyofyemen.net/uploadfile/20110410142911435.doc。

3. 经济外交与能源合作主导下的援助（1990 年至 2011 年）

20 世纪 80 年代末 90 年代初，随着冷战的结束和中国改革开放的不断深入，经济外交成了中国与阿拉伯国家发展关系的主旋律，中国对也门的援助也开始服务于经济外交和“走出去”的大战略。与此同时，也门也在 20 世纪 90 年代实现了统一。20 世纪 90 年代，也门实现统一后，中也双边关系进一步加强。之后，随着我国实施改革开放政策的不断深入，经济体制发生变化，政府对外援助向企业行为转变，中国许多建筑公司开赴也门，劳务承包工程建设项目在也门遍地开花。进入 21 世纪，随着中国经济的快速发展和对能源需求的不断增长，以及也门石油开发力度的不断加强，中国相关企业陆续进入也门石油开发产业，中国在也门的承包劳务以及经济合作项目也由普通项目向科技含量高的项目转变。②

就这一时期中国援助也门的方式和具体分布来看，依然是优惠贷款或

① 《也门与中国：五十年交往》，参见也门驻华使馆官方网站 2011 年 4 月 10 日，http://www.embassyofyemen.net/uploadfile/20110410142911435.doc。

② 杨建荣：《也门经济研究》，对外经济贸易大学出版社 2011 年版，第 2 页。

者无偿援助，所涉及的领域大多是技术和建设领域（尤其是纺织、电力、各类建筑行业）。例如，1991 年 10 月 3 日，中也双方签订了中国提供给也门的 3000 万元人民币贷款协议，用以实施两国政府签订的经济、技术合作项目，从而开始了两国技术建设领域的合作。1992 年 10 月 8 日，双方又签订了用以实施吉哈那—马尔布和阿斯科利亚—赖布斯两个路段的公路建设项目的 5000 万元贷款合约。2002 年 9 月，中国向也门提供 5000 万元人民币的贷款，用于建设道路及公共设施。2006 年至 2007 年，中国中建三局顺利完成了也门外交部办公楼项目，该项目总建筑面积 15570 平方米，投资 1 亿人民币，是近年来中国援助也门最大规模的成套项目。①

1992 年，为了加强中国与也门的友好合作关系，中国与也门建立了“也中共同委员会”。在该委员会成立后，中国对也门的援助很多是在该框架下内实施的。例如，在 1992 年第二次共同委员会会议上，中方同意也方派 20 名工程师和技术人员到中国接受培训，讨论签订由中方提供也门 3000 万元的经济技术合作协议，用来建设首都萨那的高架桥；在 1992 年第三次会议上，中方以援助的形式更新萨那纺织工厂价值 451705 美元的 609 台机器设备；在 1996 年的第四届也中共同委员会会议上，双方签署了研究和实施建设萨那友谊大桥和其他一些道路建设项目的协议；在 2001 年召开的第五届也中共同委员会会议中，中国决定向也门提供 500 万元人民币的资助来购买计算机设备，并直接免除了 1958 年至 1972 年间也门的一部分欠款，共计人民币 7590 万元、瑞士法郎 2380 万及 1280 万英镑；在 2003 年第六届也中共同委员会会议上，中方向也门提供了 3000 万人民币的资金援助和 2000 万人民币的无息贷款。

除了也中委员会的援助项目外，中国还通过其他方式向也门进行援助，这些援助也多是中国与也门国家或者部门领导人互访时签订的。例如，1998 年也门总统萨利赫访华，中方向也门提供利率为 3% 的 30 年贷款 1 亿元和 2000 万元援助，其中 50% 用于从中方购买道路建设所需的机器设备，另外 50% 用于为纺织公司购买机器设备。2004 年 3 月也门总理巴杰麦勒访华期间，中国与也门签署了《中华人民共和国政府和也门共和国政府

① 程超：《中建三局援也门外交部办公楼顺利移交》，载于《建筑安全》2008 年第 1 期，第 62 页。

经济技术合作协定》，中国同意提供也门3000万元的援助和2亿元的贷款。

表4.2 中国与也门签订的协议、议定书、纪要和实施计划书（1990年至2004年）

编号	协议类型	签署日期	签署地点
1	经济与技术合作协议	1991年10月3日	萨那
2	也中共同委员会第三次会议纪要	1992年6月1日	北京
3	经济与技术合作协议	1992年10月8日	萨那
4	经济与技术代表团会谈概要	1993年12月7日	北京
5	1994—1996文化和新闻合作实施计划书	1994年4月16日	萨那
6	渔业合作协议	1995年3月20日	北京
7	1995年—1997年教育计划	1995年10月15日	萨那
8	经济与技术合作协议	1996年5月16日	萨那
9	石油和天然气领域谅解备忘录	1996年5月16日	萨那
10	也中共同委员会第四次会议纪要	1996年6月24日	萨那
11	经济与技术合作协议	1996年6月24日	萨那
12	中国与也门政府关于萨那友谊大桥实施研究协议	1996年6月24日	萨那
13	关于亚丁和青海互结友好城市的协议	1996年	亚丁
14	亚丁工商会与青海工商会的协议	1996年10月30日	上海
15	也门工商会联盟与中国国际贸易促进委员会的协议	1996年12月	萨那
16	渔业合作协议	1997年4月3日	萨那
17	也门粮食合作协会与中农国际集团合作谅解备忘录	1997年6月10日	萨那
18	卫生合作会谈纪要	1997年1年月23日	萨那
19	卫生合作协议	1997年10月23日	萨那
20	中国安徽省与也门荷达台省会谈纪要	1997年12月2日	荷达台
21	经济技术合作协议（贷款与援助）	1998年2月16日	北京
22	鼓励和保护投资协议	1998年2月16日	北京
23	卫生合作协议	1998年2月16日	北京
24	教育合作协议	1998年2月16日	北京
25	文化合作协议与实施计划	1998年2月16日	北京
26	领事协议	1998年2月16日	北京
27	关于修路事宜的换文	1998年2月16日	北京
28	军事合作协定	1998年2月16日	北京
29	中国安徽省与也门荷达台省建立友好省份的协议	1998年2月16日	安徽

续表

编号	协议类型	签署日期	签署地点
30	军事合作协议及谅解备忘录	1998 年 2 月 18 日	北京
31	纺织交流备忘录及抹帐备忘录（1998）	1998 年 2 月	萨那
32	体育合作协议	1998 年 9 月 7 日	萨那
33	免费支援协定（计算机）	1999 年 4 月	北京
34	建立合资纺织公司谅解备忘录	1999 年 5 月 6 日	北京
35	体育合作协议	2000 年 4 月 1 日	萨那
36	渔业会议纪要	2000 年 10 月 30 日	北京
37	教育合作协议	2000 年 4 月 25 日	萨那
38	也中共同委员会第五次会议纪要	2001 年 8 月 27 日	北京
39	中国对也门价值 500 万元的援助（计算机）	2002 年 8 月 28 日	萨那
40	经济技术合作协定（2000 万元援助）	2002 年 12 月 26 日	北京
41	加快及扩大哈瓦斯核电站建设协议	2003 年 4 月 16 日	迪拜
42	青年体育合作协议	2003 年 8 月 28 日	萨那
43	青年体育合作协议	2003 年 10 月 24 日	北京
44	也中共同委员会第六次会议纪要	2003 年 12 月 23 日	萨那
45	2000 万元贷款协议	2003 年 12 月 21 日	萨那
46	3000 万元资助协议	2003 年 12 月 21 日	萨那
47	2000 万元无偿援助协议	2004 年 9 月 10 日	北京

资料来源：《也门与中国：五十年交往》，也门驻华使馆官方网站，http：//www.embassyofyemen.net/uploadfile/20110410142911435.doc。

4. 战略调整与外交转型时期的援助（2012 年至 2015 年）

2008 年发生的金融危机，使得中国迅速成为当今世界具有重要影响力的大国。2012 年，中国召开了党的十八大，实现了新旧领导人的更替。十八大以来，以习近平总书记为核心的党的新的领导集体提出了一系列新的外交思想，中国的对外战略正在经历深刻的调整。与此同时，因受突尼斯、埃及政局剧变影响，2011 年初也门的局势也发生了动荡。在这场动荡中，也门总统萨利被迫下台。2012 年 2 月 21 日，也门举行了总统选举，原副总统哈迪作为唯一候选人当选新一任总统。2014 年以来，也门国内政治过渡进程再度受挫，胡塞武装推翻了哈迪政府，以沙特为首的阿拉伯国家组成联军进行干预，也门进入新的动荡期。

在西亚和北非的动荡中，中国与也门的关系没有受到很大的影响。2013 年，也门总统哈迪访华。国家主席习近平会见哈迪的时候强调，“中也两国和两国人民传统友谊深厚，双方各领域合作发展顺利，在涉及彼此核心利益和重大关切问题上相互支持。不管国际风云如何变幻，双方始终是彼此信赖的好朋友、好兄弟、好伙伴。”①

与此同时，中国继续对也门进行援助。2012 年 5 月，在利雅得举行的“也门之友”会议上，中国宣布向也门提供 1 亿元人民币的无偿援助，并承诺继续为也门培养重建领域亟须的各类专业人才。根据媒体的公开报道，2011 年 12 月 28 日，中国驻也门使馆陈坚临时代办与也门计划与国际合作部部长穆罕默德·赛义德在萨那共同签署了《中国与也门经济技术合作协定》。② 2012 年 9 月 12 日，中国和也门经济技术合作协定在银川签订。③ 2013 年 11 月，也门总统访华，中国与也门也签订了经济技术合作协定。2014 年 11 月，驻也门大使常华分别同也门计划与国际合作部长迈伊塔米签署两国政府相关经济技术合作协议，同也门工业与贸易部长萨阿迪签署有关也门输华产品零关税待遇的换文。④ 在这几个经济技术协定中，中方尽管没有透露具体的数额，但是强调将向也门继续提供援助。2015 年 1 月，也门计划与国际合作部长迈伊塔米会见中方官员时指出，也门目前正处于最困难时期，希望中方能提供更多援助，尽快实施已落实的项目，扎实推进两国经济合作。

（二）中国对也门援助的动因

长期以来，国际援助一直是一个饱受争议的话题，但是有一条是不变的，那就是对于大国来说，对外援助始终是为其对外战略服务的，“无论

---

① 《习近平同也门总统哈迪举行会谈》，2013 年 11 月 13 日，参见外交部网站，http：//www.fmprc.gov.cn/mfa_ chn/gjhdq_ 603914/gj_ 603916/yz_ 603918/1206_ 604834/xgxw_ 604840/t1098723.shtml。

② 《中国与也门经济技术合作协定在萨那签署》，2011 年 12 月 28 日，参见外交部网站，http：//www.fmprc.gov.cn/ce/ceyem/chn/zygx/t891966.htm。

③ 《中国和也门经济技术合作协定在银川签订》，2012 年 9 月 14 日，参见商务部网站，http：//www.mofcom.gov.cn/aarticle/i/jyjl/k/201209/20120908340699.html。

④ 《也门总理巴哈赫出席中也相关经济技术合作协议签字仪式》，2014 年 11 月 12 日，外交部网站，http：//www.fmprc.gov.cn/mfa_ chn/zwbd_ 602255/t1210110.shtml。

何种形式的对外援助，本质上都是政治性的，主要目标都是促进和保护国家利益”。[1] 就中国对也门的援助来说，主要是出于三个方面的考量。

首先，也门独特的地理位置对于中国来说有着重要的地缘价值。也门位于亚洲西部阿拉伯半岛西南端，北与沙特阿拉伯接壤，东与阿曼毗邻，南临亚丁湾、阿拉伯海，西毗红海，与非洲的厄立特里亚和吉比提隔海相望，扼守红海通往印度洋的曼德海峡出海口，其战略位置十分重要，自古以来成为东西方的交通要道。“也门处于一个非常奇特的地理位置，这使其在人类商业活动发展初期处于核心地位，并且曾经迅速发达起来；在没有飞机汽车这些现代化交通工具之前，曼德海峡几乎成为整个世界的交通命门。”[2] 对于中国来说，无论是在历史上还是现在，也门都是不可忽视的战略要道和商贸要塞的立足点。能源问题专家、中国能源网首席信息官韩晓平指出，“由于扼守红海出口的曼德海峡，也门对中国、欧洲、阿拉伯半岛国家以及北非都意义非凡，是牵一发动全身”，“目前中国已是一个全球贸易大国，我国对欧洲的绝大部分出口商品和进口商品，以及我国从苏丹进口的石油，都主要经过苏伊士运河的海上运输。如果也门乱了，那将直接威胁中国的海上贸易通道”。[3]

其次，也门是与中国建交最早的阿拉伯国家之一，在许多重大问题上坚定地支持中国，是中国发展与阿拉伯国家和发展中国家关系的重要楔子。也门是最早承认中华人民共和国的国家之一，也是第三个与中国建交的阿拉伯国家。20 世纪六七十年代，也门坚定支持中国在台湾问题上的立场，支持中国恢复在联合国的合法席位。20 世纪 80 年代，也门是改革开放后中国企业最早“走出去”的国家之一，自 1979 年开始，第一批中国外向型企业即率先抢滩也门，开展国际工程承包等互利合作业务。20 世纪 90 年代，也门在中美两国的人权斗争中支持中国，也是积极支持中国加入世贸组织的国家之一。进入新世纪，也门与中国的关系发展更具有强烈的

---

① Hans J. Morgenthau, Preface to a Political Theory of Foreign Aid (Chicago: Rand Mcnally & Company, 1963, pp. 71 –72.

② 苏三：《锁定红海：夏、商、周与红海、地中海的可疑联系》，新世界出版社 2005 年版。第 18 页。

③ 《“也门之乱”恐将危及中国海上战略通道》，2010 年 1 月 30 日，参见《中国青年报》中青在线，http://zqb.cyol.com/content/2010-01/30/content_3067086.htm。

示范意义。2013 年，也门总统哈迪应邀访华。在会谈中，国家主席习近平指出，哈迪总统是中国十八届三中全会后他第一位接待的外国元首。当时的也门正处于政治过渡的关键期，“全国对话会议”从 9 月 18 日后一直处于延期状态，作为会议主席的哈迪总统需要做大量、艰巨的协调工作。也门总统在这样的时候访问中国，显示中国对也门政治过渡与社会发展的积极支持，中也关系体现了中国的“新丝绸之路”精神。①

最后，也门对中国有着重要的经济利益。中国是也门最重要的贸易伙伴之一，20 世纪 70 年代和 80 年代，中国与也门的贸易仅为 6000 万美元左右。1992 年已经突破亿元大关，1995 年后，双方贸易发展迅速。② 2014 年，双边贸易额 51. 38 亿美元，其中中国出口 22. 01 亿美元，进口 29. 37 亿美元，同比分别下降 1. 2%、上升 2. 9%、下降 4. 1%；中国从也门进口原油 352. 91 万吨，同比下降 1. 15%。中国对也门出口商品主要是纺织品、机电产品、贱金属、粮油产品等；进口商品主要是原油。③ 据也门官方统计数据显示，中国已连续 5 年保持也门商品第一大进口国地位。2013 年，中国自也门进口商品总额达 17. 69 亿美元，进口额占也门出口总额的 23. 7%。④ 也门石油资源丰富，其境内已探明的可采石油储量为 40 亿桶，石油地质总储量为 104 亿桶。由于也门不是石油输出国组织（OPEC）石油生产国，因此，不受国际石油组织配额限制，在生产上较具自主性。2013 年，中国从也门进口原油约 245. 25 万吨。⑤ 2000 年前，也门在中国进口源国家中排名 2、3 位，2000 年和 2005 年排第 6 位，2008 年虽然退居第 12 位⑥，但仍然是中国在中东地区的重要原油进口国之一。也门政府鼓励外国企业参与其境内的油气资源开发，并制定了相应的开发分成政策。

---

① 《中国—也门关系彰显中国“新丝绸之路”精神》，2013 年 11 月 19 日，参见网易，http：//money. 163. com/13/1119/13/9E20RGF800254TI5. html。

② 杨建荣：《也门经济研究》，对外经济贸易大学出版社 2011 年版，第 129 页。

③ 《中国同也门的关系》，2015 年 3 月，参见外交部网站，http：//www. fmprc. gov. cn/mfa_chn/gjhdq_ 603914/gj_ 603916/yz_ 603918/1206_ 604834/sbgx_ 604838/。

④ 《中国连续 5 年成为也门商品第一大出口国》，2014 年 8 月 19 日，参见商务部网站，http：//ye. mofcom. gov. cn/article/f/e/201408/20140800703491. shtml。

⑤ 《中国同也门的关系》，2014 年 9 月，参见外交部网站，http：//www. fmprc. gov. cn/mfa_chn/gjhdq_ 603914/gj_ 603916/yz_ 603918/1206_ 604834/sbgx_ 604838/。

⑥ 张抗：《2000 年以来中国原油进口来源构成分析》，载于《当代石油石化》2009 年第 6 期，第 19 页。

近年来，中资企业积极参与也门的油气和矿产资源勘探开发，并取得了一定的进展。目前，中石化集团在也门拥有 3 个勘探区块，并参股了奥地利 OMV 公司的 S2 生产区块；中化石油勘探开发公司通过收购 SOCO YEMEN PTY LIMITED 公司，成功参股了也门的传统生产区块——10 区块；此外，中石化中原石油勘探局、江苏石油勘探局和中石油 BGP 等也在也门开展了相应的油气开发业务。①

二、中国对苏丹的援助

在中国的对外援助中，苏丹是其中的重要一环。两国于 1959 年建交。中国从 20 世纪 60 年代末和 70 年代初开始对苏丹进行援助。根据苏丹中央银行年度报告及苏丹财政与国民经济部一份未公开出版的报告，仅 1970 年到 2008 年，中国对苏丹的援助（包括无偿援助和商业贷款）就高达 24.886 亿美元。②

（一）中国对苏丹的援助政策、方式与分布

尽管苏丹与中国的关系至少可以追溯到中国的唐朝，但是“不管是苏丹人民，还是亚非大多数国家的人民以及中国人民，亚非人民之间一直到 1955 年 4 月的万隆会议才真正开始重新进行和平的文明交往”。③ 1955 年的万隆会议期间，中国和苏丹总理曾经进行了友好的会晤。不久，在双方的共同努力下，两国在 1959 年 2 月 4 日正式建交。1969 年，加法尔·尼迈里通过政变上台执政。在他执政的 16 年间，中国与苏丹的关系有了长足的进步，也正是在尼迈里上台之后，中国开始向苏丹提供援助。

从 20 世纪 70 年代中国开始援助苏丹到 2014 年中国与苏丹签订新的贷款协定，中国对苏丹的援助大致可以分成三个时期：从 20 世纪 70 年代到 80 年代为

① 高潮：《投资也门：进军中东和阿拉伯市场》，载于《中国对外贸易》2014 年第 1 期，第 73—74 页。

② Samia Satti Osman Mohamed Nour，“Assessment of effectiveness of Chinese aid in competence building and financing development in Sudan”，Working Papers from United Nations University-Maastricht Economic and Social Research Institute on Innovation and Technology（MERIT）2014-014，http：//pub. maastrichtuniversity. nl/50ad99c5-671a-49af-a5c7-8e6611328ecb.

③ ［苏丹］加法尔·卡拉尔·艾哈迈德著，史月译：《跨越二千年的苏丹中国关系探源求实》，时事出版社 2014 年版，第 49 页。

第一时期；从1990年到2011年为第二时期；从2011年到现在为第三个时期。

在中国的对外援助中，中国始终坚持不附带任何政治条件，不干涉受援国内政，充分尊重受援国自主选择发展道路和模式的权利。中国对苏丹的援助也坚持了这一原则。根据1970年的《中华人民共和国与苏丹民主共和国经济、技术合作协定》，中国承诺无条件地向苏丹提供长期巨额贷款用于相关领域。此后，尽管苏丹国内局势多次出现动荡，中国始终遵守了这一原则，苏丹总统尼迈里曾经赞扬中国政府不附加条件的援助无私且令人放心。[①] 2014年4月，中国全国人大常委会委员长张德江访问苏丹，他再次强调，中方将继续坚定支持苏丹人民自主选择的发展道路，保持对苏丹的投资和援助力度。[②]

1. 意识形态与反苏背景下的援助（1970年至1989年）

从20世纪70年代到80年代可以看作是中国对苏丹援助的第一时期，在这一时期，中国对苏丹的援助受意识形态的影响很大，也有很强的政治色彩。1969年5月25日，苏丹发生了军事政变，尼迈里上台，改国名为苏丹民主共和国。政变的发动者宣称他们奉行共产主义路线，向以苏联为首的社会主义阵营靠近。中国迅速承认了新政府，并开始向这个新政权提供重要的政治援助。[③] 1971年7月，苏丹发生了政变，虽然政变未遂，但由于怀疑政变是由苏联指使，苏丹政府中断了与苏联的关系。此后，在中国对苏丹的援助中又增加了共同反对苏联霸权的色彩。1977年6月，在苏丹总统尼迈里访华期间，《人民日报》发表社论指出，“苏丹政府曾一再粉碎了苏联的颠覆阴谋，最近为了维护民族独立和尊严，又毅然驱逐苏联军事专家和一批苏联外交官员。这一果敢的正义行动，有力地揭露和打击了苏联社会帝国主义在非洲的扩张野心和侵略气焰。这是苏丹人民反霸斗争的一个新的重大胜利，也是对阿拉伯和非洲团结反霸事业的一个巨大贡献。”[④] 直到1981年12月9日，时任中共中央委员会主席的胡耀邦在会见苏丹第一副总统、苏丹社会主义联盟总书记阿卜杜勒·马吉德·哈米德·

① 刘宝莱：《记我援建苏丹项目竣工》，载于《阿拉伯世界》2004年第5期，第32—33页。

② 谭晶晶：《张德江与苏丹国民议会议长法提赫会谈》，见：2014年4月4日《人民日报》。

③ ［苏丹］加法尔·卡拉尔·艾哈迈德著，史月译：《跨越二千年的苏丹中国关系探源求实》，时事出版社2014年版，第83—84页。

④ 人民日报社论：《热烈欢迎尼迈里总统》，1977年6月6日《人民日报》。

哈利勒时指出，对苏丹政府和人民在反对霸权主义侵略扩张和维护阿拉伯和第三世界国家团结方面所做的努力表示钦佩。不久，中国与苏丹签署了向苏丹提供新的贷款的协定。

根据苏丹中央银行的统计，1970 年到 1989 年，中国对苏丹的经济援助总额约为 8930 万美元。据学者加法尔·卡拉尔·艾哈迈德（Gaafar Karar A-toned）的统计，从 1969 年到 1985 年，中国向苏丹提供了 4.45 亿人民币的援助。① 这一时期，中国对苏丹的援助形式以贷款为主，而且基本上是无息贷款，主要用于修建公路、建设工厂等基础设施建设，而且这些贷款的确定或者协议的签署也与双方领导人或者高级官员互相访问紧密相关。

表 4.3 中国对苏丹的援助（1970 年至 1989 年）

时间	金额	用途	背景
1970 年 8 月	1 亿人民币（无息贷款）	6 个经济项目的建设	苏丹国家主席尼迈里访华
1971 年	1 亿人民币（无息贷款）	6 个经济项目的建设	
1979 年 11 月	6000 万人民币（贷款）		苏丹第一副总统哈里里访华
1981 年 12 月	8500 万人民币（无息贷款）	1500 万用于购买必要的商品和物质，其余用来完成包括建设苏基大桥、成衣工厂和恩图职业培训中心在内的协议项目	苏丹第一副总统哈里里访华
1984 年 12 月	1 亿元人民币（贷款）		苏丹尼迈里总统第三次访华
1987 年 12 月	5000 万人民币（无息贷款）	实施 1991 年 1 月 1 日到 1995 年 12 月 31 日期间的经济、技术合作项目	苏丹总理马赫迪访华

资料来源：［苏丹］加法尔·卡拉尔·艾哈迈德著，史月译：《跨越二千年的苏丹中国关系探源求实》，时事出版社 2014 年版。

① Samia Satti Osman Mohamed Nour, "Assessment of effectiveness of Chinese aid in competence building and financing development in Sudan", Working Papers from United Nations University-Maastricht Economic and Social Research Institute on Innovation and Technology (MERIT) 2014-014, http://pub.maastrichtuniversity.nl/50ad99c5-671a-49af-a5c7-8e6611328ecb.

表 4.4 1970 年至 1989 年中国政府援建苏丹的工程

工程款项（单位：百万美元）	签署时间（年）	工程名称
4.6	1970	哈萨黑萨纺织厂
6.6	1970	瓦迪迈达尼市至卡道里夫市的公路及罕图布大桥
3.5	1970	友谊厅
0.9	1971	瓦迪哈勒渔业项目
7.3	1971	卡道里夫的公路及罕图布大桥
0.5	1971	维修哈萨黑萨纺织厂
0.3	1971	重修迈达尼市至卡道里夫市的公路
4.8	1979	重修迈达尼市至卡道里夫市的公路
7.3	1981	重修迈达尼市至卡道里夫市的公路
0.3	1981	成衣厂
48.9	1981	辛加大桥
0.3	1981	维修迈达尼市至卡道里夫市的公路
1.3	1984	辛加大桥
7.7	1984	恩图曼医院
1.4	1987	辛加大桥追加款

资料来源：[苏丹] 加法尔·卡拉尔·艾哈迈德著，史月译：《跨越二千年的苏丹中国关系探源求实》，时事出版社 2014 年版。

此外，除了经济援助，中国还向苏丹提供了至少 2 亿美元的军事援助。

2. 石油开发与经济合作主导下的援助（1990 年至 2010 年）

1989 年，巴希尔政府执政后，中国与苏丹关系有了较大发展。以巴希尔执政为标志，中国对苏丹的援助进入了第二个时期。这一时期，中国对苏丹的援助显著增加，由于苏联的解体和中国的“走出去”战略的推进，中国对苏丹援助中的意识形态因素日益减少。随着中国从苏丹进口石油数量增加和双方在多个领域的合作，石油因素以及经济互利合作逐渐成为中国对苏丹援助的主导思想。

尽管中国从未公布其对苏丹援助的完整数字，但是中国在与苏丹保持密切关系的同时，在20世纪90年代和新世纪初的头10年显然加大了对苏丹的各种援助。根据苏丹中央银行在2008年的统计：1990年到2008年，中国对苏丹的经济援助总额为23.993亿美元。这些援助大多数是商业贷款，并且必须满足如由中国公司实施、偿付期限为4—10年、得到中国进出口银行和石油公司的担保等条件。就这些资金的去向来看，中国的援助基于特定的部门，其中电力部门约占42%、水利约占26%、麦洛维大坝投入了15%。

表4.5 中国政府给苏丹政府的经济援助，贷款和无偿援助（1970年至2008年）

时期	贷款和无偿援助总额（百万美元）	占全部援助的比例（%）
1970—1979	22.5	1
1980—1989	66.8	3
1990—2008	2399.3	96
总计	2488.6	100

资料来源：苏丹财政与国民经济部（2008）未公开出版的报告，转引自Samia Satti Osman Mohamed Nour, "Assessment of effectiveness of Chinese aid in competence building and financing development in Sudan", Working Papers from United Nations University-Maastricht Economic and Social Research Institute on Innovation and Technology (MERIT) 2014-014, http://pub.maastrichtuniversity.nl/50ad99c5-671a-49af-a5c7-8e6611328ecb。

表4.6 中国对苏丹援助的组成（1990年至2008年）

资金的形式和种类	价值（单位：百万美元）	占总份额的比例（%）
无偿援助	40.1	2
技术和商品援助	56.7	3
无息贷款	89.4	5
优惠贷款	49.6	3
商业贷款	1649.1	87
总计	1884.9	

资料来源：苏丹财政与国民经济部（2008）未公开出版的报告。转引自Samia Satti Osman Mohamed Nour, "Assessment of effectiveness of Chinese aid in competence building and financing development in Sudan", Working Papers from United Nations University-Maastricht Economic and Social Research Institute on Innovation and Technology (MERIT) 2014-014, http://pub.maastrichtuniversity.nl/50ad99c5-671a-49af-a5c7-8e6611328ecb。

表 4.7 中国对苏丹援助分配的部门（1997 年至 2008 年）

部门	金额（单位：百万美元）	份额（%）	部门	金额（单位：百万美元）	份额（%）
电力	1473.7	43	电力	1473.7	43
水利和灌溉	877.3	26	水利和灌溉	877.3	26
麦洛维大坝	520	15	麦洛维大坝和相关工程	603.1	18
喀土穆冶炼厂	319	9	喀土穆冶炼厂	319	9
其他部门	102	3	其他部门	102	3
农业	88.6	3	农业	15.5	0.45
道路和桥梁	46.6	1	道路和桥梁	36.6	1
总计	3427.2	100	总计	3427.2	100

资料来源：苏丹财政与国民经济部（2008）未公开出版的报告。转引自 Samia Satti Osman Mohamed Nour, "Assessment of effectiveness of Chinese aid in competence building and financing development in Sudan", Working Papers from United Nations University-Maastricht Economic and Social Research Institute on Innovation and Technology（MERIT）2014 -014，http://pub.maastrichtuniversity.nl/50ad99c5-671a-49af-a5c7-8e6611328ecb。

在中国对苏丹的援助中，石油开发及其相关领域显然是一个重要的着力点。1995 年，中国提出"经贸大战略"，把对外贸易、资本流动和国际经济合作结合起来，运用国内外资金、资源和市场来促进中国的经济发展。此后，金融机构提供的优惠贷款成为中国对外援助的主要形式，合资合作项目开始受到更大的重视和鼓励。而中国与苏丹的石油合作就是互利合作的典范。中苏石油合作始于 1995 年，由中国政府经援项下合作和互利性质合作两大部分组成，均由中国石油天然气集团公司承担。在中国的帮助下，从 1995 年开始，苏丹政府用了约 10 年的时间，建立了从石油勘探到钻井、从原油开采到加工，直到石化产品的一整套石油工业体系。截至 2008 年底，中国在苏丹累计投资已超过 150 亿美元，形成了一个包括上、中、下游的完整石油工业产业链。苏丹约一半的出口石油流向中国，占中国石油消费总量的 5%。2008 年，中苏双边贸易额达 81.78 亿美元，苏丹是中国在非洲的第三大贸易伙伴，中国是苏丹最大的贸易伙伴。[①]

除了石油领域外，中国的援助向苏丹提供了多笔人道主义援助。2007年2月，胡锦涛主席在访问苏丹期间，承诺向苏丹提供520万美元的人道主义援助。2003年2月，苏丹达尔富尔地区出现人道主义危机，中国先后提供了共5笔援助，总计8000万人民币（合1100万美元）。[②]

此外，1970年12月，中国和苏丹民主共和国在喀士穆签定了《中华人民共和国政府和苏丹民主共和国政府关于中国派遣医疗队赴苏丹工作的协定书》。自1971年起，中国开始向苏丹派遣医疗队。按照国家整体外交部署和卫生部援外工作安排，陕西省代表中国政府向苏丹派遣了第一批援外医疗队，至2013年共派遣了31批医疗队，854名医学专家先后在苏丹的12所医院工作。42年里，援苏全体医疗队员累计接诊患者778万例，收治住院患者25万例，完成各类手术16万例。[③]

3. 战略调整与外交转型时期的援助（2011年至2015年）

2011年以来，在南苏丹宣布独立和西亚北非地区局势持续动荡的双重影响下，苏丹政局也出现新的变化，中国与苏丹的关系也进入了一个深化与面对挑战的时期。2011年6月，巴希尔再次访华，胡锦涛主席、吴邦国委员长和李克强副总理分别与其会谈、会见，双方领导人均表示要继续保持和发展两国的友好合作关系。2015年9月，国家主席习近平在人民大会堂会见苏丹总统巴希尔，中华人民共和国和苏丹共和国决定建立战略伙伴关系。

根据公开的媒体报道，在后阿拉伯动荡时代，中国继续保持了对苏丹的援助。2012年1月，中共中央政治局委员、中央书记处书记、中组部部长李源潮率团对苏丹进行正式友好访问。期间，随访的商务部副部长陈健与苏丹国际合作部部长伊什拉卡分别代表各自政府签署了关于向苏丹提供一笔无偿援助的经济技术合作协定和援助苏丹达尔富尔地区30眼打井项目

---

① 王猛：《从苏丹个案看中国对阿外交之成长》，载于《阿拉伯世界研究》2010年第2期，第21页。

② 周琪：《中国的对外援助与人权关注——达尔富尔人道主义危机引起的思考》（2009年10月29日），中国网，http://www.china.com.cn/news/zhuanti/rq09/2009-10/29/content_18794138.htm。

③ 《苏丹人民难忘中国医生》（2013年11月5日），商务部网站，http://www.mofcom.gov.cn/article/i/jyjl/k/201311/20131100378310.shtml。

交接证书。[①] 根据俄新网的报道，中国同苏丹政府提供的这笔无偿援助约为2亿美元，这笔资金将用于落实国家发展项目。[②] 此外，根据外电报道，苏丹在2013年1月获得了由中国石油天然气集团公司（中石油）担保的15亿美元的贷款。[③] 而中国进出口银行也于2013年7月8日向苏丹政府提供7亿美元优惠贷款，作为首都喀土穆新建国际机场一期工程启动资金。早在2011年2月15日，中国交通建设集团有限公司所属中国港湾工程有限责任公司已获此价值为12.1亿美元的建设合同。此优惠贷款，计划20年还清，前5年贷款利率低于5%。[④] 2014年12月21日，中国驻苏丹大使李连和会见苏财政和国民经济部部长巴德鲁丁·马哈茂德·阿巴斯，会后双方分别代表中苏两国政府签署《中华人民共和国和苏丹共和国政府经济技术合作协定》。[⑤] 2015年9月，中苏建立战略伙伴关系后，中方指出，从两国战略关系出发，将为苏丹提供力所能及的援助，以支持苏丹的经济社会发展项目。[⑥] 这些新的援助与经济合作协定表明，在阿拉伯动荡的时代，中方继续保持了在苏丹的传统影响力，并试图调整因为南苏丹独立而受到冲击的中苏石油合作关系。

（二）中国对苏丹援助的动因

长期以来，国际援助一直是一个饱受争议的话题，但是有一条是不变的，那就是对于大国来说，对外援助始终是为其对外战略服务的。就中国对苏丹的援助来说，主要是出于以下几个方面的考量：

首先，苏丹的地理位置独特，具有重要的地缘价值。在2011年南苏丹

---

① 《中苏两国政府签署援助协议》（2012年1月19日），商务部网站，http://www.mofcom.gov.cn/aarticle/i/jyjl/k/201201/20120107933921.html。

② 《中国将为苏丹提供2亿美元长期贷款》（2012年1月17日），俄新网，http://rusnews.cn/guojiyaowen/guoji_caijing/20120117/43290740.html。

③ 英媒：《苏丹获中国15亿美元贷款》（2013年1月11日），新华网，http://news.xinhuanet.com/world/2013-01/11/c_124217015.htm。

④ 胡文燕：《中国向苏丹提供7亿美元贷款》（2013年7月11日），财信网，http://international.caixin.com/2013-07-11/100554571.html。

⑤ 驻苏丹经商参处：《中苏两国政府签署〈经济技术合作协定〉》，2014年12月23日，商务部网站，http://sd.mofcom.gov.cn/article/jmxw/201412/20141200843950.shtml。

⑥ 《中华人民共和国和苏丹共和国关于建立战略伙伴关系的联合声明》（2015年9月1日），新华网，http://news.xinhuanet.com/2015-09/01/c_128188802.htm。

独立之前，苏丹曾经是整个阿拉伯和非洲国家中面积最大的国家，也是世界十大国家之一。从地理位置上看，苏丹位于西亚与北非的过渡地带，扼红海通往非洲中部、地中海通往印度洋的交通要冲。自中东石油的大规模开发以来，从波斯湾到西欧的石油运输线大致有两条：一条是由波斯湾绕过好望角，再调头北上到达西欧；另一条是从波斯湾进入红海，穿过苏伊士运河，经地中海抵达西欧。后者是连接波斯湾和西欧的最近航路，苏丹则位于这条航路的必经之地，地理区位的战略意义更加凸显。有"国家门户"之称的海港苏丹港位于东北部红海西岸，可停靠万吨油轮，并有输油管通往首都喀土穆。[①]

其次，苏丹是与中国建交比较早的非洲国家之一，是中国的重要政治"盟友"，也是中国发展与非洲国家关系的重要示范国。苏丹于 1959 年 2 月与中国建交，是继埃及、摩洛哥和阿尔及利亚之后第四个与新中国建交的非洲国家。长期以来，在涉及中方核心利益和重大关切问题上给予了一贯支持。1971 年，在投票支持中国恢复在联合国合法席位的"两阿提案"中，苏丹是 23 个提案国之一，在其中做了大量的工作。苏丹外长在投票前甚至指出，绝不允许提案修改一个字。[②] 苏丹政府在台湾、涉藏、涉疆等问题上也坚定支持中国。这使得苏丹成为中国在政治方面最可靠的伙伴之一。苏丹总统巴希尔 2011 年访华时候指出，"我们对两国关系非常满意，并认为这个关系是南南合作的成功典范。"[③]

此外，中国用了 10 多年的时间使得苏丹建成集油气勘探、开发、生产、管道、炼油化工和销售于一体的完整石油产业链，成为重要的石油出口国。尽管对苏丹经济发展道路还有争议，但是中国在苏丹的建设模式无疑对许多非洲国家具有很强的吸引力。"从长远看，中苏（丹）双边贸易的战略意义不仅在于对苏丹石油的长远开发，更关系着中国的整个非洲石

---

① 冯春萍：《苏丹：文明断裂带上的大国》，载于 2008 年 3 月 13 日《环球时报》。

② ［苏丹］加法尔·卡拉尔·艾哈迈德著，史月译：《跨越二千年的苏丹中国关系探源求实》，时事出版社 2014 年版，第 106 页。

③ 《苏丹与中国发展关系是南南合作的成功典范——访苏丹共和国总统巴希尔》（2011 年 6 月 26 日），新华网，http：//news. xinhuanet. com/world/2011-06/26/c_ 121585630. htm。

油开发战略。”①

最后，中国在苏丹有着重要的能源、经济和安全利益。统计资料显示，1997年以来，在石油开发项目带动下，双边贸易量猛增。2013年，双边贸易额45亿美元，同比上升20.5%。其中中国出口24亿美元，同比上升10%；进口21亿美元，同比上升35.2%。2014年，双边贸易额34.59亿美元，同比下降23.1%。其中中国出口19.29亿美元，同比下降19.6%；进口15.3亿美元，同比下降27.1%。② 南苏丹独立之前的数据显示，中国在苏丹的投资总额约200亿美元，占苏丹境内外国投资的一半，其中，大部分直接投资投向了石油产业，中石油在其中扮演着重要角色。③目前，在苏丹投资的中国企业超过100家。而中国每年从苏丹进口原油接近1000多万吨，占中国原油进口总量的6%。在中国水电正在执行的10亿元以上境外合同清单中，苏丹麦洛维大坝工程、罗塞雷斯大坝加高工程、上阿特巴拉水利枢纽工程C1－B项目等榜上有名。

第三节　美国对西亚与北非的援助政策、方式及其分布

相对于其他老牌的资本主义国家和西方殖民主义国家而言，就西亚和北非国家（中东）④ 而言，美国是一个后来者。实际上，美国直到20世纪50年代才开始介入中东事务。随着冷战的爆发和中东的局势发展，美国在该地区的介入也越来越深。当前，中东、欧洲和亚太地区已经成为美国国家安全和外交政策的核心区域。

美国在中东有着重要的战略利益，主要包括安全利益、经济利益和其

---

① 吴强：《苏丹危机挑战中国海外石油利益》，载于《南风窗》2004年第18期，第24—25页。

② 《中国同苏丹的关系》，2015年7月，外交部网站，http：//www.fmprc.gov.cn/mfa_chn/gjhdq_603914/gj_603916/fz_605026/1。

③ 陆马：《中国在苏丹有何利益存在》，载于《青年参考》，2012年2月1日。

④ 在美国的官方文件和政治语境中，有时使用中东和北非地区或者近东地区，故本文在这里将这几种术语当作同义词，交替使用。

他从属性利益。多年以来，尤其是冷战结束之后，尽管美国几届政府对中东利益的表述和轻重缓急的优先顺序有所差异，强调的重点有所变化，但总的说来，从正面意义上看，美国在中东的利益主要包括石油、以色列的安全、阿拉伯盟友的稳定和安全、防止大规模杀伤性武器扩散四个方面；从反面意义上看，美国在中东面临的威胁主要来自恐怖主义、政治伊斯兰运动、阿拉伯国家的不稳定和内部冲突三个方面。[①]

对中东地区进行各种各样的援助，保持美国在该地区的影响力是实现美国中东利益的重要手段。[②] 根据美国国际开发署（USAID）的统计，美国从 1946 年起向该地区提供援助，金额约为 4360 万美元，2013 财年度对该地区的经济援助与军事援助的总额约为 89.525 亿美元，约占美国对外援助总额的 22.7%。2014 财年度美国对中东和北非地区的经济援助约为 1325.866 亿美元，军事援助超过 1596.738 亿美元。经济援助中，美国国际开发署及其前身负责的援助约为 910.043 亿美元，农业部负责的援助约为 100.925 亿美元，国务院负责的援助约为 125.500 亿美元。在全部的援助中，贷款约为 311.740 亿美元，非优惠的贷款约为 189.420 亿美元。[③]

表 4.8　美国对中东和北非地区援助总表（1946 年至 2013 年）（单位：百万美元）

	战后恢复时期（1946 年至 1948 年）	马歇尔计划时期（1949 年至 1952 年）	共同安全法时期（1953 年至 1961 年）	对外援助法案时期（1962 年至 2009 年）	对外援助法案时期（2010 年）	对外援助法案时期（2011 年）	对外援助法案时期（2012 年）	对外援助法案时期（2013 年）	全部无偿援助与贷款（1946 年至 2013 年）
全部的经济援助	43.6	117.6	2653.3	116068.0	3261.7	3130.3	3149.7	4162.4	132586.6

① 高祖贵：《中东新变局挑战美国利益》（2011 年 3 月 18 日），新华网，http://news.xinhuanet.com/world/2011-03/18/c_121198160.htm。

② 由于数据的来源不同，在具体的数额上常常存在差异，这主要是由于统计口径与统计部门不同以及支付年份的滞后造成的。

③ U. S. Overseas Loans and Grants: Obligations and Loan Authorizations, July 1, 1945 - September 30, 2013 http://pdf.usaid.gov/pdf_docs/pbaaa800.pdf.

续表

	战后恢复时期（1946年至1948年）	马歇尔计划时期（1949年至1952年）	共同安全法时期（1953年至1961年）	对外援助法案时期（1962年至2009年）	对外援助法案时期（2010年）	对外援助法案时期（2011年）	对外援助法案时期（2012年）	对外援助法案时期（2013年）	全部无偿援助与贷款（1946年至2013年）
美国国际开发署及其前身负责的援助		89.9	1820.7	81697.5	1655.8	1374.7	1516.3	2849.4	91004.3
美国农业部负责的援助		25.5	802.2	8985.5	21.8	60.9	97.4	99.2	1092.5
国务院负责的援助				6944.4	1097.0	1599.0	1229.8	1179.9	12050.0
其他经济援助	43.6	2.2	30.4	18440.6	487.1	95.7	306.2	33.9	19439.7
全部军事援助		67.2	675.1	136643.5	5578.3	5853.4	6066.3	4790.1	159673.8
全部军事援助与经济援助	43.6	184.8	3328.4	252711.5	8840.0	8983.7	9216.0	8952.5	2922 60.4 3117 4.0
非优惠贷款	17.1	140.0	162.2	8809.3	922.2	53.5	8127.1	710.5	18942.0
进出口银行贷款	17.1	140.0	162.2	6687.5	758.2	–	7511.6	345.0	15801.6

资料来源：U.S. Overseas Loans and Grants：Obligations and Loan Authorizations，July 1，1945 - September 30，2013 http：//pdf.usaid.gov/pdf_docs/pbaaa800.pdf。

在1948年以色列建国、美国卷入中东事务开始到21世纪，美国的中东政策和援助大致可以分成三个阶段：1948年至1970年、1971年至2000年以及2001年至今。

一、反苏、挤英和扶以背景下的援助（1948 年至 1970 年）

二战结束后，在相当长的一段时期内，中东和北非地区并不是美国关注的重点。整个 20 世纪 50 年代和 60 年代，美国在中东和北非政策的出发点和目标是出于冷战的需要反对苏联在该地区的扩张，出于称霸的需要借民族独立运动等事件挤压英国和法国的传统影响空间。美国重点支持该地区产油国的经济发展，支持以色列的安全，在巴以冲突中扮演一个相对中立的角色。

整体来看，美国对该地区的援助也比较少，与其他地区相比水平也比较低。从 1948 年到 1970 年，美国对中东和北非的援助总额中对中东地区的援助比较少。统计数据显示：1946 年至 1948 年的军事和经济援助总额为 4360 万美元、1949 年至 1952 年为 1848 万美元、1953 年至 1961 年也不过 3.3284 亿美元。就援助的类型来说，经济援助明显高于军事援助，除了对伊朗、土耳其和以色列有一些军事援助外，其他受援国几乎没有明显的区别。[①] 就具体的国别来看，伊朗、以色列、埃及、约旦以及利比亚等国是美国的援助重点。在这些国家当中，伊朗之所以在这一时期获得的援助最多，这是因为当时伊朗还处在巴列维王朝的统治之下，被美国视为打击苏联在该地区扩张的工具。美国这一时期对以色列的援助与其他时期相比要少得多。1962 年以色列第一次从美国购买先进的武器。1968 年，约翰逊政府时期，美国批准向以色列出售“鬼怪”式战斗机。

二、深入介入中东和北非事务背景下的援助（1971 年至 2000 年）

进入 20 世纪 70 年代后，美国开始深入介入中东事务，相应地美国对中东和北非地区的援助也大幅度增加。自从美国从越南逐步撤军后，中东地区成为美国援助最多的地区。从 1971 年至 2000 年，美国的援助总额为

① 全品生：《浅析美国对中东的援助及其影响》，载于《西亚非洲》2011 年第 2 期，第 34 页。

1449.690 亿美元，其中经济援助为 624.498 亿美元、军事援助为 825.192 亿美元。[①] 值得注意的是，在这个阶段的前 20 年，为了回应中东局势剧变，美国对这一地区的援助大幅增加。然而，冷战结束是一个分界点。在第二阶段的后 10 年，由于冷战结束，中东和平取得进展，美国也开始大幅减少对中东的援助。[②]

在这 30 年间，在美国援助中，经济援助比上一阶段增加 91%，军事援助增加 97%，时间段主要集中在 1970 年至 1990 年。而 90 年代中前期，援助降到了历史最低点，仅占美国国民收人的 0.14%。

这一时期美国对中东的援助重点国家是以色列、埃及、约旦和黎巴嫩。

1948 年以色列建国后，美国在相当长的时间内并未充分意识到以色列的地位和战略价值，美以关系相对比较冷淡。从 1948 年到 1951 年，美国一共仅向以色列提供了 1.35 亿美元的援助，主要用于以色列对美国进出口贸易的贷款。1967 年中东战争后，美国改变了对以色列的认知，认为以色列是中东地区的重要力量，是实现美国中东政策的重要盟友。进入 20 世纪 70 年代，美以关系迅速升温。美国对以色列的援助大幅度提高。1966 年到 1970 年，美国对以色列的援助增至年均 10.2 亿美元，其中军援从原来占总援助的不到 4% 增至 47%。1971 年，美国国会批准了价值 5.45 亿美元的军事贷款，而 1970 年却只有 3000 万美元。从 1976 年开始，以色列成为美国最大的受援国。从 1971 年开始，直到 21 世纪初，美国对以色列的援助平均每年都保持在 20 亿美元左右，其中 2/3 是军事援助。

除了以色列外，埃及作为大中东地区的重要国家，也逐渐成为美国的重要援助对象。在埃及新总统萨达特采取拒苏亲美的政策之后，美国与埃及的关系迅速升温。1979 年以后，埃及成为了美国第二大受援国，每年从美国获得约 10 亿至 15 亿美元非军事援助。

---

① USAID, Overseas Loans and Grants Obligations and Loan Authorization, July 1, 1945, September 30, 2001. The report is commonly known at USAID as "The Greenbook", Jeremy M. Sharp, "U. S. Foreign Assistance to the Middle East" CRS Report for Congress, RL32260, June 15, 2010 http//www. fas. org/sgp/crs/mideast/RL32260. pdf.

② 李瑞宁:《浅析美国对中东援助的变迁对 2011 年中东变局的影响》, 2012 年 14 期, 第 217 页。

表 4.9　1949 年至 1996 年美国对以色列的援助（单位：百万美元）

年度	总额	经济援助		军事援助		年度	总额	经济援助		军事援助	
		贷款	赠款	贷款	赠款			贷款	赠款	贷款	赠款
1949	100.0					1977	1762.5	245.0	490.0	500.0	500.0
1951	35.1		0.1			1978	1822.6	260.0	525.0	500.0	500.0
1952	86.4		63.7			1979	4888.0	260.0	525.0	2700.0	1300.0
1953	73.6		73.6			1980	2121.0	260.0	525.0	500.0	500.0
1954	74.7		54.0			1981	2413.4		764.0	900.0	500.0
1955	52.7	20.0	21.5			1982	2250.5		806.0	850.0	550.0
1956	50.8	10.0	14.0			1983	2505.6		785.0	950.0	750.0
1957	40.9	10.0	16.8			1984	2631.6		910.0	850.0	850.0
1958	85.4	15.0	9.0			1985	3376.7		1950.0		1400.0
1959	53.3	10.0	9.2	0.4		1986	3663.5		1898.4		1722.6
1960	56.2	15.0	8.9	0.5		1987	3040.2		1200.0		1800.0
1961	77.9	16.0	8.5			1988	3043.4		1200.0		1800.0
1962	93.4	45.0	0.4	13.2		1989	3045.6		1200.0		1800.0
1963	87.9	45.0		13.3		1990	3034.9		1194.8		1792.3
1964	37.0	20.0				1991	3712.3		1850.0		1800.0
1965	65.1	20.0		12.9		1992	3100.0		1200.0		1800.0
1966	126.8	10.0		90.0		1993	3103.4		1200.0		1800.0
1967	23.7	5.5		7.0		1994	3097.2		1200.0		1800.0
1968	106.5			25.0		1995	3102.4		1200.0		1800.0
1969	160.3			85.0		1996	3144.0		1200.0		1800.0
1970	93.6			30.0							
1971	634.3			545.0							
1972	430.9		50.0	300.0							
1973	492.8		50.0	307.5							
1974	2621.3		50.0	982.7	1500.0						
1975	778.0		344.5	200.0	100.0						
1976	2337.7	225.0	475.0	750.0	750.0						

资料来源：Clyde R. Mark，“Israel：U. S. Foreign Assistance”，CRS Issue Brief for Congress，March 7，2005。

三、反恐与重塑地区格局背景下的援助（2001 年至 2015 年）

进入新世纪后，特别是“9・11”事件爆发后，反恐成为美国外交的一项重要任务，美国也重新重视中东地区。小布什政府提出了“大中东民主化”的计划。在这样的背景下，美国的援助规模和水平又有了新的增长。从 2000 年开始，美国提高了对中东受援国的总体份额，同时还扩大了受援国的范围，而且援助的指向性更为明确，大量援助与美国反恐目标紧密联系，这既是美国构筑反恐阵线之需，也是美国实施中东改造计划的举措。

从 2001 年到 2011 年，美国对中东的援助国主要还是以色列、埃及、约旦、巴勒斯坦和黎巴嫩。此外，在 2003 年推翻萨达姆政权后，美国向伊拉克投入了大笔的重建资金。

如前所述，自 1976 年以来，以色列是美国最大的年度援助国。进入 21 世纪后，美国继续保持了对以色列的援助，从 2006 财年度到 2011 财年度，以色列得到的援助额分别为 25. 348 亿美元、25 亿美元、24. 20236 亿美元、25. 8 亿美元、28 亿美元和 30. 25 亿美元。2007 年 8 月，布什政府宣布在未来 10 年里，将援助增加到 60 亿美元。在美国对以色列的援助中，军事援助依然占有很大的比重，其援助额大约占以色列国防开支的 20%左右。

从 1979 年开始，埃及一直是美国第二大受援国，每年的经济和军事援助大约达到了 20 亿美元。从 2006 财年度到 2011 财年度，埃及得到的援助额分别为 17. 79287 亿美元、17. 57748 亿美元、17. 05891 亿美元、16. 03316 亿美元、15. 557 亿美元和 15. 558 亿美元。2007 年，美国政府宣布在未来 10 年，每年向埃及提供 13 亿美元的军事援助。①

2003 年 3 月，美国发动了对伊拉克的战争。自伊拉克战争结束以后，美国把大量资源用于伊拉克的战后重建上。2005 年，对伊拉克重建援助的年度开支最高时超过了当年美国所有其他对外援助开支，对伊拉克的援助项目也成为自 1947 年马歇尔计划以来美国最大的援助项目。伊拉克在

---

① Jeremy M. Sharp, “U. S. Foreign Assistance to the Middle East: Historical Background, Recent Trends, and the FY2011 Request”, CRS Report for Congress, RL32260, June 15, 2010.

2005 年得到了 112 亿美元的援助，2006 年得到了 47 亿美元的援助（包括一次性免除伊拉克的 40 亿美元债务）。对伊拉克的援助在 2005 年和 2006 年相当于美国对外援助的 1/3。美国承认，在 2004 年至 2008 年用于对伊拉克的救助和伊拉克重建的拨款是 460 亿美元。①

2011 年以来，北非和中东出现动荡。针对这一动荡，奥巴马政府对先前的政策进行了调整。2011 年 5 月 19 日，奥巴马指出，“我们支持发生在中东和北非的能够满足整个地区普通人民合理愿望的政治和经济改革”，“我们还将利用我们所掌握的所有外交、经济和战略手段予以支持”。很显然，美国不但把支持中东、北非地区的政治改革和民主运动提升为美国外交的“首要任务”，还采取了各种措施来推动有关国家的民主转型，试图通过教育、经济、科技和医疗等渠道把美国的价值观和民主原则推广到这一地区。对外援助被美国当作实现这些目标的有力工具。奥巴马明确提出要把正在经历民主过渡的埃及和突尼斯树立为中东地区新的民主样板，并优先为两国提供更多的经济援助。一方面，奥巴马维持了“中东伙伴关系计划”，在其任职的第一年 2009 年内就把它的预算增加到了 6500 万美元；但另一方面，又把在埃及促进民主和治理的项目从 2008 年的 5000 万美元减少到 2009 年的 2000 万美元。②

不过，北非和中东的动荡也使得美国的中东政策陷入两难的境地，美国的援助政策出现了摇摆和不确定。以埃及的情况为例，2011 年，在民众的抗议和军方的压力下，埃及总统穆巴拉克宣布辞职。2011 年 2 月，美国宣布向埃及提供 1.5 亿美元援助，支持埃及实现政权过渡和恢复经济。然而，在埃及民选总统穆尔西被军方罢黜后，美国官方表态显得有些矛盾。一方面，美国白宫呼吁埃及军方保持“最大克制”；另一方面，美方表态，不会以取消每年 13 亿美元援助的方式“惩罚”埃及军方。很显然，奥巴马政府一方面做出支持埃及民主过渡的姿态，另一方面又希望保持与这个重要的战略盟友的关系，“有限”中止对埃及援助正是这一矛盾的深刻反映。

---

① 周琪：《新世纪以来的美国对外援助》，载于《世界经济与政治》2013 年第 9 期，第 29 页。

② 周琪：《新世纪以来的美国对外援助》，载于《世界经济与政治》2013 年第 9 期，第 43—44 页。

第四节 美国对西亚、北非援助的个案分析

一、美国对也门的援助

也门（北也门）与美国1946年建交。[①] 美国对也门援助开始于1959年，最初的项目主要是提供食品、水、道路和农业援助，截至2012年，其经济援助总额为14.349亿美元、军事援助总额为1.908亿美元。[②] 整体看来，美国对也门的援助也大致可以分为四个时期：1959年至1990年为第一个时期，这一时期美国援助也门的主导因素为与苏联在中东地区展开争夺，争取也门（北也门）支持美国的中东战略。1991年至2000年为第二个时期，由于冷战的结束和海湾战争，美国一度“遗忘”了也门，对其援助也明显减少。2001年至2010为第三个时期，出于反恐和中东民主化的考量，美国又重新发现了也门，对其援助急剧增加。2011年至2015年为第四个时期，由于也门发生动荡，美国对其援助也有了新的调整和转向。

（一）冷战与反苏背景下的援助（1959年至1990年）

1946年，美国与北也门建立了外交关系，但是双方关系的发展非常缓慢。20世纪50年代，北也门曾经要求过军事援助，但是美国并没有同意。美国曾经以美国国际合作管理局的名义开展过援助项目，但没有最后实施，后来以食品援助的形式提供。根据美国国际援助署的资料，美国对也门的援助是从1959年开始的，美国对也门从1959年到1961年经济援助大约为1600万美元。1962年北也门发生革命，建立了阿拉伯也门共和国，美国很快承认了新独立的也门共和国，并通过刚刚成立的美国国际援助署对北也门提供援助。这些援助计划包括修建225英里、耗资约2200万美元的高速路，价值3300万美元的塔伊兹的以及学者交流和技术援助等。1967

---

① 限于篇幅，这里也仅仅讨论美国对北也门的援助。1967年12月，南也门与美国建立李外交关系。但是由于政治动荡，南也门很快指责美国试图颠覆革命政权，于是，1969年10月南也门与美国断交。从1969年到1990年，美国与南也门没有外交关系。

② U. S. Overseas Loans and Grants: Obligations and Loan Authorizations, July 1, 1945 – September 30, 2012 http: //pdf. usaid. gov/pdf_ docs/pnaec300. pdf.

年“六五战争”后，也门同美国宣布断交。美国也逐步减少甚至取消了对也门的援助。1969 年，美国对北也门的经济援助为零，1970 年和 1971 年援助维持在 30 万和 10 万美元的水平。

1972 年，北也门与美国恢复外交关系。1978 年，沙赫里当选也门总统后，北也门进入了一个稳定的时代。通过领导人的互相访问，美国与北也门的关系得到了加强和改善。1973 年，两国签署了新的协定，美国对也门的援助也开始走上正轨。从 1973 年到 1990 年，美国与也门（北也门）关系的一个重要基础是反苏，就美国对也门的援助而言，首先也是为这个大战略而服务的。就经济援助来看，美国的援助呈现出逐年增加的趋势，1973 年为 330 万美元，1979 年增加到 1805 万美元，而到 1985 年已经超过 4000 万美元。1986 年到 1990 年基本维持在 3000 万至 4000 万美元的水平。1975 年，美国国际开发署在也门，开展活动，在此后 10 年，援助重点多集中在土地、矿产和土壤调查方面。20 世纪 80 年代，援助的资金又扩展到教育、健康和清洁的水资源。[①] 此外，教育和文化交流项目也开始大规模地实施，许多也门人在美国政府奖学金的支持下去美国学习。美国情报部门还在萨那开办了英语学院。

1975 年，美国建立了三边的军事援助安排，由沙特阿拉伯的资金来购买美国武器装备北也门的军队。以类似的方式，美国还向北也门提供训练飞机和地面材料。在 1979 年也门的边界冲突中，美国与沙特阿拉伯合作通过安全援助项目为北也门提供 F－5 飞机、坦克及车辆。统计数据表明，从 1976 年开始，美国向也门提供军事援助，1977 年，美国的援助额为 21 万美元，1980 年增加到 50 万美元，1982 年更是高达 1100 多万美元。不过，与同期的经济援助相比，军事援助的数额仍然比较少。

（二）冷淡国家关系时期的援助（1991 年至 2000 年）

1990 年 5 月 22 日，阿拉伯也门共和国和也门民主人民共和国正式宣布统一，成立也门共和国。然而，统一后的也门却对伊拉克占领科威特表示支持，这使得也门与美国以及周边国家关系紧张，接受的外援也大大减

① http：//www. usaid. gov/yemen/history.

少。美国对也门的经济援助在1990年度有4368万美元，1991年度骤然降到820万美元，军事援助在1990年度为60万美元，1991年度为3万美元，1992年甚至完全取消了。1994年开始，也门爆发内战，这使得也门本来已经复杂的局势更加雪上加霜。考虑到这些因素，加上冷战的结束，美国不再需要也门来抗衡苏联的扩张，美国与也门的关系进入了一个相对冷淡的时期。从1994年到2000年，美国减少了在也门的活动，尤其是发展援助仅仅保留了有限的教育交换项目。统计数据表明，1996年度，美国对也门的经济援助只有168万，达到历史最低点。美国国际开发署在1996年也完全停止在也门的活动，直到2003年才重返也门。

（三）反恐背景下的援助（2001年至2010年）

1999年10月，隶属于美国海军第5舰队的导弹驱逐舰“科尔”号在也门亚丁港附近海域被炸，也门重新回到美国的视线当中，美国开始重新认识也门在美国中东大盘中的角色。2001年“9·11”事件后，也门被美国纳入全球反恐的重要区域，也门加强了与美国在情报等反恐领域的合作，双方签署了《安全合作谅解备忘录》。整体看来，进入新世纪后，在美国反恐的大背景下，也门与美国的关系被重新进行了定义，两国的关系也再度紧密起来。出于反恐需要，美国对也门的援助在数量和质量上都有了大幅度的增加，从1998年度开始，美国对也门的援助急剧增加。就经济援助而言，1997年大约为877万美元，1998年迅速增加到6075万美元，到2010年达到12534万美元。1998年和2010年的急剧增加与美国希望打击在也门的恐怖主义，尤其是“基地”组织的也门分支密切相关。

美国国际开发署2003年恢复在也门的活动，其活动重点多集中于基本教育、妇幼保健，农业等方面。从2003年到2009年，国际开发署重点在也门5个偏僻、贫穷、容易爆发政治冲突的地方开展活动，确定了5个省存在内部族群冲突、部落间冲突或者有“基地”组织存在。全国性的项目致力于提高健康与教育部的能力建设，地区和省级的项目集中在健康、教育和农业方面，交叉项目则包括提高为女性服务的水平、提高社区的参与水平，增强使用数据进行计划和管理的能力方面。开发署与公共部门、私人部门及其他捐助者合作，有选择地在全国开展活动，为长期的、可持续发展提供机会。①

表 4.10　1959 年至 2012 年美国对也门的援助（单位：百万美元）

年度	经济援助	军事援助	年度	经济援助	军事援助
1959	5.1		1986	35.89	0.98
1960	5.6		1987	45.50	1.20
1961	5.3		1988	33.69	1.99
1962	7.00		1989	35.26	1.01
1963	6.10		1990	43.68	0.60
1964	5.80		1991	8.20	0.03
1965	4.80		1992	7.02	
1966	2.80		1993	19.86	
1967	2.1		1994	3.76	
1968			1995	8.10	
1969			1996	1.68	0.05
1970	0.30		1997	8.77	0.05
1971	2.40		1998	60.75	0.14
1972	0.1		1999	42.87	0.12
1973	3.3		2000	56.82	0.41
1974	5.6		2001	40.19	0.20
1975	6.9		2002	1.56	20.49
1976	7.4/2.7	0.24/0.24	2003	38.95	2.95
1977	17.14	0.21	2004	57.48	15.80
1978	7.70	0.68	2005	16.24	12.99
1979	18.05	0.56	2006	35.58	9.30
1980	13.34	0.50	2007	25.40	12.42
1981	20.67	0.91	2008	31.78	4.86
1982	25.64	11.04	2009	56.78	3.80
1983	29.18	3.38	2010	125.34	13.65
1984	31.33	0.19	2011	79.28	24.05
1985	40.68	6.19	2012	237.44	21.06

数据来源：http：//gbk.eads.usaidallnet.gov/。

① USAID：2010－2012 Yemen Country Strategy http：//pdf.usaid.gov/pdf_ docs/PDACP572.pdf.

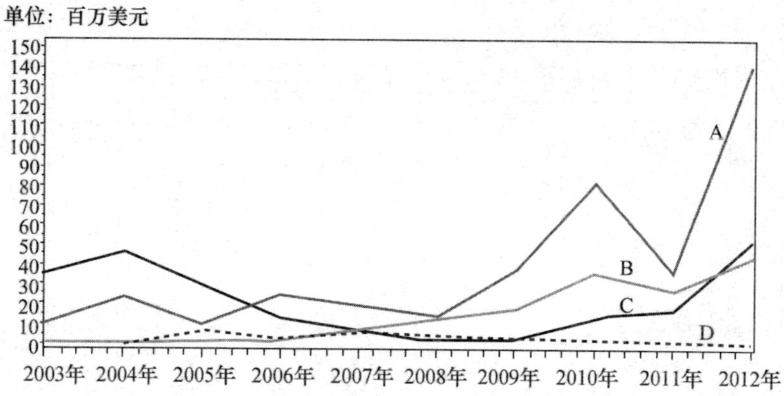

图 4.1 2003 年至 2012 年美国对也门经济援助总额（承诺值）

援助主管部门：A 美国国际开发署，B 国务院，C 农业部，D 其他经济援助。

注：不包括 1.27 亿美元的军事援助。

资料来源：http：//gbk. eads. usaidallnet. gov/。

（四）转型时期的援助（2011 年至 2015 年）

2011 年受北非和中东动荡局势的影响，也门发生了内乱。2014 年以来，也门局势持续动荡。2015 年 1 月，胡塞组织武装攻占总统府、官邸等地，总统哈迪和总理巴哈赫双双辞职。哈迪随后迁至南部城市亚丁。3 月 25 日，哈迪被迫出逃并流亡沙特。3 月 26 日起，沙特等 10 国发动“决心风暴”军事行动，对也门持续进行空袭。4 月 21 日，沙方宣布结束“决心风暴”行动，开启“恢复希望”行动。6 月 15 日至 19 日，也门各派在日内瓦举行和谈，但未达成任何成果。目前也门仍然处于政治过渡期。

美国根据也门的局势适当调整了其对也门的援助金额和重点。“美国支持也门政府和人民在海合会建议的基础上制定全面的战略，促进政治、经济和安全改革。美国的援助将致力于帮助也门政府满足民众的关键需求。”① 根据美国国务院的统计，2012 财政年度，美国的援助约为 3.56 亿美元、2013 年约为 2.56 亿美元、2014 年约为 1.42 亿美元。在这些援助

① U. S. Supportfor Yemen，http：//photos. state. gov/libraries/yemen/231771/PDFs/2014_02_27_YemenFactSheet_clean. pdf.

中，经济援助来自多个账户，其中比较大的是经济支持基金、发展援助账户和全球健康与儿童生存账户（Global Health Child Survival），美国国务院、发展署和也门政府等部门共同管理这些基金。军事援助，主要来自国务院和国防部的账户。国防部 1206 财户下的“训练和装备”基金是美国对也门军事援助的最主要的账户，该援助致力于增强其空军、特别行动部门和边界控制，以及海岸警卫部队的能力。2012 年，该账户下对也门的援助为 3742.6 万美元、2013 年为 4730 万美元，2014 年约为 6400 万美元。此外，在 2013 财年和 2014 财年，美国向也门提供了 1.809 亿美元的人道主义援助，这些资金通过开发署外国灾难援助办公室、食品换和平办公室，以及国务院人口、难民和移民办公室提供给国际援助组织。①

表 4.11　美国对也门的援助（2011 财年至 2014 财年）（单位：百万美元）

账户	2011	2012	2013	2014（估计值）
1206（国防部）	0	37.426	47.3	64.0
发展援助（DA）（开发署）	0	0	8.312	0
全球健康与儿童生存（GHCS）（开发署）	9.0	7.989	8.345	9.0
食品换和平（Food for Peace）（开发署）	20.0	54.803	50.208	52.761
经济支持基金（ESF（国务院）	55.0	65.353	78.881	13.0
中东伙伴关系倡议（MEPI）（国务院）	无数据	4.683	5.698	0
移民和难民援助账户（MRA）（国务院）	23.0	19.738	18.886	3.3

资料来源：U. S. State Department and Government Accountability Office, Report Number GAO-12-432R。

根据美国国际开发署的不完全统计，2014 财年美国对也门的援助为 18340 万美元，全部为经济援助，没有军事援助。其中人道主义援助约为 1.09 亿美元，治理援助约为 550 万美元。2015 财年美国对也门援助约为 1602 万美元，全部为经济援助，没有军事援助，其中人道主义援助约为 640 万美元，治理援助约为 550 万美元。② 这表明由于也门的局势变化，美

① Jeremy M. Sharp, Yemen: Background and U. S. Relations, November 19, 2014, CRS report RL34170.

② https://explorer.usaid.gov/country-detail.html#Yemen，2014 年和 2015 年的为不完全统计数字，截至 2015 年 10 月 1 日。

国的援助更多地是出于人道主义的考虑，美国对也门的援助正在进行新的调整和转型。

二、美国与对苏丹的援助

1952 年，美在喀土穆设联络处，苏丹独立后升为大使馆。美国从 1958 年起开始对苏丹提供援助。从 1958 年到 2012 年，美国对苏丹经济援助总额约 93.597 亿美元，军事援助总额 11.973 亿美元。

表 4.12 美国对苏丹援助总表（1958 年至 2013 年）（单位：百万美元）

	共同安全法时期（1958 年至 1961 年）	对外援助法案时期（1962 年至 2008 年）	对外援助法案时期（2010 年）	对外援助法案时期（2011 年）	对外援助法案时期（2012 年）	对外援助法案时期（2013 年）	全部无偿援助和贷款（1958 年至 2013 年）	全部贷款（1958 年至 2013 年）
全部经援	53.6	7437.0	868.4	716.4	358.9	266.2	9700.6	533.4
国际开发署及其前身负责的援助	53.6	2917.1	412.1	422.0	147.5	133.1	4085.5	44.2
农业部负责的援助		4096.3	347.3	210.4	167.9	102.9	4924.8	489.2
国务院负责的援助		360.3	106.3	82.1	43.0	29.8	621.5	
其他经援		63.3	2.6	1.9	0.6	0.5	68.8	
全部军援		1142.3	54.9				1197.3	101.5
全部军援与经援	53.6	8579.4	923.3	716.4	358.9	266.2	10897.9	634.9
非优惠贷款	26.7						26.7	26.7
进出口银行贷款	21.0						21.0	21.0

资料来源：U. S. Overseas Loans and Grants：Obligations and Loan Authorizations，July 1，1945 - September 30，2013　http：//pdf. usaid. gov/pdf_ docs/pbaaa800. pdf。

整体看来，美国对苏丹的援助也大致可以分为四个时期：1958 年至 1976 年为第一个时期，这一时期美国苏丹关系处于冷淡时期，援助也比较少。1977 年至 1989 年为第二个时期，这一时期出于反苏和地缘政治的考虑，美国改善了与苏丹的关系，对其援助也大为增加。1990 年至 2000 年为第三个时期，由于苏丹发生军事政变以及被美国指控支持恐怖主义，两国关系迅速恶化，美国除了人道主义援助之外基本上终止了对苏丹的援助。2001 年至 2015 年为第四个时期，出于反恐和推进南北对话的考量，美国适当调整了对苏丹的援助政策。

（一）低水平时期（1958 年至 1976 年）

尽管苏丹和美国在 20 世纪 50 年代就已经建立了外交关系，但是两国关系并不密切。1967 年，苏丹为抗议美国支持以色列对阿拉伯国家发动侵略战争而同美断交，直到 1972 年，苏丹与美国才恢复外交关系。整体看来，美国这一时期对苏丹的援助也是少量的、象征性的和低水平的。1958 年的经济援助只有 40 万美元，1959 年度增加到 3080 万美元，从 1960 年后则基本上保持在 600 万至 2000 万美元不等。到 1968 年，随着两国关系的恶化，美国进一步减少了援助，经济援助维持在 10 万至 30 万美元的水平，其中在 1970 年甚至取消了援助。

（二）迅速发展时期（1977 年至 1989 年）

20 世纪 70 年后期，美国出于对北非地缘政治的关注，特别是对利比亚问题和亲苏的埃塞俄比亚政权的担心而开始加强与苏丹尼迈里政府的关系。进入 20 世纪 80 年代，两国关系发展顺利（尤其是苏丹支持埃及和以色列之间的“戴维营协定”之后）。1977 年，美国重新向苏丹提供经济和军事援助。从 1978 年到 1984 年，美国对其经济援助迅速上升，1978 年为 1994 万美元，1984 年为 19748 万美元（2500 万美元的发展援助，5000 万美元的资助购买农产品，1.2 亿美元用于商品进口项目）。与此同时，美国还向其提供了一定量的军事援助。1979 年度为 529 万美元，1980 年增加到 2542 万美元，1982 年 8811 万美元。整体来看，到 1984 年，美国成为苏丹最大的援助国。由于苏丹达尔富尔等地出现旱灾，美国在1984年和1985年大幅度增加了人道主义援助和食品援助。1988年，达尔富尔出现大规模饥荒，美国国际开发署也提供了人道主义援助。

但是，苏丹日益恶化的政治经济形势，尤其是与叛乱分子的作战及在全国推行伊斯兰教法的政策，引起美国的不满，美国与苏丹的经济与政治关系受到影响。1985年尼迈里访美后，美国向苏丹提供了粮食援助、农药和化肥。1985年4月尼迈里被推翻，而苏丹并没有偿还贷款，美国停止了食品之外的所有援助。

可以看出，从苏丹独立起，美国就深深卷入了苏丹的内部事务。20世纪50年代和60年代，美国对苏丹的援助不多。20世纪70年代开始，出于冷战和反苏的需要，美国的援助开始增加，但仍然以经济援助为主，军事援助不多。20世纪80年代中期，美国成为苏丹最重要的援助国。

（三）两国关系紧张时期（1990年至2001年）

1989年巴希尔政变上台，又正值冷战结束，巴希尔政府的一些内政外交政策使苏丹的经济陷入困境并导致国际社会的制裁和孤立，苏丹同世界银行和国际货币基金组织的关系一度出现严重障碍。与美国的关系也急剧恶化。1993年，美国将苏丹列入支持恐怖主义国家的黑名单，并于1996年推动安理会通过决议，对苏丹进行外交和航空制裁。1997年，美国单方面对苏丹实施经济制裁。1998年8月，美国指责苏丹卷入美国驻坦桑尼亚和肯尼亚使馆爆炸案，并以苏丹希法制药厂生产违禁化学武器为由，用导弹炸毁该药厂，苏美关系严重恶化。从1990开始，美国援助数额开始减少，1989年经济援助为5683万美元，到1990年降低至2116万美元，直到2000年也只有5103万美元。同样值得关注的是，从1989年到2000年，美国完全取消了对苏丹的军事援助。实际上，美国根据其1961年对外援助法在1991年12月31日取消了所有双边计划。1992年4月，美国开发署在苏丹仅留了一个人道事务办公室处理人道主义问题。此后10年，美国的援助主要局限于对冲突、旱灾、洪水等灾害的人道主义援助。直到1998年，在国会的督促下，白宫才允许美国在苏丹南部部分地区提供发展援助，这些援助主要用于促进民间公民社会发展以及增强农村机构在财政、治理等方面的能力提高。①

（四）反恐背景下的调整时期（2001 年至 2015 年）

“9·11”事件后，苏丹政府在反恐问题上配合美国，两国关系较前有所缓和。2001 年，安理会取消对苏丹的制裁。但美国并未将苏丹从支持恐怖主义国家的黑名单中删除，仍单方面维持对苏丹的经济制裁。苏丹外交官员与美方多次接触，表示愿与美改善关系。但美国坚持将改善两国关系与苏丹落实北南《全面和平协议》和解决达尔富尔问题挂钩。2009 年 10 月，美国公布对苏丹新政策，由过去一味施压转为保持压力与进行接触并重，表示将与苏丹保持对话，推动达尔富尔问题解决和《全面和平协议》的落实，并根据苏方表现予以奖惩。2011 年 2 月，苏丹外长库尔提访美，美表示如苏丹承认南方独立，将启动把苏丹从支持恐怖主义国家名单中除名进程。但是直到 2015 年 7 月，美国以苏丹南科尔多凡州和青尼罗河州冲突仍在持续、苏丹政府拒绝国际人道主义援助等为由，依然未将苏丹从“支恐”名单中去除，并继续维持对苏丹的制裁。

进入新世纪，随着美国与苏丹关系的缓和与改善，美国对苏丹的援助开始上升，2002 年经济援助为 12190 万美元，2005 年超过 8 亿美元，2008 年和 2009 年都超过了 10 亿美元。与此同时，美国对其的军事援助也在相应增加。2005 年为 15730 万美元，2007 年达到 37010 万美，2010 年度回落到 500 万美元（见表 4. 13）。

从 2001 年开始，美国和挪威、英国一起发起对苏丹的人道主义援助。2005 年，《全面和平协定》签订后，美国对苏丹的援助进入一个新的阶段，苏丹成为美国在非洲和世界的重要关注国。在苏丹南部，美国国际开发署致力于为受战争影响的地区提供人道主义和重建支持，这项支持主要包括：援助无家可归人、提供基本食物和需要、通过农业和经济发展促进农业安全、帮助南苏丹自治政府实现转型、帮助提高儿童的入学率以及建立小额信贷机构以便创造战后经济的机遇等。

---

① http：//www. usaid. gov/sudan.

表 4.13　1959 年至 2012 年美国对苏丹的援助（单位：百万美元）

年度	总额	经济援助	军事援助	年度	总额	经济援助	军事援助
1959	30.80	30.80		1986	122.09	121.23	0.86
1960	13.01	13.00	0.01	1987	97.52	96.58	0.95
1961	9.41	9.40	0.01	1988	63.95	63.20	0.75
1962	13.24	13.20	0.04	1989	56.99	56.83	0.15
1963	11.23	11.20	0.03	1990	21.16	21.16	
1964	6.63	6.60	0.03	1991	50.10	50.10	
1965	6.51	6.20	0.31	1992	35.71	35.71	
1966	15.54	15.40	0.13	1993	53.86	53.86	
1967	21.63	20.00	1.63	1994	66.49	66.49	
1968	0.30	0.30		1995	30.13	30.13	
1969	0.30	0.30		1996	24.43	24.43	
1970				1997	27.81	27.81	
1971	0.1	0.1		1998	65.98	65.98	
1972	0.1	0.1		1999	92.77	92.77	
1973	15.31	15.30	0.01	2000	51.03	51.03	
1974	5.01	5.00	0.01	2001	95.85	95.85	
1975	8.20	8.20		2002	121.90	121.90	
1976	1.70 +0.10	1.70 +0.10		2003	187.76	187.76	
1977	6.48	6.39	0.08	2004	477.11	477.11	
1978	20.16	19.94	0.21	2005	1041.22	883.92	157.30
1979	42.87	37.58	5.29	2006	906.60	756.79	149.81
1980	121.76	96.35	25.42	2007	1175.63	805.53	370.10
1981	141.66	109.42	32.24	2008	1222.26	1001.10	221.16
1982	239.90	151.79	88.11	2009	1253.00	1214.32	38.68
1983	167.48	166.28	1.20	2010	944.55	889.61	54.94
1984	198.93	197.48	1.45	2011	524.29	524.29	
1985	349.95	303.57	46.38	2012	298.12	298.12	

数据来源：Source：US Overseas Loans & Grants [Greenbook]。

不过，美国对苏丹援助的增加并不意味着两国关系的改善。事实上，美国对苏丹的援助多是人道主义援助或者食品援助，而且还有相当部分是直接用于当时的南苏丹地区，美国对苏丹的军事援助多是美国为联合国维持和平部队的捐款。以 2003 年至 2010 年为例，美国的经济援助额度分别为从 2003 年的 2. 303 亿美元增加到 2010 的 9. 249 亿美元（见表 4. 13），食品援助也从 2003 年的 1. 48 亿美元增加到 2010 年的 3. 99 亿，但是食品援助的份额始终在 50% 上下。从 2005 年到 2010 年，美国对苏丹的军事援助为 1. 5730 亿、1. 4981 亿、3. 7010 亿、2. 2116 亿、0. 3868 亿、0. 5494 亿美元，维持和平支出为 157. 30 万、149. 81 万、370. 00 万、220. 82 万、38 万、54. 15 万美元。而根据美国国际开发署的不完全统计，2014 财年度美国对苏丹的援助为 1. 48 亿美元，其中人道主义援助约为 1. 38 亿美元，用于维持和平和防止冲突的援助约为 470 万美元。2015 财年美国对也门援助的 3317. 75 万美元，几乎全部是人道主义援助。[①] 这表明美国依然没有改变对苏丹的敌视，美国的援助更多地是出于人道主义的考虑，美国对苏丹援助政策并没有根本变化。

表 4. 14　2003 年至 2012 年美国对苏丹援助一览表（单位：百万美元）

年份 / 项目或账户	2003	2004	2005	2006	2007	2008	2009	2010	2011	2012
经济援助（总计）	230. 3	570. 8	1024. 20	848. 1	876. 8	1065. 00	1275. 40	924. 9	533. 9	298. 1
发展援助（USAID）	17. 6	66. 5	81. 6	56. 7	97. 6	121	51. 5	7. 6	−0. 5	−0. 2
农业部（总计）	148. 1	323. 3	565	425. 8	387. 7	545. 7	598. 5	329. 9	213. 3	167. 2
食品援助（总计）	148. 1	323. 3	565	425. 8	387. 7	545. 7	598. 5	329. 9	213. 3	167. 2
食品援助占经济援助的百分比（%）	64. 3	56. 6	55. 1	50. 2	44. 2	51. 2	46. 9%	35. 6	40%	56. 1%

资料来源：USAID, Overseas Loans and Grants Obligations and Loan Authorization, "The Greenbook"。

① https://explorer. usaid. gov/country-detail. html#Sudan2014，年为估计数字，2015 年为不完全统计数字，截至 2015 年 10 月 1 日。

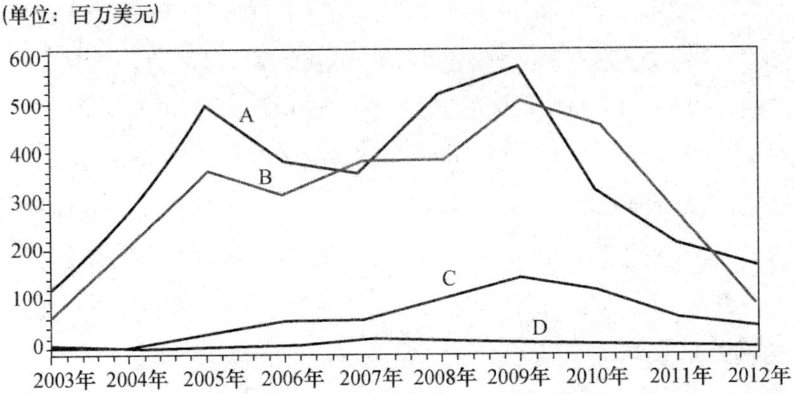

图 4.2 2003 年至 2012 年美国对苏丹的双边援助（承诺额）

曲线表示援助主管部门：A 农业部；B 美国国际开发署；C 国务院；D 其他经济援助。

注：其中不包括 9.92 亿美元的军事援助。

资料来源：http：//gbk. eads. usaidallnet. gov/。

第五节 中、美中东援助的比较：一致与差异

长期以来，国际援助一直是一个饱受争议的话题，但是有一条是不变的，那就是对于大国来说，对外援助始终是为其对外战略服务的，“无论何种形式的对外援助，本质上都是政治性的，主要目标都是促进和保护国家利益”。[①] 盘点中国和美国自 20 世纪 50 年代以来对中东和北非的援助，我们不难看出两国的对外援助有很多相同和相似的地方，也有不小的差异。

首先，中东和北非地区重要的地理位置和特殊的历史背景使其历来成为大国关注的重要地区，也是大国对外援助的重点地区。自 20 世纪 70 年代以来，中东地区一直是美国对外援助最多的地区之一。对于中国来说，尽管没有明确将中东和北非单独列为一个地区，但是无论是冷战时期出于支持亚非多个国家的民族独立运动而进行的援助，还是进入新时期强调经济外交和地缘经济而进行的援助，中东和北非的国家都是其中浓重的

① Hans J. Morgenthau, Preface to a Political Theory of Foreign Aid (Chicago: Rand Mcnally & Company, 1963, pp. 71－72.

一笔。

其次，在冷战期间，中美对中东的援助受意识形态的影响特别深刻。中国在这一时期的对外援助的政治目的比较明显，主要支持亚、非、拉争取独立的反美的第三世界国家。随着与苏联分歧的加深，中国开始争取非洲这一中间地带。后来，中国执行“以苏划线”的政策，对外援助的区域也体现了“以苏划线”的特点，中国重点援助那些受到苏联侵略和干涉的国家以及那些得不到苏联援助的民族解放组织。同时，中国增加了对非洲地区的援助，争取了越来越多的非洲第三世界国家的政治支持。美国对中东的政策一开始还能够基本保持中立，但很快就走上与苏联竞争的道路。美国逐步增加对以色列、埃及等国的援助，就深刻体现了美国援助政策的反苏意图。

最后，中美两国的援助政策都随着时代的发展而不断地进行调整。基本上，冷战和“9·11”事件都深刻影响了双方对中东的援助政策。冷战前，双方的意识形态因素在对中东的援助中占主导；冷战结束后，经济因素的考量日益上升。在“9·11”事件爆发后，双方都致力于从战略层次看待中东的地位，与中东许多国家的关系经历了一个再定义的过程，援助政策也更多地讲究战略性。

在强调中美对中东援助的形似同时，我们也必须看到，由于两国的国情和文化传统不同，两国的援助又存在着明显的差异。

首先，中国作为社会主义国家和新兴的援助国，对外援助始终坚持不干涉别国内政、不附加任何政治条件的原则。20 世纪 50 年代以来，中东和北非的许多国家内部发生了翻天覆地的变化，但是中国在对这些国家援助的时候，始终没有干涉他们的内部事务，始终保持着高度的一致性和连贯性。而美国作为发达的资本主义国家和成熟的传统援助国，对外援助中始终贯穿着要求被援助国接受“国际社会”公认的善治原则和有效的发展模式等理念，如果被援助国不接受这些理念，美国就减少甚至终止对其援助。20 世纪 80 年代后期，美国国会还通过一项专门针对设立援助条件的议案，议案要求美国政府在提供对外援助时要把受援国国内的经济和社会是否符合改革和调整（即结构调整中是否遵循了“华盛顿共识”）的条件作为重要的考虑因素。① 由于这些附加要求的存在，所以美国对许多中东和北非国家的援助（除了以色列等少数国家）在过去几十年都出现明显的波动。

其次，中美两国对中东的援助方式和分类不同。中国对外援助主要有8种方式：成套项目、一般物资、技术合作、人力资源开发合作、援外医疗队、紧急人道主义援助、援外志愿者和债务减免。对外援助资金主要包括无偿援助、无息贷款和优惠贷款三种类型。无偿援助主要用于受援方在减贫、民生、社会福利、公共服务以及人道主义等方面的援助需求；无息贷款主要用于受援方在公共基础设施和工农业生产等方面的援助需求；优惠贷款主要用于支持受援方有经济效益的生产型项目、较大规模的基础设施建设、提供大宗机电产品和成套设备。这对中东和北非的援助而言，冷战时期以无偿援助为主，冷战后无息贷款和优惠贷款的比例明显提高，不过无论是冷战前还是冷战后，中国的援助多涉及成套设备和基础建设。而美国的对外援助基本上可以包括经济援助、军事援助和其他援助，经济援助的具体形式主要有：资金援助、技术援助、粮食援助和债务减免四种类型。资金援助包括有偿贷款和无偿赠款两种情况。以也门为例，1946年至2012年，美国对也门的经济援助和军事援助总额为16.098亿美元，其中经济援助14.349亿美元，约占89.1%，可见美国对也门的援助以经济援助为主。在所有的贷款和无偿援助中，贷款约为1.821亿美元，约占11%，这说明美国对也门援助的资金主要为无偿援助。在所有的经济援助中，美国国际开发署及其前身负责的金额约为7.42亿美元，占整个经济援助的51%，这说明在对也门的经济援助中，该机构处于主导地位。同样值得关注的是，在美国对也门的援助中，食品援助的金额高达5.053亿美元，占整个经济援助的35%。此外，和平队的开支约为2030万美元。②

最后，中美两国对中东援助的透明度不同。长期以来，中国的对外援助透明度不高，对也门的援助也是如此。尽管商务部的一位高级官员在

---

① 李小云、王伊欢：《国际发展援助——发达国家的对外援助》，世界知识出版社2013年版，第465页。

② 数据参见：U. S. Overseas Loans and Grants：Obligations and Loan Authorizations，July 1，1945 - September 30，2012 http：//pdf. usaid. gov/pdf_ docs/pnaec300. pdf。

2013 年的一次新闻发布会上指出，“中国对外援助的一些基本统计数据和基本情况大家可以在财政部、商务部、国家统计局的网上查出来。透明还是不透明，大家可以作出评判”[①]，但是从公开的渠道很难找到完整、系统的数据也是一个不争的事实。由总部在伦敦的国际非政府组织“公布你的资助”（Publish What You Fund）公布的“援助透明指数”（Aid Transparency Index）中，中国 2013 年和 2014 年都排在最后。[②] 这种不够透明现象与中国作为新兴的援助国和对外援助问题比较敏感有关。而与此相对应的是，美国的对外援助比较成熟，透明度很高。在美国的相关网站中，我们不仅可以查到美国对特定国家的历年援助数据，也可以浏览相关援助政策和案例的出台背景，这不仅使得民众可以了解美国对外援助的去向，也有利于研究者利用公开数据进行科学研究和政策分析。

第六节　“一带一路”战略背景下中国对西亚和北非援助的调整

2013 年 9 月，习近平主席在哈萨克斯坦纳扎尔巴耶夫大学演讲时倡议用创新的合作模式，共同建设丝绸之路经济带。同年 10 月，习近平主席访问印尼期间，又提出构建“21 世纪海上丝绸之路”的战略构想。习近平提出的“一带一路”战略构想高瞻远瞩、审时度势，对密切中国同中亚、南亚周边国家以及欧亚国家之间的经济贸易关系，深化区域交流合作，统筹国内国际发展，维护周边环境，拓展西部大开发和对外开放的空间，都有着重大的意义。

在推进“一带一路”战略的背景下，中国对中东和北非的援助应该做以下的调整。

首先，中国应该重视中东和北非国家在“一带一路”战略中的作用，有计划地提升与核心国家的层次，加大对该地区的援助力度。在“一带一

① 《商务部回应中国援助非洲透明度等问题》，2013 年 8 月 29 日，新华网，http：//politics.people.com.cn/n/2013/0829/c70731-22740862.html。

② http：//www.publishwhatyoufund.org/.

路”的战略构想中，阿拉伯国家地处“一带一路”西端交汇地带，是“一带一路”建设的天然和重要合作伙伴[①]，诸如也门、苏丹等西亚和北非国家又是海上丝绸之路的核心国家。因此，在新的时期，中国与这些国家的关系对于全面推进“一带一路”战略无疑意义重大。为此，在中东和北非国家的转型基本完成后，仿效与卡塔尔的关系模式，逐步提高与核心国家的关系层次，从战略伙伴的角度来继续调整援助政策。应该配合“一带一路”战略，有系统地规划和加大对该地区的援助力度。2014 年 12 月，商务部援外司副司长俞子荣在一次吹风会上就明确指出，中国将加大对“一带一路”沿线和周边重点受援国的援助力度，新增援助资金主要向“一带一路”沿线国家和周边国家倾斜。[②]

其次，总结 50 多年来中国对西亚和北非的援助经验，将中国对该地区的援助模式在其他地方适度推广。以也门为例，在中国的对外援助中，也门可以视为中国对外援助比较成功的样本之一。自新中国与南、北也门建交以来，中国对也门的援助一直没有间断过，受国际因素和两国国内因素影响小；中国在也门完成援外项目数十个，包括公路、桥梁、纺织厂、五金家具厂、医院、学校的建设，其中荷台达—萨那公路（1961 年）、萨那纺织厂（1967 年）、萨那中等工业技术学校（1970 年）、塔兹革命医院（1976 年）、友谊立交桥（2000 年）、外交部办公楼（2007）等在也门影响较大；中国从 1966 年开始向也门派遣援助医疗队，到 2013 年累计派出援也医疗队员 3400 余人次，门诊量达到 1000 余万人次，住院量达到 18 万余人次，凭借精湛的医术赢得了当地人民的信赖和敬仰[③]；从 2002 年到 2014 年，先后有 1000 多名也门学员到中国研修和参训，交流领域涉及经贸、交通、开发区建设、电信、环保、水资源、中小企业发展、政府管理等各个方面。[④] 所有这些对也门经济社会发展起了很大作用，也成为两国友好合

---

① 《中国副外长：阿拉伯国家是“一带一路”建设的天然和重要合作伙伴》，2014 年 6 月 3 日，参见新华网，http：//news. xinhuanet. com/world/2014-06/03/c_ 126576643. htm。

② 《对外援助升级协力“一带一路”大战略》，2014 年 12 月 12 日，参见中国经济新闻网，http：//www. cet. com. cn/ycpd/sdyd/1401044. shtml。

③ 《中国白衣天使在也门：精湛医术赢得当地人民信赖》，2013 年 11 月 12 日，参见中国新闻网，http：//www. chinanews. com/gn/2013/11-12/5489298. shtml。

④ 《也门赴华研修学员畅谈中国改革开放的伟大成就》，2014 年 5 月 8 日，参见商务部网站，http：//ye. mofcom. gov. cn/article/jmxw/201405/20140500576284. shtml。

作的粘合剂。对于这些成绩和效果，应该适当地加以总结和完善，将也门模式适度向其他国家推广。

再次，借鉴美国的经验，以对也门的援助作为试点，配合援助办法的出台，改革对外援助。如前所述，近年来，对于中国的对外援助，国内外总有一些指责和反对的声音，这其中原因很多，但是缺乏宣传、透明度不高是其中一个重要原因。为此，我们可以借鉴美国的经验，着手建立自己的对外援助数据库，逐步地将这个数据库加以完善，可以考虑以中东和北非国家（如也门）为试点，全面公布无需保密的详细数据。此外，2014 年 11 月，商务部发布了中国第一部对外援助法规——《对外援助管理办法（试行）》。12 月，在中央外事工作会议上，习近平主席也指出，要切实落实好正确义利观，做好对外援助工作，真正做到弘义融利。为此，中国应该配合管理办法的出台，落实中央外事会议工作精神，改革对外援助工作。在这一个改革进程中，也门也可以成为试点国家，其中创新援外项目实施管理的模式，加大受援国的组织能力，发挥受援方的主观能动性，提高软援助，促进人力资源开发合作，尽快在也门建立孔子学院是其中的重点。

最后，处于新时期的中国在巩固传统援外方式的基础上，积极推进援外方式创新，适时开启“民间帮助民间”的援外思路。50 多年来，中国对外援助成果巨大，但是中国的援助与投资规模日益扩大，加之这些援助和投资往往是以双边的形式进行，中国招致的批评和误解也越来越多。2015 年 3 月，一些智库和民间组织提出，中国需要从“政府帮助政府”转变到“政府帮助政府加民间帮助民间”，从纯粹政府扮演的单一化的政府外交，向“政府主导 + 民间组织”共同扮演互补角色的立体外交转变，进一步从立体外交向每一个中国公民在国际交往中都扮演民族使者和国际主义使者角色的全民外交转变。笔者赞同这一观点，并认为在过去的几十年中，中国在政府主导的对外援助方面总体上相当成功，但是在民间对外援助方面还有相当的欠缺。就中东和北非而言，这些国家的情况相当复杂，很多国家政府的力量相对较弱，社会和部族势力强大，教派矛盾丛生，在新的条件下危机重重。为此，要继续保持与政府的接触，但同时要考虑通过半官方和民间的力量开拓对外援助的新领域，致力于发展与这些国家的民间关系。2015 年以来，也门持续发生动荡，中国对也门的援建项目也被迫停止。也门已经出现了新的人道主义危机。在这种情况下，在提供新的人道主义援助同时，招募民间力量进入该国，并制定长期的活动方案，不失为一个好办法。

就地理分布来看，西亚与北非地区是当代世界地理版图和政治版图的枢纽地带，历来为大国所关注。50 多年来，中国和美国都向西亚和北非地区提供了一定的援助。作为新兴的援助国，中国对西亚和北非的援助开始于 20 世纪 50 年代，50 多年来经历了意识形态和政治因素主导、经济外交与能源合作主导和战略调整与外交转型三个时期。中国对也门和苏丹的援助是其中的典型代表。作为老牌和成熟的援助国，美国对西亚和北非的援助也经历了反苏、重塑中东格局以及反恐三个时期。美国对也门和苏丹的援助是美国中东和北非援助的重要组成部分，从中可以一窥美国的援助政策、方式与分布。作为成熟的援助国的美国与新兴的援助国的中国，对该地区的援助有相同的一面，也有显著的差异。美国是近现代西方对外援助的发起国，是对外援助的绝对数量最多的国家，其对外援助体系也相对成熟。中国作为新兴的援助国，正在国际援助格局中扮演着日益重要的角色。近年来，中国正在致力于建立一套有中国特色的对外援助体系。在这一进程中，借鉴和消化美国的对外援助经验，可以进一步规范政府的对外援助行为，避免对外援助的随意性，使得对外援助更好地为中国的对外战略服务。

（江涛*）

* 江涛，中央财经大学国际政治系副主任、副教授，研究领域为中美关系、冲突后重建。

第五章

中国对非洲的援助

新中国成立60多年来，对非援助成就巨大，使中国政府广交非洲朋友，并在重要时刻为中国自身的政治经济利益赢得了宝贵的支持。这几年对非援助开始越来越成为国内外学界关注的热点，涌现出海量的学术论文和专著。对非援助发展已经多年，笔者看来，外界对于中国政府的对非援助的疑问主要集中于以下几点：第一，中国政府的口号和实际意图是否一致？多年来的对非援助的理念和原则是否真的存在实质性变化？第二，对非援助的规模越来越大，非洲这么多国家，到底大头归了哪些国家？为什么是这些国家？资料公开不公开？第三，这些援助的实际效果究竟有没有细致的报告？是否各个国家和领域都有相关的调查数据？第四，现在国内外对于中国的对非援助普遍呈负面舆论，对非援助的前景究竟如何？只有随着相关数据的公开（尤其是中国政府方面官方的数据公开），任何对非援助的实质研究才能真正展开。本章只能做一些初步的讨论。

笔者一向认为，对非援助是中国外交战略的重要一环，首先服从于中国的利益需要。中国多年的对非援助实践大致遵循的正是这一理念。

本章大体依据"中国国情需要与中国对非援助的历史演变"、"对非援助的中国模式"、"案例研究：中国对安哥拉的援助"、"对非援助的前景和困境"顺序展开，对中国的对非援助做出笔者的概括，并提出自己的思考和建议。

第一节　中国国情需要与中国对非援助的历史演变

新中国成立至今已经有60多年的历史，国际形势、世界经济、中国国情、各国国情都经历了复杂、曲折、多样的变化和发展，整部中国对外援助史也同样波澜起伏。其中，中国的对非援助作为中国对外援助至关重要的一部分，也随着中国对外援助政体理念、方式、内容的变化而经历着演变。

中国的对非援助始于20世纪50年代，当初作为一个一穷二白的新成立国家，作为一个实质上仍然接受苏联援助的国家，中国为何要以牺牲自己的迫切资源需要而向远在天涯的陌生国度伸出援手？半个多世纪的发展，援助非洲的理念和政策究竟是否有实质性的变化？这种变化的原因是什么？对于这些问题的认识决定了如何看待对中国对非援助政策（包括整个对外援助政策）及其未来走向。

当前国内对于中国对非援助历史的系统性研究尚不存在，历史考察仅仅作为其他具体研究的一种附属品或准备性章节而存在，而对其进行的历史阶段划分也各不相同。有学者按照年代进行划分，比如，魏雪梅将中国对非援助历史理解为20世纪50年代、20世纪60年代、20世纪70年代到改革开放前、改革开放后至冷战结束前、20世纪90年代、21世纪以来的中国对非援助，一共6个阶段。① 刘鸿武等则大体以20世纪80年代为界，将中国对非援助划分为两个阶段："20世纪80年代以前，重在援助非洲的民族解放事业，80年代以后，则着眼于非洲社会经济的发展"。② 吴兆契则分为三个阶段：初期阶段（建国至20世纪60年代）；发展阶段（20世纪60年代中期至20世纪70年代中期）；调整、改革、稳定阶段（改革开放以后）。③ 总体而言，笔者大体认同吴兆契的划分，即对非援助经历了初期的必要性和后来的发展期之后，经历了改革调整并进一步发展的阶段。

本章的论述试图将对非援助放在大的中国对外援助历史进程中加以分析，并兼及更为宏观的世界格局和中国形势的时代分析。因此，下文的划分主要依据整个对外援助发展历程而展开（而不仅仅局限于对非援助），

---

① 魏雪梅：《冷战后中美对非洲援助比较研究》，中国社会科学出版社2013年版，第21—59页。

② 刘鸿武、罗建波：《中非发展合作：理论、战略与政策研究》，中国社会科学出版社2011年版，第298页。

③ 吴兆契主编：《中国和非洲经济合作的理论与实践》，经济科学出版社1993年版，第39—71页。

同时关注点着眼于对非援助。依赖这样的线条，笔者试图更为清晰和宏观地展示中国对非援助的历史脉络和具体历程，以及每一步变化发展的重大历史原因。

一、新中国成立初期（1949 年至 1963 年，对非援助则从 1956 年开始）

为何中国共产党在新中国建立之初一穷二白的境地之下，还要近乎倾举国之力来援助其他国家，尤其是远在天涯的非洲国家？对外援助事实上随着新中国建立就已经开始进行，有着重要的战略利益和政治考虑，是当时中国对外政策的重要组成部分，对巩固新政权和开创外交局面起了非同小可的作用。当然对于受援助国来说，这也算是雪中送炭。

1949 年，新中国刚刚成立，百废待兴，新政权面临的最大问题是巩固自身以及在国际上获得承认，同时需要尽快恢复国民经济。当时获得国际承认的“中国政府”仍然存在前各国与国民党政府的外交关系大体上均未断绝。这使得新中国外交面临诸多困局，首先就需要考虑建立不同于国民政府的与世界各国的外交关系。新中国的总体外交方针包括“另起炉灶”、“打扫干净屋子再请客”、“一边倒”和“团结世界各族人民”。

而此时，第二次世界大战结束之后，美、苏两国出于本国利益的考虑，同时由于意识形态、生活方式、追求目标的巨大差异，在共同的敌人希特勒及其他法西斯同盟被消灭之后，由战时的盟友转向了战后的敌手，由此开启了长达半个多世纪的冷战。两国利用战时各自的影响力和便利所带来的朋友或被解放者，同时拉拢和集聚更多的盟友，最终在国际上形成了以美、苏为中心的两个几乎处处针锋相对的阵营互相对峙的格局。

新中国在这一时局下谋求自身的生存，几乎没有什么中立的可能。美、苏两国与中国的关系并非一开始就定下，美国对待中国经历了一段时间的变化和徘徊，即便中国最终走向苏联，与苏联关系从一开始也已经埋下嫌隙。[①] 但最终，出于意识形态、国家安全等的长远考虑，中国最终选择了苏联阵线。这就是“一边倒”政策。倒向苏联阵营，就意味着新中国立即获得了许多社会主义国家的承认，而这决定了中国政府一开始就处于国际共产主义的责任而对社会主义国家伸出援手（新中国一成立，越南就请求援助），对外援助（尤其是对社会主义国家的援助）就成为了新中国重要的外交手段，“这一阶段，中国先后向 21 个社会主义国家和一些亚洲的发展中国家提供了援助”。[②] 具体来说，虽然新中国成立伊始，就将“团结世界各族人民”作为外交方针，但从迫切性、现实考虑和中国国力来说，从 1949 年到 1956 年，新中国并未将非洲国家列为援助的对象，而更为迫切地援助社会主义国家。

非洲国家从 1956 年起进入新中国的视野并开始作为中国对外援助的对象，同样主要是出于政治考虑。这一时期非洲的民族解放运动如火如荼地展开，反对殖民统治、追求民族解放的斗争是非洲政治的主要内容。出于相同的历史命运和阶级同情，也出于中国共产党的国际主义情怀和全人类解放意识，同时出于进一步打开新中国外交困局的考虑，中国开始重视与非洲国家的关系，对非援助也随之开始。

1955 年 4 月，周恩来代表中国政府参加了万隆会议，并会见了参会的 6 个非洲国家代表。在万隆精神的影响下，中国与非洲国家的关系进一步升温。1956 年 4 月，埃及宣布承认中华人民共和国，与中国建交，这是第一个与新中国建交的非洲国家。1956 年 8 月，埃及试图收回苏伊士运河公司，导致英、法干涉，苏伊士运河战争爆发，中国不仅在道义上支持埃及，同时向埃及政府无偿提供了 2000 万瑞士法郎，中国红十字会捐给埃及 10 万元人民币的医药物资。[③] 毛泽东对埃及驻华大使说：“我们的帮助没有条件。你们有什么需要，只要我们能力所及，一定帮助。”[④] 因此，确切

---

① ［美］张少书著，顾宁、刘凡、李皓译：《朋友还是敌人——1948—1972 年的美国、中国和苏联》，中央编译出版社 2014 年版。

② 刘鸿武、黄梅波等：《中国对外援助与国际责任的战略研究》，中国社会科学出版社 2013 年版，第 82 页。

③ 张郁慧：《中国对外援助研究（1950—2010）》，九州出版社 2012 年版，第 106 页。

④ 《毛泽东外交文选》，中央文献出版社、世界知识出版社 1994 年版，第 249 页；转引自张郁慧：《中国对外援助研究（1950—2010）》，九州出版社 2012 年版，第 106 页。

地说，中国的对非援助始于1956年，迄今已经有58个年头。

同是这一时期，中国向阿尔及利亚临时政府提供了价值7000多万人民币的物资、军火和现汇援助，还接受阿尔及利亚军官来华培训，这是中国对非援助史上的首次军事援外培训。1958年，几内亚独立，1959年，中国向几内亚提供了1500吨大米的粮食援助。1960年，中国和几内亚签订了经济技术合作协定，向几内亚提供2250万卢布的无息贷款，用于提供成套设备和技术援助。几内亚的火柴厂和卷烟厂是中国在非洲援建的第一个成套项目。到1963年底，中国先后同加纳、马里、索马里等国家政府签订经济技术合作协定。①

总体来看，这一时期的中国对非援助有如下一些特点：

第一，对非援助仅仅是新中国对外援助的一个部分，远非其中的重要部分。在“一边倒”方针的指引下，对社会主义国家的援助显然更为重要和更具战略意义。

第二，对外援助（包括对非援助）主要出于浓重的意识形态和国家利益的考虑，更重要的是由于新中国的战略必需，而非出于任何其他因素。而这一时期的对外援助（包括对非援助）是中国外交政策重要的组成部分，对于获得其他国家的支持、巩固新生的人民政权、打开外交困局，确确实实起到了至关重要的作用。笔者不认同有些学者所持有的认为中国作为穷国进行对外援助和强调国际主义，会“损害本国利益”的说法②，当时新中国面临的生存问题完全超越了穷与富的考虑，虽然对国内经济建设造成了一定的压力，但仍实为必须和必要。政治，有时候不能仅仅算经济账。

第三，这一时期最重要的援助为对社会主义国家的援助，主要的方式是军事援助，而对非援助则以经济援助和人道主义援助为主，主要的形式包括粮食援助、现汇援助、成套项目援助和技术援助。

第四，这一时期的对非援助已经充分体现了平等、合作的精神，同时

---

① 张郁慧：《中国对外援助研究（1950—2010）》，九州出版社2012年版，第106—107页；魏雪梅：《冷战后中美对非洲援助比较研究》，中国社会科学出版社2013年版，第22—23页。

② 刘鸿武、黄梅波等：《中国对外援助与国际责任的战略研究》，中国社会科学出版社2013年版，第88页。

中国的援助已经呈现不附带任何政治条件的特点（不附带政治条件并不意味着对非援助不带有任何政治考虑和利益考虑），对于受援助的非洲国家而言是“雪中送炭”，体现了中国的国际责任和国际道义，为中国在困难的时代赢得了一批朋友。

第五，对非援助主要采取直接给予或者直接输入的方式，一方面中国原本就不充沛的国力使得这种援助方式难以为继；另一方面这种方式有时造成了一小部分国家的依赖性。比如拿了援助就交好，不拿援助就不满，甚至指责中国大陆或与台湾当局重新交好。这种后遗症直至今日仍然在非洲的某些国家中有所体现。

二、对非外交的突然发展期（1964 年至 1970 年）

20 世纪 60 年代是中国内外交困的年代。尤其在国际上，美国阵营继续敌视新生的人民政权，中、苏两党之间的分歧日渐公开，两国日益交恶。中国在外交上采取了“两个拳头打人”的政策，既反对美国的帝国主义，又反对苏联的修正主义。因此，在两大阵营之外寻找“中间地带”的民族独立国家成为中国的现实需要，同时也是赖以反对美、苏两大阵营势力的重要战略。自 20 世纪 60 年代起，非洲的民族解放运动达到高潮，无数新兴的民族独立国家走上国际舞台，争取这一批新兴国家的支持是中国的迫切需要，而这些新兴国家大多长期遭受宗主国殖民统治，经济基础薄弱，严重缺乏资金和技术，迫切需要援助来解决和缓解自身的危机。中国和非洲国家基于相互的需要开始更多地接触和交往，到 1963 年，与中国建交的非洲国家已经达到了 14 个。

这一时期中国的对外援助开始将对非援助作为重点，中国与非洲的关系开始蓬勃发展起来。其标志性的事件是 1964 年周恩来在非洲访问期间提出的中国对外援助的“八项原则”，中国对外援助的基本理念开始初步形成，而这“八项原则”主要是针对在非洲的援助实践而提出的。主要内容有：“第一，中国政府一贯根据平等互利的原则对外提供援助，从来不把这种援助看作是单方面的赐予，而认为援助是相互的。第二，中国政府在对外提供援助的时候，严格尊重受援国的主权，绝不附带任何条件，绝不要求任何特权。第三，中国政府以无息或者低息贷款的方式提供经济援助，在需要的时候延长还款期限，以尽量减少受援国的负担。第四，中国政府对外提供援助的目的，不是造成受援国对中国的依赖，而是帮助受援国逐步走上自力更生、经济上独立发展的道路。第五，中国政府帮助受援国建设的项目，力求投资少、收效快，使受援国政府能够增加收入，积累资金。第六，中国政府提供自己所能生产的、质量最好的设备和物资，并且根据国际市场的价格议价。如果中国政府所提供的设备和物资不合乎商定的规格和质量，中国政府保证退换。第七，中国政府对外提供任何一种技术援助的时候，保证做到使受援国的人员充分掌握这种技术。第八，中国政府派到受援国帮助进行建设的专家，同受援国自己的专家享受同样的物质待遇，不容许有任何特殊要求和享受。”①

在这“八项原则”的指引下，中国的对非援助进入了一个新的发展时期。援助的国家显著增多，对外援助的国家由 21 国增加到 32 国，主要增加的是对非洲国家的援助。1965 年至 1969 年期间，中国对非洲的援助基本保持在年均 0. 2 亿美元的水平，且比较集中在坦桑尼亚、赞比亚、几内亚等国家。②

从援助的领域和形式来看，这一时期非洲国家正在努力争取民族解放和巩固政权的斗争，因此中国的对非援助中军事援助占了非常大的比重。中国“对 23 个正在进行民族解放运动的国家”③ 提供了资金、武器、武装人员培训的援助，从 1961 年至 1971 年，中国对非洲的军事援助达到 4200 万美元，其中坦桑尼亚是接受中国军事援助最多的国家，中国向其提供军事援助总额达到了 3500 万美元，占了本阶段中国对非洲军事援助总支出的 83% 。④

经济援助和其他援助同样继续进行。被中国视为最重要援助对象的坦桑尼亚获得经济援助高达 3. 25 亿美元⑤，著名的坦赞铁路也是这时开始修

---

① 《周恩来外交文选》，中央文献出版社 1990 年版，第 388—389 页。
② 魏雪梅：《冷战后中美对非洲援助比较研究》，中国社会科学出版社 2013 年版，第 24 页。
③ 刘鸿武、黄梅波等：《中国对外援助与国际责任的战略研究》，第 94 页。
④ 魏雪梅：《冷战后中美对非洲援助比较研究》，中国社会科学出版社 2013 年版，第 24 页。
⑤ 刘鸿武、黄梅波等：《中国对外援助与国际责任的战略研究》，第 95 页。

建的，一共历时 6 年，全长 1860 公里，中国政府投入资金达 4.55 亿美元[①]，铁路的建成有力支撑了南部非洲国家的民族解放运动，大大提高了中国在非洲大陆的影响。坦赞铁路成为中非友谊的标志，也是中国这一时期大幅度提高对非援助的标志。中国专家帮助马里成功试种甘蔗和茶树，又帮助马里建成了糖厂和茶叶加工厂。到 1967 年，中国先后同几内亚、马里、阿尔及利亚、索马里、刚果、埃及、肯尼亚、乌干达、坦桑尼亚、赞比亚、毛里塔尼亚等 12 个国家签订了援助协议，除了直接提供物资和现汇外，主要是承担成套项目。[②] 同时，应非洲国家的要求，中国从 20 世纪 60 年代起向非洲派遣医疗队，到 1970 年中国共向非洲 8 个国家派出了援外医疗队。

总之，这一时期的中国对非援助有如下一些特点：

第一，由于国内外形势的影响，对非援助在中国对外援助中的地位和比重更为关键，甚至可以说是最重要的部分（当然，对社会主义国家的援助仍然是很大部分，比如阿尔巴尼亚）。因此对非援助的规模，无论是受援国的数量还是援助的金额、力度都大幅度增加，相对于上一个阶段，这一时期的对非援助快速发展。

第二，对非援助中产生了中国对外援助的“八项原则”，成为中国对外援助的基本准则和规范。

第三，对非援助的主要驱动力仍然为现实的外交利益考虑，虽然援助中不附带任何政治条件，但援助行为的做出并非毫无政治考虑。比如，1971 年中国恢复在联合国及其安理会的一切合法权利，非洲国家的支持发挥了非常巨大的作用。

第四，这一时期的对非援助在形式上多样化，但由于现实需要，军事援助占了很大部分，经济援助、人道主义援助、医疗援助、援助培训等都有了开始和较大的发展。既帮助受援国实现自身的独立和政权的巩固，又帮助他们尽可能地在经济上发展起来。

第五，这一时期大体上仍然延续了新中国建立之初对外援助的“输血

---

① 刘鸿武、黄梅波等：《中国对外援助与国际责任的战略研究》，中国社会科学出版社 2013 年版，第 19 页。

② 张郁慧：《中国对外援助研究（1950—2010）》，九州出版社 2012 年版，第 120 页。

式”、“世界给与式”的援助模式。到了这一时期的后期，国内开始“文化大革命”给国家带来了深重的灾难，国内的生产等停滞，这一类的援助模式难以为继的苗头开始显现。

三、“文革”时期的对非援助高潮和转向（1971 年至 1978 年）

“文化大革命”的 10 年，国内经济濒临崩溃。同时这一时期中国同苏联进一步交恶，同美国关系则走向缓和。中国的对外援助呈现了初期大幅增加，后又开始回落的情况。大幅增加的主要原因有四个：

第一，1971 年对中国而言是一个特殊的日子，中国恢复了在联合国及其安理会的一切合法权利，中国的国际地位大幅度提高，与中国建交的国家数量猛增，越来越多的非洲国家与中国建交。到 1979 年，与中国建交的非洲国家达到 41 个。中国的援助受援国达到了 68 个。第二，与苏联交恶，使得中国开始增加对曾受苏联侵犯或干涉或未得到苏联援助的国家的援助。为了防止越南等国家倒向苏联，大幅度增加对越南、老挝等国的援助额度。第三，非洲国家与中国大陆建交的前提都是与台湾当局断交，它们迫切希望新中国能够接替原国民政府原先的援助项目。第四，前期签约的坦赞铁路，以及大量公路、大批农业水利项目等成套项目开始实施，数额巨大。

由于与苏联交恶，对非援助已经成为这时中国对外援助的最重要组成部分，因此对非援助在 20 世纪 70 年代初期有了急剧的增加，1970 年至 1973 年，中国的对外援助每年都以接近或超过 10 亿元的速度增长，1970 年至 1975 年中国对非洲的经济援助为 319 万美元，是 1961 年至 1969 年对非洲经济援助的 6.9 倍。[①]

这样一种以意识形态为主导、领导个人决策为方针的单向的经济援助，完全不可能在国内经济因大动乱而濒临崩溃的情况下延续很久。因此，从 1975 年起，中共中央开始决定压缩和调整对外援助支出，这种调整主要着眼于应急性地压缩规模：“在‘五五’计划时期，将援外支出占财政支出的比例，由‘四五’时期预计的 6.3% 降至 5% 以内，援外总额基

---

① 张郁慧：《中国对外援助研究（1950—2010）》，九州出版社 2012 年版，第 137 页。

本维持‘四五’水平，大约每年50亿元。”在对外援助的方式上，也做了改变。1975年起，通过贸易形式向第三世界国家提供成套设备的情况增多，不再完全进行单向的经济援助。1977年，中共中央转发对外经济联络部的《关于进一步做好援外工作的报告》，报告中建议，今后如无特殊情况，援外支出占财政总支出的比例，以不超过4%为宜。1978年，对非援助又做了一些调整："在经济援助方面，不再单纯提供普遍援助，而是强调在提供必要的援助时，要量力而行和互利互惠；在军援方面，除向解放运动组织继续提供无偿军援外，像非洲独立国家提供的军事装备和器材改为收取成本费；在医疗队服务方面，要求受援国负担中国医务人员的生活费和国际机票，并不再向对方普遍提供医疗器械和药品"。①

总之，这一时期的对非援助有如下一些特点：

第一，总体上仍然遵循以往的对非援助方式，还是以直接或单向的援助为主，即便是随着后期的调整也并非是实质性的调整，最重要的仅仅是压缩规模、向受援助国收取成本费用等。正因为如此，20世纪70年代仍然作为一个整体，并没有将中后期列入下一个阶段。

第二，这一时期是中国对非援助的高潮期，援助的范围和规模空前膨胀，已经到了中国政府难以为继的边缘。但从政治上说，这一时期的对非援助仍然对中国而言有着至关重要的政治利益，为中国争取和留住了一大批朋友，在与苏联对抗的过程中起到了至关重要的作用。

第三，20世纪70年代中后期对于对非援助的总体性调整非常迫切和必要，适应了当时中国的国情，也适应了当时对外援助实践中碰到的诸多问题（比如某些国家依赖性过大、对中国援助的浪费、国内经济压力过大），同时开启了对非援助调整变化的进程。对认识今日中国对非援助的理念、政策的形成有着重要的意义。

① 张郁慧：《中国对外援助研究（1950—2010）》，九州出版社2012年版，第140页。

四、改革开放后的调整期（1979 年至 2000 年）

改革开放以后，中国的对外援助（包括对非援助）发生了实质性的变化。这一时期，全球的民族解放运动进一步发展，到 1990 年左右，亚、非、拉各国几乎所有的殖民地和半殖民地国家都已经独立，因此民族解放运动的任务由争取民族独立走向争取经济发展。这使得需要援助的国家空前增加，中国对外援助的方式亟需反思和做出调整。而一些国家对中国援助的依赖以致产生不拿援助就不满，甚至拿了援助仍推行“反华”政策或与台湾当局交好的情况，也使得中国政府开始反思和调整自己的对外援助政策。最为关键的原因在于，中国国内对时代主题的认识有了重大的变化，不再谈全球革命、阶级斗争，和平与发展成为时代主题，于是中国外交的主要任务变成为国内的改革开放和经济发展创造条件，不再把主要精力放在寻找敌友关系上。这从根本上决定了中国必然对改革开放之前总体上以意识形态和敌友阵营划分为主要政治目的的对外援助加以变革。

1982 年至 1983 年，中国提出了中非经济技术合作四项原则，主要内容有：“第一，中国同非洲国家进行经济技术合作，遵循团结友好、平等互利的原则，尊重对方的主权，不干涉对方的内政，不附带任何政治条件，不要求任何特权。第二，中国同非洲国家进行经济技术合作，从双方的实际需要和可能的条件出发，发挥各自的长处和潜力，力求投资少、工期短、收效快，并能取得良好的经济效益。第三，中国同非洲国家进行经济技术合作，方式可以多种多样，因地制宜，包括提供技术服务、培训技术和管理人员、进行科学技术交流、承建工程、合作生产、合资经营等等。中国方面对所承担的合作项目负责守约、保质、重义。中国方面派出的专家和技术人员，不要求特殊的待遇。第四，中国同非洲国家进行经济技术合作，目的在于取长补短，互相帮助，以利于增强双方自力更生的能力和促进各自民族经济的发展。”①

这“四项原则”是对“八项原则”的发展，是新时期中国对外援助的重要指导思想，而其与“八项原则”的差异尤为引人关注：“四项原则”

① 国务院法制办公室：《回眸新中国同非洲国家开启外交关系 50 周年》，http：//www. chinalaw. gov. cn/article/xwzx/szkx/200611/20061100026121. shtml，2014 年 9 月 14 日访问。

更为强调经济援助和双方的经济利益，不再那么重视军事援助；更为强调援助的双向性、合作性，即双方都能获益；更为强调量力而行，这与之前（尤其是“文革”时期的决策）的对外援助不重视本国的经济实情有重大差异。

在这一新的指导思想下，中国的对外援助（包括对非援助）发生了实质性的变化。按照《中国的对外援助（2011）》白皮书的说法：“1978 年中国实行改革开放后，同其他发展中国家关系的经济合作由过去单纯提供援助发展为多种形式的互利合作。中国根据国情适度调整了对外援助的规模、布局、结构和领域，进一步加强对最不发达国家的援助，更加注重提高对外援助项目的经济效益和长远效果，援助方式更为灵活。为进一步巩固已建成生产性援助项目成果，中国同部分受援国开展了代管经营、租赁经营和合资经营等多种形式的技术和管理合作。一些已建成援外生产性项目通过采取上述合作模式，在改善企业经营管理和提高生产水平等方面，取得了比传统技术合作更为显著的成效。经过调整巩固，中国对外援助走上了更加适合中国国情和受援国实际需求的发展道路。”①

与此相关，中国的对非援助也进行了相应的改革。比如，中国将于 20 世纪 60 年代和 20 世纪 70 年代援建的马里糖厂、甘蔗厂、卷烟厂和火柴厂进行以中方人员为主、对方参与的合作管理。对马里皮革厂进行补偿合作方式（中国轻工公司向马里提供部分信贷，马里以企业生产的产品销售给中方，以此偿还贷款；马里糖厂在接受中方轻工公司信贷的同时，由中方代为管理）。另外还有与第三国合作，如卢旺达姆塔拉农业项目就是由加拿大考察规划并提供资金，并由中国公司组织实施的。②

1994 年以后，中国自身加快了从计划经济向社会主义市场经济转变的过程，非洲各国亦希望中国能改变援助模式，新形势要求对非援助与市场经济相结合。因此 1994 年之后，中国开始对对外援助进行一系列的改革，“重点是推动援助资金来源和方式的多样化”③。比如，中国推出的具有援

---

① 国务院新闻办公室：《中国的对外援助（2011）》，http：//www. scio. gov. cn/zfbps/ndhf/2011/Document/896983/896983. htm，2014 年 9 月 14 日访问。

② 张永蓬：《国际发展合作与非洲：中国与西方援助非洲比较研究》，社会科学文献出版社 2012 年版，第 93—94 页。

③ 国务院新闻办公室：《中国的对外援助（2011）》，http：//www. scio. gov. cn/zfbps/ndhf/2011/Document/896983/896983. htm，2014 年 9 月 14 日访问。

助性质的政府贴息优惠贷款和援外项目的合资合作经营方式，一些非洲国家先是不了解、不接受，通过中国政府高层官员的宣传努力，最终非洲国家逐渐接受了中国新的援助方式。到1999年，中国已经向24个非洲国家提供了39笔优惠贷款，正式启动实施的项目30个，中国企业同21个非洲国家企业一起创办了46个合资合作项目。①

总之，这一时期的对非援助有如下一些特点：

第一，仍旧坚持平等、不附加政治条件等基本的中国对外援助特色。

第二，中国对非援助发生了实质性的变化：由强调政治、军事转向强调经济援助和经济利益。

第三，对非援助的互利互惠越来越明显，甚至很多时候，援助与合作已经变得难以区分，形成了中国对非援助的新特色。

第四，援助的方式和内容多种多样，规模不断扩大，同时又坚持量力而行。

第五，援助的深层次以及援助的互惠性，也给中国对非援助实践中带来了不少问题。援助和合作越深入，越需要面对如何分配利益、企业如何遵守所在国法律、不同文化间民族的相互交往问题，等等。同时互惠性也让西方很多国家质疑中国对非援助是否无私，甚至是否算作真正意义上的“援助”。不附带政治条件的援助所导致的某些邪恶政权得以维持，使得原本中国自以为傲的援助特色如今越来越遭到西方国家的质疑。

第六，尤其是新世纪以来，中国积极开始将对非援助纳入多边机制中，依赖多边努力来推进对非援助和自身的发展。

五、新世纪以来的新变化（2000年至2014年）

进入新世纪，中非合作论坛成立，并且逐渐变成了一个机制性、长久性的设置，这为中非的交流与合作提供了一个稳定、健康的平台。自2000年中非合作论坛成立以来，中国积极在论坛框架下同非洲国家开展发展合作，逐步增加对非洲援助力度，有效促进中非关系的全面发展。

2011年的《对外援助报告》首次将2000年后对非援助政策概括为如

① 魏雪梅：《冷战后中美对非洲援助比较研究》，中国社会科学出版社2013年版，第39页。

下几点：

“坚持帮助受援国提高自主发展能力。实践证明，一国的发展主要依靠自身的力量。中国在提供对外援助时，尽力为受援国培养本土人才和技术力量，帮助受援国建设基础设施，开发利用本国资源，打好发展基础，逐步走上自力更生、独立发展的道路。”

“坚持不附带任何政治条件。中国坚持和平共处五项原则，尊重各受援国自主选择发展道路和模式的权利，相信各国能够探索出适合本国国情的发展道路，绝不把提供援助作为干涉他国内政、谋求政治特权的手段。”

“坚持平等互利、共同发展。中国坚持把对外援助视为发展中国家之间的相互帮助，注意实际效果，照顾对方利益，通过开展与其他发展中国家的经济技术合作，着力促进双边友好关系和互利共赢。”

“坚持量力而行、尽力而为。在援助规模和方式上，中国从自身国情出发，依据国力提供力所能及的援助。注重充分发挥比较优势，最大限度地结合受援国的实际需要。”

“坚持与时俱进、改革创新。中国对外援助顺应国内外形势发展变化，注重总结经验，创新对外援助方式，及时调整改革管理机制，不断提高对外援助工作水平。”①

这是在1964年之后第一次较为完整地提出中国对非援助的政策。

习近平总书记主政以来，外事工作的重点转向了亚洲地区，但非洲仍然被视为中国外交的重要一环，对外援助的重心仍然在非洲。其上任之初即出访非洲，强调“中非关系发展没有完成时，只有进行时”，并在访非期间提出了中国与非洲交往的“四字箴言”，即“真、实、亲、诚”，并提出中国与周边和发展中国家交往要树立“正确的义利观”。习近平指出，“义，反映的是我们的一个理念，共产党人、社会主义国家的理念。这个世界上一部分人过得很好，一部分人过得很不好，不是个好现象。真正的快乐幸福是大家共同快乐、共同幸福。我们希望全世界共同发展，特别是希望广大发展中国家加快发展。利，就是要恪守互利共赢原则，不搞我赢你输，要实现双赢。我们有义务对贫穷的国家给予力所能及的帮助，有时甚至要重义轻利、舍利取

---

① 国务院新闻办公室：《中国的对外援助（2011）》，http：//www. scio. gov. cn/zfbps/ndhf/2011/Document/896983/896983. htm，2014年9月14日访问。

义，绝不能惟利是图、斤斤计较。对周边和发展中国家，一定要坚持正确义利观。只有坚持正确义利观，才能把工作做好、做到人的心里去。政治上要秉持公道正义，坚持平等相待，遵守国际关系基本原则，反对霸权主义和强权政治，反对为一己之私损害他人利益、破坏地区和平稳定。经济上要坚持互利共赢、共同发展。对那些长期对华友好而自身发展任务艰巨的周边和发展中国家，要更多考虑对方利益，不要损人利己、以邻为壑。”①

王毅外长特意做了解读：“正确义利观是习近平主席去年访问非洲期间提出的，我们将认真贯彻落实。义是指道义。中国在同非洲国家交往时应道义为先，坚持与非洲兄弟平等相待，真诚友好，重诺守信，更要为维护非洲的正当权利和合理诉求仗义执言。利是指互利。中国在与非洲国家交往时决不走殖民者的掠夺老路，决不效仿资本家的唯利是图做法，也不会像有的国家只是为实现自己的一己私利，而是愿与非洲兄弟共同发展、共同繁荣。在此过程中，中方会更多考虑非洲国家的合理需求，力争通过合作让非洲早得利、多得利。在需要的时候，我们还要重义让利，甚至舍利取义。当年的坦赞铁路是正确义利观的一个典范，今天屹立在亚的斯亚贝巴的非盟会议中心是另一个例证。”② 正确的义利观作为新时期对非援助的重要依据，将在很长的时间内成为我国对非援助的指导思想。

李克强总理在出席2014年世界经济论坛非洲峰会时发表关于对非援助的重要讲话，阐述和展示了下一阶段中国政府对非援助的具体政策：在“461”中非合作框架下同非洲合作。李克强解释，“四大原则”就是坚持平等相待、团结互信、包容发展以及创新合作。“六大工程”包括产业合作、金融合作、减贫合作、生态环保合作、人文交流合作以及和平安全合作。“一个平台”完善中非合作论坛这一重要平台。

李克强指出，中国已成为世界上重要的经济体，但仍然会继续尽其所能扩大对非洲的援助，无论是在质量还是在数量上都是如此，我们会把一半以上的外部援助放在非洲。

① 王毅：《正确义利观是中国外交的一面旗帜》，http：//news. xinhuanet. com/2014-01/11/c_118923106. htm，2015/3/4。

② 王毅：《正确义利观是中国外交的一面旗帜》，http：//news. xinhuanet. com/2014-01/11/c_118923106. htm，2015/3/4。

中国将为非洲提供更多人、财物方面的援助，加强在非金融援助，拟将对非洲提供贷款的额度从200亿美元提高到300亿美元。中国会实施各种包括三方以及多方的形式为非洲开发提供助力。非洲开发的关键在于非洲的工业，中国会支持劳动密集型的行业去非洲进行投资，支持中国企业在非洲当地开工厂，并且在非洲增加更多非农业的岗位，特别是能够适应年轻人的岗位。中国会关注非洲最需要的领域，比如减贫、农业、健康、清洁水源以及环境污染等，帮助更多的非洲国家和人民，继续向非派遣医疗队。中国也支持非洲提高粮食出口，并且提高粮食加工行业的标准，中国也准备好了同非洲分享这方面的经验，会提供种子技术，绝对没有任何保留。也会推动非洲的能源以及资源行业转型。中国会关注在绿色及低碳方面的合作，敦促中国企业履行他们的社会责任，要求这些企业遵守当地的环保法律，严厉打击违法行为。中国将向非洲提供1000万美元援助，专门用于保护非洲野生动物资源，促进非洲的生物多样性，促进非洲可持续发展。①

第二节　对非援助的中国模式

中国的对外援助有自己的特色、原则，有着完全不同于西方国家的基本精神，在近半个世纪的实践和发展变化中，中国对非洲的援助已经有了自己的风格和特色，成为中国对非洲外交的重要组成部分，并对中国及其他地区的援助和交往产生了具有示范性的良好效应。本节主要考察中国（尤其是进入新世纪以来的）对非援助的基本模式。

一、对非援助的基本原则

首先必须明确，中国的对外援助“具有鲜明的时代特征”，必须首先符合“自身国情和受援国发展需要”。中国作为世界上最大的发展中国家，自身的发展是更为艰巨的现实任务，这就决定了“中国的对外援助属于南

① 李克强：《超半数对外援助放在非洲》，http：//news. qq. com/a/20140509/002148. htm，2015R3/4。

南合作范畴，是发展中国家间的相互帮助”。[①] 只有将中国正确理解为一个最迫切发展自身的世界上最大的发展中国家，将中国的对外援助理解为发展中国家之间的相互帮助，将中国的对外援助置于南南合作的范围之内，而不是从财大气粗的施舍者的角度来理解，才能找到准确理解和研究中国的对外援助的入口。而这一点，也正是理解和研究中国对非政策的起点和基础。

对非援助是中国对外援助的关键组成部分，对外援助的重要总体原则有一些正是在对非援助的实践中提出来，以及从对非援助的实践中总结出来的。对外（非）援助的基本原则经历了一个深化发展但并非先后替代的过程，各个时期提出的原则一同构成了我国对外援助的基本原则，时至今日都在发挥着重要的作用。第一，是周恩来总理在 1954 年提出的“和平共处五项原则”，即“相互尊重主权和领土完整、互不侵犯、互不干涉内政、平等互利、和平共处”。这“五项原则”并非针对对外援助，但却是整个中国对外交往的基本原则，直到今天仍然指导着我国的对外援助，同时可以在各种对外援助的原则、政策中看到其影响。这“五项原则”为我国的对外援助（包括对非援助）在近半个世纪的时间里取得辉煌成就发挥了关键作用。第二，即为上一节提到的“八项原则”。第三，即上一节提到的“平等互利、讲求实效、形式多样、共同发展”四项原则。这三大原则经历了深化和发展的过程，同时又保持了基本核心理念的一致性和政策的延续性，它们一同构筑起了中国对非援助的基本原则，指导和推动了中国对非援助的实践向前发展。

国务院关于对外援助的重要白皮书《中国的对外援助（2011）》中明确规定了中国的对外援助政策，同时也规定了中国对非援助的基本政策。具体内容包括：“坚持帮助受援国提高自主发展能力。实践证明，一国的发展主要依靠自身的力量。中国在提供对外援助时，尽力为受援国培养本土人才和技术力量，帮助受援国建设基础设施，开发利用本国资源，打好发展基础，逐步走上自力更生、独立发展的道路。坚持不附带任何政治条件。中国坚持和平共处五项原则，尊重各受援国自主选择发展道路和模式的权利，相信各国能够探索出适合本国国情的发展道路，绝不把提供援助

---

① 国务院新闻办公室：《中国的对外援助（2011）》，http://www.scio.gov.cn/zfbps/ndhf/2011/Document/896983/896983.htm，2014 年 9 月 14 日访问。

作为干涉他国内政、谋求政治特权的手段。坚持平等互利、共同发展。中国坚持把对外援助视为发展中国家之间的相互帮助，注意实际效果，照顾对方利益，通过开展与其他发展中国家的经济技术合作，着力促进双边友好关系和互利共赢。坚持量力而行、尽力而为。在援助规模和方式上，中国从自身国情出发，依据国力提供力所能及的援助。注重充分发挥比较优势，最大限度地结合受援国的实际需要。坚持与时俱进、改革创新。中国对外援助顺应国内外形势发展变化，注重总结经验，创新对外援助方式，及时调整改革管理机制，不断提高对外援助工作水平。"①

有学者将中国对非洲援助自成特色的方式总结成"发展引导型援助"②，以此区分于西方国家的对非援助。这一种概括很好地将中国对非援助的原则、内容和基本精神均囊括在内。"发展引导型援助"是一种通过"援助＋合作"方式帮助和引导受援国实现自主发展，并最终实现受援国与援助国共同发展为目的的援助。它在援助理念上，坚持"平等互助、共同发展"；在援助方式上，强调"平等协商、互利互惠"；在援助目的上，致力于"以援助促发展，以发展促合作，以合作实现共同繁荣"。③ 总之一句话，发展引导型援助试图以援助带动发展，而且是双方的共同发展。

就内涵上看，"发展引导型援助"以发展为核心要义，中国对非援助的初衷和目的都是为了实现共同发展，因而发展是贯穿中非关系始终的一根主线；"发展引导型援助"以平等和不附加任何政治条件为基础，这种模式大大有别于美国以附加价值观为前提的援助模式，有别于日本以附加商业利益和政治诉求的援助模式，有别于欧洲国家附加"良治"为前提的援助模式。可以说，不附带任何政治条件是中国对非洲援助的精髓所在，也是发展引导型援助的核心特质；援助方式上，中国以受援国利益为导向，"回顾新中国成立以来的对非援助，优先考虑非洲国家的利益诉求，有针对性的提供援助，切实满足受援国当地发展经济的基础性需要，是中

---

① 国务院新闻办公室：《中国的对外援助（2011）》，http://www.scio.gov.cn/zfbps/ndhf/2011/Document/896983/896983.htm，2014年9月14日访问。

② 张海冰：《发展引导型援助——中国对非援助模式研究》，上海人民出版社2013年版，第96页。

③ 张海冰：《发展引导型援助——中国对非援助模式研究》，上海人民出版社2013年版，第96页。

国对非援助成效显著的一个重要原因”。[①] 从前文的概括可以看到，中国对非洲国家的援助经历了“一味输血”到“造血”的变化，“发展引导型援助”正是这一变革中中国援助模式的创新和变化，这意味着发展引导型援助本质上是一种变化创新的模式，它需要与时俱进，顺应非洲人民和中国自身的需要，及时调整和变化。[②]

对于中国对非援助的基本精神，国内已经有了诸多概括，而这些概括大体上都大同小异。张郁慧概括为：中国传统和合文化、重义轻利的义利观念、仁者爱人的仁爱精神、封贡体系遗产等的影响；国际主义原则；统一战线理论的延伸；互惠互利、共同发展。[③] 魏雪梅概括为：以“和合”为核心的传统文化；国际主义原则；互惠互利、共同发展。[④] 刘鸿武等概括为：尊重非洲国家的主权；秉持平等待人的外交风格；优先考虑非洲国家的发展需要；结合中国国内发展议程的变迁。[⑤]

笔者认为，中国对非援助的基本特点大致可以归纳为三点：第一，国家利益与国际主义相结合；第二，平等待人及不带政治条件；第三，结合国情的需要和经济实力调整具体的对外援助内容。

国家利益与国际主义相结合，这一点是中国对非援助最基本的精神。一方面，从前一节对中国对非援助历程的大体概括中可以看到：虽然不附带任何政治条件，但每一个阶段中国的对非援助都有着浓重的政治考虑和国家利益的考量。对外援助（包括对非援助）作为中国对外政策的重要组成部分，国家利益的考虑永远是任何外交政策的首要基础。从来没有无缘无故的援助，对于一个自身仍然面临艰巨的发展任务、自身仍然接收大量海外援助的发展中大国而言，就更是如此。丁韶彬的一段话很值得注意：“中国对外援助的互惠交换常常被否认或刻意回避，而代之以对不附加任何条件（有时表述为‘不附加任何经济条件’）的强调，把不附加条件片

① 张海冰：《发展引导型援助——中国对非援助模式研究》，上海人民出版社 2013 年版，第 96—105 页。

② 张海冰：《发展引导型援助——中国对非援助模式研究》，上海人民出版社 2013 年版，第 96—105 页。

③ 张郁慧：《中国对外援助研究（1950—2010）》，九州出版社 2012 年版，第 54—78 页。

④ 魏雪梅：《冷战后中美对非洲援助比较研究》，中国社会科学出版社 2013 年版，第 60—68 页。

⑤ 刘鸿武、罗建波：《中非发展合作：理论、战略与政策研究》，中国社会科学出版社 2013 年版，第 306—308 页。

面理解为援助完全是出于利他主义动机。实际上，我们没有必要回避对外援助的互惠交换性。”① 事实上，从前一节的概述中可以发现，中国政府从来没有回避中国的对非援助，事实上更关键的是出于政治考虑。当然，这种国家利益的考虑并不要求受援国本身做出意识形态的屈从或政体上的改变承诺。不附带任何政治条件，只能从这个意义上去理解。

另一方面，国际主义是中国共产党意识形态的重要组成部分。我们党是以马克思列宁主义为指导思想，马克思主义本质上是一种革命主义的思潮，“革命主义思想家强调的是人类社会，认为国际关系的实质在于超越国家分野的人和人的关系。世界一分为二，一边是信仰或经启迪必能信仰普天之下皆兄弟的上帝选民或好人，另一边是阻碍人类共同体实现的异端或坏人。人有权利，亦有责任推翻邪恶的现状。革命主义者往往把自己当作人类普遍利益的唯一代表者和正义原则的唯一阐释者，并致力于实现解救被现状所压抑、所扭曲的人类共同体。显然，在革命主义思想家那里，国内与国外并无真正的区别，不存在有真正的独特主体、独特性质和独特规律的国际关系。”② 阶级是一个超越国家的关键性马克思主义范畴，支持全世界的无产阶级反对资产阶级的统治和剥削、支持世界各国人民（尤其是殖民地半殖民地国家人民）的争取独立和自主的民族解放运动，是中国共产党的国际主义责任和义务之一。对这些国家和地区的无产阶级进行援助，是中国对外援助（包括对非援助）的重要组成部分。尤其是在“文革”期间，国际主义几乎成为中国外交的最高准则，中国外交的目的就是为了推进世界革命。因此，这一时期，中国承担了西方国家都不敢或不愿意承担的坦赞铁路的工程，并在国内一片经济萧条的情况下，为这条铁路的修成付出了巨大的财力和人力支出。之后，随着改革开放的进行，中国的外交越来越淡化意识形态，国际主义也越来越不再强调革命主义的层面，在新的时代，国际主义被中国政府赋予了新的内涵，“坚持共产主义信仰的基础上，提倡各国自主选择社会制度和发展道路，不同社会制度和文明的国家和平共处、友好合作，以促进和维护世界的和平发展及全人类

---

① 丁韶彬：《大国对外援助——社会交换的视角》，中国社会科学出版社 2013 年版，第 254 页。

② 时殷弘、叶凤丽：《现实主义·理性主义·革命主义——国际关系思想传统及其当代典型表现》，载于《欧洲》1995 年第 3 期。

的共同利益"。[①] 正因为国际主义的内涵发生了新的变化，在结合国家利益和国际主义这两点时，必须坚持对外援助（包括对非援助）中国家利益的考虑优先于国际主义，在确保不违背国家利益的前提下，坚持国际主义原则，为非洲各国人民提供力所能及的援助。

同时，中国的对非援助跟西方的对非援助有着根本性的差别，这种差别在冷战结束之后的一段时间内尤其明显。西方国家推行民主援非，利用经济援助的手段，要求非洲国家推行西方的民主政治。中国则以"民生援非"或者"不附带任何政治条件援助非洲"。最近几年，西方的民主援非政策遭遇困境，非洲诸多政府不乐意接收西方强制灌输式的民主模式，同时转变为民主模式后的那些非洲国家发展并不乐观，很多国家甚至更为贫困。这使得西方国家开始思考民主援非的有效性并对此有所淡化。但附带"民主转变"要求，仍然是西方对非援助的重要附带条件。中国的这种以改善民生为特质的对非援助，受到了非洲国家尤其是政府的欢迎，并切实地对民众生活的改善起了重大的作用。但这种不附带政治条件的对非援助在实践中遭到了一些质疑，并且也开始产生一系列问题。

二、对非援助的金额

依据最新的中国对外援助白皮书，截至2009年底，中国累计对外提供援助金额达到2526.9亿元人民币；截至2012年底（官方只公布到这一年），中国对外援助总资金达到3456.3亿元人民币。2010年至2012年，中国对外援助金额为893.4亿元人民币，其中非洲地区接受援助达到51.8%（见图5.1）。通常认为实际的情况远高于这一数字。美国国会研究报告通常并不采用中国政府白皮书中的数据。

美国国会报告采用的另一份数据来自纽约大学瓦格纳学院，这份报告统计了中国2000年以后的对非援助，数据远高于中国政府公布的数据。根据这份报告，中国仅从2002年到2007年就已经提供对外援助747.4亿美元，其中对非援助为331.43亿美元，占了44.34%。这一数字几乎是中方公布数字的两倍。

① 魏雪梅：《冷战后中美对非洲援助比较研究》，中国社会科学出版社2013年版，第65页。

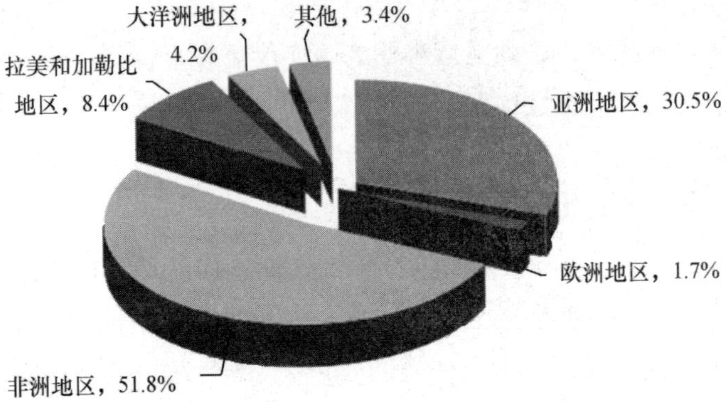

图 5.1 2010 年至 2012 年中国对外援助资金分布（按援助地区划分）

资料来源：《中国的对外援助（2014）》，http：//news. xinhuanet. com/politics/2014-07/10/c_1111546676. htm，2015 年 1 月 20 日访问。

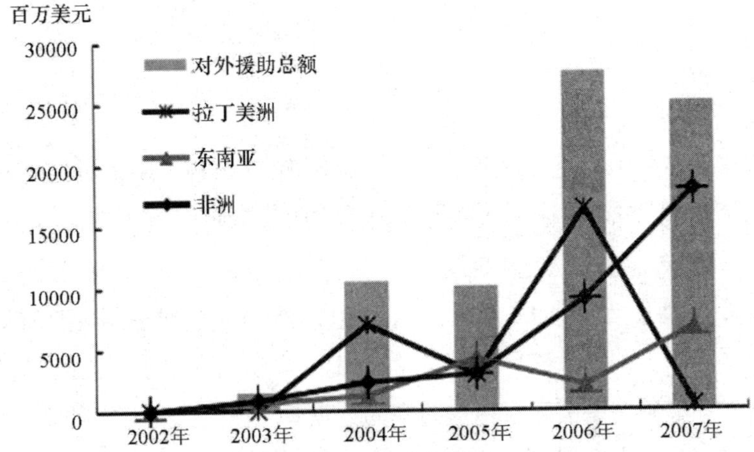

图 5.2 纽约大学瓦格纳学院统计数据

资料来源：NYU Wagner School，Understanding Chinese Foreign Aid：A Look at China's Development Assistance to Africa，Southeast Asia，and Latin America，April 25，2008。

但即便数据有差异，两份报告都显示中国在 2000 年以后对非洲的援助有突然的明显增加。依据图 5.2，中国对非援助在 2010 年只有 1000 万美元，而到了2007年直接增至179.62亿美元，涨幅惊人。这一增长最重要的原因是这一时期经合组织发展援助委员会（简称DAC）国家对非洲援助大幅减少，中国才得以大幅增加援助。

非洲一向是全球最贫穷国家的集聚地。一直以来，国际社会包括DAC国家都有长期的对非援助经验，但非洲国家的经济发展一直不见起色，到21世纪初期，各大国对非洲的兴趣越来越少，对非援助的金额也越来越小。这为中国进入非洲提供了契机。

从图5.3可以看出，DAC国家对非援助从20世纪60年代开始一直增加，到了90年代则开始减少，2000年以来的数年更是降低幅度巨大，而此时正是中国开始逐步进入非洲，大幅增加对非援助的时间。当然，从下图也可以看出，随着中国在非洲活动越来越多，在非洲不断发现新能源和资源储备，西方国家近年又开始重新关注非洲，大幅度增加对非洲的援助，并有意无意地与中国在非洲的存在产生竞争关系。

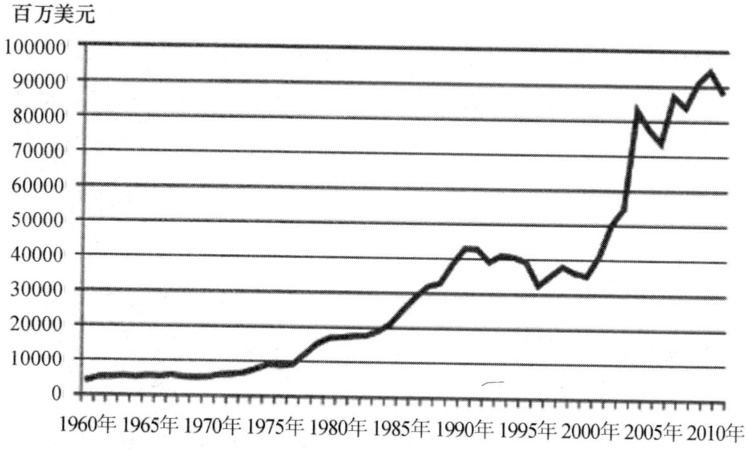

图5.3　1960—2012年DAC成员国对非洲援助金额

资料来源：OECD数据库。

三、对非援助的内容

总体来看，中国对外援助资金主要有三种形式：无偿援助、无息贷款和优惠贷款。中国对非洲的援助，具体则可分为以下八种：成套项目、一般物资、技术合作、人力资源开发、援外医疗队、紧急人道主义援助、援外志愿者和债务减免。

（一）成套项目

中国共在80个国家建设成套项目580个，重点集中于基础设施和农业等领域（见表5.1）。成套项目是这样一种援助模式："中国投资援助的项目，从设计到施工，通常几乎不假他人之手，全部由中国企业的中国工人来完成，速度快、效率高，完工之后，整个系统很像一个交钥匙工程，直接移交给当地。某种程度上看，它与传统苏联东欧国家的对外援助项目的思路如出一辙，即重点在把东西给你。与之形成鲜明对比的，是西方国家对非援助项目，往往会更侧重于它的长期经营和可持续化发展。无论是经营型项目还是公益性事业，不但对管理程序和日后的正常运营、维护、可持续性都有极为严格复杂的程序，甚至还要求配套的法律法规。即使是信贷或资金项目援助，也对每一笔款项的用途和审批监督制定出苛刻的条件。其重点更考虑将来经营的可持续性。"① 毫无疑问，成套项目体现了中国当前对外援助的两个主要特征：一是以实物为主，而非以资金为主；二是成套项目的经营和后续管理匮乏。这一点也经常受到诟病，但从中国的现实国情来看，成套项目的援助易于成本控制，体现了中国现阶段国情发展的水准，同时成套项目援助也可以解决一部分国内就业问题，体现了发展引导型援助的"共同发展"的思路。但确实存在管理上的缺陷，或者整套项目的未来持续发展完全依赖于受援助国自身的管理和运营能力，而这一点一般很难得到保障。

表5.1　2010年至2012年中国对外援助成套项目

行业	项目数（个）
社会公共设施	360
其中：医院	80
学校	85

---

① 《光靠钱是不够的——中国非洲援助模式反思》，http：//dingdawei13. blog. 163. com/blog/static/18321613020115282193388 4/，2015年1月20日访问。

续表

行业	项目数（个）
民用建筑	80
打井供水	29
公用设施	86
经济基础设施	156
其中：交通运输	72
广播电信	62
电力	22
农业	49
其中：农业技术示范中心	26
农田水利	21
农业加工	2
工业	15
其中：轻工纺织	7
建材化工	6
机械电子	2

资料来源：《中国的对外援助（2014）》，http：//news. xinhuanet. com/politics/2014 －07/10/c_111546676. htm，2015 年 1 月 20 日访问。

（二）提供一般物资

一般物资援助是指中国在援助资金项目下，向受援国提供所需生产生活物资、技术性产品或单项设备，并承担必要的配套技术服务。仅 2010 年至 2012 年，中国共向 96 个国家和地区提供物资援助 424 批，主要包括办公用品、机械设备、检测设备、交通运输工具、生活用品、药品以及医疗设备等。

（三）技术援助

技术援助是指由中国派遣专家，对已经建成成套项目后续生产、运营或维护提供技术指导，就地培训受援国的管理和技术人员；帮助发展中国家为发展生产而进行试种、试养、试制，传授中国农业和传统手工艺技术；帮助发展中国家完成某一项专业考察、勘探、规划、研究、咨询等。技术合作是中国帮助受援国增强自主发展能力的重要合作方式。仅2010年至2012年，中国共在61个国家和地区完成技术合作项目170个，主要涉及工业生产和管理、农业种植养殖、文化教育、体育训练、医疗卫生、清洁能源开发、规划咨询等领域。

（四）人力资源开发合作

人力资源开发合作是指中国通过多双边渠道为发展中国家举办各种形式的政府官员研修、学历学位教育、专业技术培训以及其他人员交流项目。仅2010年至2012年，中国在国内举办了1951期培训班，其中包括官员研修班、技术人员培训班、在职学历教育项目等，为其他发展中国家培训人员49148名。中非合作论坛第五届部长级会议通过“北京行动计划（2013年至2015年）”，明确提出“中国和非洲重申致力于增强非洲国家人力资源能力建设，强调这是非洲国家的优先领域。满意地看到，在双方的共同努力下，中方提供的奖学金项目和举办的各类培训研讨项目，涵盖农业、工业、卫生、教育、通信、媒体、科技、防灾减灾、行政管理等多个领域，为非洲人力资源开发做出了积极贡献。中国政府将实施‘非洲人才计划’，在今后三年为非洲培训各类人才3万名，提供政府奖学金名额18000个，并注重优化培训内容、提高培训质量。中方将为非洲援助职业技术培训设施，为非洲国家培训职业技术人才，尤其帮助非洲青年和妇女提高就业技能。”①

（五）派遣援外医疗队

援外医疗队是指中国向受援国派出医务人员团队，并无偿提供部分医疗设备和药品，在受援国进行定点或巡回医疗服务。仅2010年至2012年，中国就向54个国家派遣55支援外医疗队，共计3600名医护人员，开展定点或巡回医疗服务，诊治患者近700万人次。非洲是“中国援外医疗队派驻人数和国家最多的地区……（2009年止）中国向45个非洲国家和地区

---

① 《中非合作论坛第五届部长级会议——北京行动计划（2013年至2015年）》，中非合作论坛网站：http://www.focac.org/chn/ltda/dwjbzzjh/hywj/t954617.htm，2015年1月21日访问。

派遣过医疗队”。[①] 中非合作论坛第五届部长级会议提出：“中方将继续做好向非洲派遣援外医疗队工作，今后三年向非洲派遣1500名医疗队员”。[②]

（六）紧急人道主义援助

紧急人道主义援助是指中国在有关国家和地区遭受各种严重自然灾害或人道主义灾难的情况下，主动或应受灾国要求提供紧急救援物资、现汇或派出救援人员，以减轻灾区人民生命财产损失，帮助受灾国应对灾害造成的困难局面。仅2010年至2012年，中国就向30余个国家提供紧急人道主义援助，包括物资和现汇援助，价值约15亿元人民币。

（七）援外志愿者[③]

援外志愿者是指中国选派志愿人员到其他发展中国家，在教育、医疗卫生和其他社会发展领域为当地民众提供服务。目前，中国派出的志愿者主要有援外青年志愿者和汉语教师志愿者。仅2010年至2012年，中国向60多个国家派遣青年志愿者和汉语教师志愿者近7000名。“截止到2009年11月，中国共向19个国家派出了441名青年志愿者，其中向非洲15个国家派出312人，占总数的70.75%，主要从事汉语教学、英语教学、音乐教学、农业技术、计算机技术、体育、医疗卫生等领域的援助。中国青年志愿者的援助非洲服务，增强了中非友谊，加深了中非相互了解，为非洲培养了大量人才，提高了非洲国家发展的能力，磨练了青年志愿者的毅力，对于中非国际合作长期可持续发展，以及建立和谐世界都具有重要意义。”[④]

（八）债务减免

债务减免是指中国免除部分发展中国家对华到期政府债务。对于受援国

① 张海冰：《发展引导型援助》，第114页。

② 《中非合作论坛第五届部长级会议——北京行动计划（2013年至2015年）》，中非合作论坛网站：http://www.focac.org/chn/ltda/dwjbzzjh/hywj/t954617.htm，2015年1月21日访问。

③ 《中国志愿者精神在非洲绽放》，中非合作论坛网站：http://www.focac.org/chn/zxxx/t1229684.htm，2015年1月21日访问。

④ 吴绪永、张俊虎、徐建培：《中国向非洲派遣青年志愿者的实践与思考》，《西亚非洲》2010年第9期，第67页。

对华政府债务，中国政府从不施加还款压力。在受援国偿还到期无息贷款遇到困难时，中国政府一向采取灵活的处理方式，通过双边协商延长还款期限。为进一步减轻经济困难国家的债务负担，中国政府在2000年中非合作论坛第一届部长级会议、2005年联合国发展筹资高级别会议、2006年中非合作论坛北京峰会、2008年联合国千年发展目标高级别会议、2009年中非合作论坛第四届部长级会议和2010年联合国千年发展目标高级别会议上，先后6次宣布免除与中国有外交关系的重债国和最不发达国家对华到期无息贷款债务。截至2009年底，中国与非洲、亚洲、拉丁美洲、加勒比和大洋洲50个国家签署免债议定书，免除到期债务380笔，金额达255.8亿元人民币。仅2010年至2012年，中国就免除坦桑尼亚、赞比亚、喀麦隆、赤道几内亚、马里、多哥、贝宁、科特迪瓦、苏丹等9个最不发达国家和重债穷国共计16笔到期无息贷款债务，累计金额达14.2亿元人民币。①

四、对非援助的分布②

这一部分谈谈中国的对非援助在非洲受援国之间的分布。中国援助在非洲不同国家之间的分布存在着很大的差异，不同的国家得到的援助很不一样。例如，加纳作为中国在非洲最大的受援国，在2000年至2011年间接受的援助占中国对非洲援助总额的15.61%，排在其后的尼日利亚占11.53%，相比之下，贝宁、博茨瓦纳、乍得等许多国家收到的援助占比不足0.5%，显示出中国援助在非洲受援国之间的分布差异非常大。同时，中国对非洲援助的分布与传统援助国之间也有所不同。其中一些非洲国家是中国与传统援助国共同的援助重点，如加纳、尼日利亚、苏丹和埃塞俄比亚。而津巴布韦和毛里塔尼亚作为中国在非洲援助的重点受援国，在传统援助国的援助中则不具有重要位置，而且相比于DAC成员国的援助，中国的援助在非洲不同受援国之间的分布差异更为突出。

产生这种差异的原因有很多，概括而言，一方面与非洲国家的发展实

---

① 国务院新闻办公室：《中国的对外援助（2011）》，http：//www.scio.gov.cn/zfbps/ndhf/2011/Document/896983/896983.htm，2014/9/14访问；《中国的对外援助（2014）》，http：//news.xinhuanet.com/politics/2014-07/10/c_1111546676.htm，2015年1月20日访问。

② 陈默：《中国援助的非洲模式及其对非洲发展的影响的研究》，上海外国语大学博士论文。

际情况有关；另一方面，也与中国在非洲的战略选择相关。加纳、尼日利亚和苏丹作为中国和传统援助国共同的重点援助对象，其在经济方面的共同特点是都具有丰富的自然资源或能源储备。其中，加纳是世界主要的黄金生产国之一，还有丰富的钻石、锰和木材等资源，石油储量也在不断增加；尼日利亚和苏丹（在南苏丹于2011年独立以前）都具有丰富的石油资源；埃塞俄比亚虽然不是资源富有国，但是位于“非洲之角”的地理位置具有十分重要的战略意义。这对援助国而言是非常重要的利益所在，也是援助国在提供援助时考虑的重要因素。所以，这些资源丰富的国家成为中国和传统援助国共同的援助重点。根据布罗德曼（Harry Broadman）的研究，中国80%以上的援助都给了具有丰富资源的国家，如安哥拉、尼日利亚、津巴布韦和苏丹。

表5.2　中国和DAC在非洲援助最多的10个国家（单位：十亿美元）

序号	中国		DAC	
1	加纳	11.4	尼日利亚	28.8
2	尼日利亚	8.4	刚果民主共和国	21.9
3	苏丹	5.4	坦桑尼亚	19.6
4	埃塞俄比亚	5.4	莫桑比克	17.9
5	毛里塔尼亚	4.6	埃及	16.5
6	安哥拉	4.2	埃塞俄比亚	16.1
7	津巴布韦	3.8	肯尼亚	14.6
8	赤道几内亚	3.8	苏丹	14
9	喀麦隆	3	摩洛哥	12.6
10	南非	2.3	乌干达	12

资料来源：Strange, et al, “China’s Development Finance to Africa: A Media-Based Approach to Data Collection”, 2013。

此外，中国进入了一些不被传统援助国重点关注的国家，如毛里塔尼亚、安哥拉和津巴布韦，同时也避开了一些传统援助国的重点援助对象，如刚果、坦桑尼亚和肯尼亚。相比于传统援助国，尤其是在非洲有着很长殖民历史的欧洲国家，中国同非洲之间的联系没有它们深远，作为援助领域的新兴国家，中国的援助需要和传统援助国有所区别，无论是对非洲援助的领域还是非洲的重点受援国，从而形成差异化的战略。而且，中国与传统援助国不同的政治和经济模式也决定了其不可能复制传统的援助模式。进入这些不被传统援助国重视的国家除了战略层面的考虑，能源和资源同样是重要因素。比如，毛里塔尼亚的铁矿石储备和产量均居非洲第二位，安哥拉的石油产量仅次于尼日利亚，津巴布韦的矿产资源十分丰富。

第三节　案例研究：中国对安哥拉的援助

安哥拉是中国对非援助的重点国家之一，同时也是中国的第二大石油进口国。对安哥拉的援助集中体现了中国对非援助的基本特点，也集中体现了中国对非援助模式的优势和劣势，值得细细探讨。[①]

一、安哥拉的历史和经济情况

安哥拉有近500年的被殖民史，长期作为葡萄牙的殖民地而存在。20世纪50年代开始，安哥拉开始争取民族解放的斗争，直到1975年，葡萄牙终于同意安哥拉独立，11月，安哥拉人民共和国成立，结束了葡萄牙数百年的殖民统治。但安哥拉并未自此走向和平，反而走向了全国性的内战。直到2002年，安哥拉内战才全面结束，并从此走上战后恢复和重建的道路。也正是到了2002年安哥拉内战停止，中国才开始大规模地对安哥拉进行援助。

由于经历了多年的战争，安哥拉异常落后，基础设施需要经历漫长的重建过程。据世界银行的统计，从1985年到2002年，安哥拉17年的GDP增长幅度很小。按照当前美元计算，在1985年安哥拉的GDP为68.04亿美元，出口仅为24亿美元，人均GDP为750美元。到1991年，安哥拉的经济整体上平稳增长，但是从1992年开始又大幅下跌，此后的经济发展一直处于停滞状态，到2001年，安哥拉的GDP为89.36亿美元，只比1985年增长了21亿美元，其中还有多个年份出现了负增长，安哥拉的人均GDP降低到621美元。由此可见，由于战争的原因，安哥拉完全错过了经济发展的大好时机，没有与全球经济发展同步，整体经济依然非常落后，经济建设亟待提速。

---

① 本节内容参考了陈默：《中国援助的非洲模式及其对非洲发展的影响的研究》，上海外国语大学博士论文。

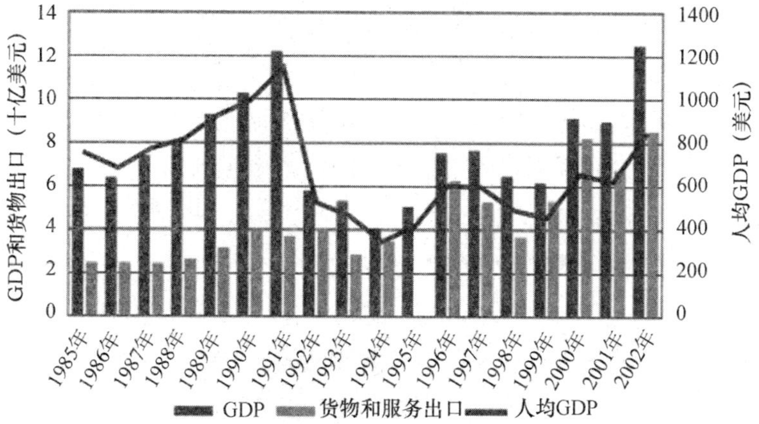

图 5.4　1985—2002 年安哥拉经济发展水平

数据来源：world bank data。

2002 年安哥拉终于停止内战，走向和平恢复和战后重建的历程。此时安哥拉国家内部急需大量的资金，但由于当时国内的石油开采并不充分，安哥拉异常缺乏重建需要的资金。而且，其国内政治体制和社会方面面临的问题，如腐败、缺少民主等，导致安哥拉在向世界银行和国际货币基金组织以及西方国家请求援助时遭遇困难。传统的西方援助国及国际组织通常都要求受援国接受苛刻的政治条件，比如治理腐败、厉行节约、政治民主等条件。许多非洲国家都因为不能满足或不愿意接受相应的政治条件而无法获得援助或者贷款。于是，安哥拉开始转向中国，希望能够从中国获得实际的援助，在这样的情况下，中国开始了对安哥拉的大规模援助。中国对安哥拉的援助有着不同于西方国家的特点和原则。

二、中国对安哥拉的援助

中国对安哥拉的援助主要是以中非合作论坛为平台，安哥拉从 2000 年起参与中非合作论坛，逐步开始加强与中国的合作。2003 年底，中国与安哥拉签订了以工程、贷款和资源为主的合作协议，而安哥拉此时并没有偿付能力，为此，中国政府提出安哥拉可以用国内未来的石油产出作为担保。中国由此开始了对安哥拉的援助，而这种援助的前提是安哥拉愿意以日后的石油产出做担保。

中国国内的迅速发展，迫切地需要石油等自然资源，然而国内资源相对匮乏，能源安全问题日趋严重。随着非洲地区国家被探明的石油储量的不断增长，非洲成为了中东以外最重要的石油产地。而中东地区的不稳定，同时又影响到了全球的油价。因此，这些年来许多国家开始把目光投向非洲地区国家。对于中国而言，也是如此。来非洲找寻石油等必需能源来支持和支撑国内经济的飞速发展，这是一条重要的途径，同时也是中国大规模增加对非援助的关键性考虑之一。

安哥拉的支柱性产业一直是石油产业，但常年的战争使得安哥拉根本无暇顾及发展石油产业，甚至基础设施都因战乱而无法真正建立起来。1980年，安哥拉探明的石油储量为12亿桶，日产量只有15万桶，根本不算是个石油产量丰富的国家，更不可能是重要的石油输出国。到了20世纪90年代，随着全球范围的深海勘探技术的广泛使用，刚果盆地的深海区域勘探不断取得新的成绩，这一地区变成了世界上石油探明储量增长最为迅速的地区，到了2001年，其探明的储量已经达到54亿桶，仅次于尼日利亚，排名为非洲第二。但是，安哥拉的产能很低，其日产量不到75万桶。安哥拉探明的石油储备潜力在此后仍然不断增长，到2008年突破了90亿桶，而2013年最新的数据显示，安哥拉的石油储备潜力已经突破了100亿桶。

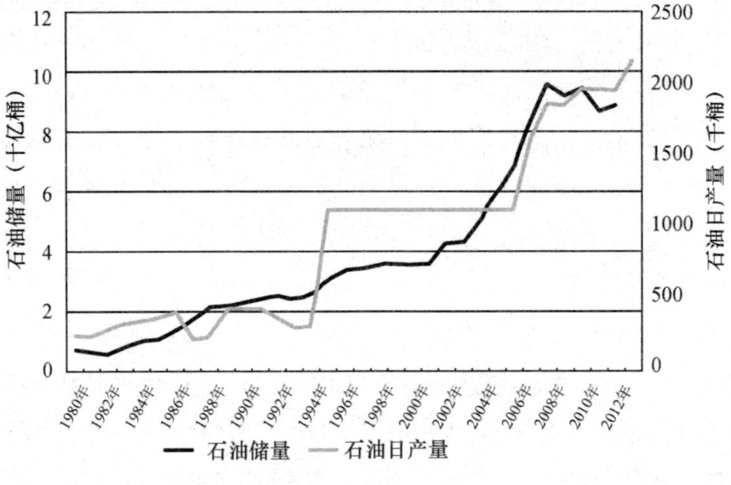

图5.5　安哥拉的石油储量和日产量

资料来源：美国能源信息署，EIA。

2004 年 3 月，中国进出口银行与安哥拉财政部签署了一份贷款框架合作协议，按照协议规定，中国向安哥拉提供达 20 亿美元的基础设施贷款，安哥拉则以日后开采出的石油来担保和进行偿付。这种“以基础设施换石油”的援助方式是中国对非援助方式的一个典型案例。中国对安哥拉援助的第一次贷款还款期限是 12 年，宽限期是 3 年，利率为伦敦银行同业拆借利率加上 1.5%。该协议分两个阶段实施，一共有 102 项工程，涉及电力、供水、卫生、教育、通信、公共工程等各个领域。健康、教育、能源、农林渔业、通信、交通是中国对安哥拉援助的主要领域，其中，健康和教育领域的援助以医院、学校的重建为主，属基础设施建设的范畴；农业领域的投资主要为了购买农业机械和灌溉系统的重建。

表 5.3　中国对安哥拉的援助项目

援助部门	合同数量	总金额（美元）
健康	10	249905925
教育	11	446800985
能源和供水	11	388747726
农业	4	203760172
交通	1	13840468
社交	1	66905200
公共工程	3	301174101
渔业	1	266847509
通信	4	276307189
总数	46	2214289275

数据来源：安哥拉财政部，转引自 Campos，Indira and Vines，Alex.（2008）. Angola and China：A Pragmatic Partnership. CSIS（Center for Strategic & International Studies）Working Paper。

众所周知，中国的对外援助不附带政治条件，即向受援国提供的援助不以任何政治要求为前提或附加条件。因此，中国的援助为非洲国家提供了一种不同于西方传统援助国的、更为宽松简便地获得援助的渠道。因此，非洲一些需要贷款但又无法满足西方传统援助国和国际组织苛刻政治要求的国家，纷纷开始转向中国寻求援助，这也是近年来中国援助在非洲十分受欢迎并迅速发展的关键原因。同时，中国对非援助政策会提出附带经济条件，从而寻求援助国和受援国的双方互利共赢，体现出“合作”的性质，而非单方面的输血。在这一过程中，中国的企业在对非援助中能直接获益。

比如，在对安哥拉的援助中，其中的项目建设必须由中国企业来竞争投标和承包。中国路桥集团等企业承建了对安哥拉援助中的相当数量的基础设施建设项目。比如，从罗安达到威热之间的公路重建项目就是由中国路桥集团承建的，这也是中国援助中最重要的项目之一，中国投入了2.11亿美元。中国机械设备进出口公司为对安哥拉的援助项目建设提供大量设备，比如，该公司提供了捕鱼船、海岸警卫队船只。在通信领域，中兴和华为等公司也全面进入安哥拉，帮助安哥拉电信扩大其固定网络业务和军事通信，促进安哥拉移动电话项目的发展，以及帮助其建设用于培训本国雇员的电信学院和电信研发中心。中国在扩大和加强对安哥拉援助的同时，直接促进了中国企业走出去的步伐，并为之提供了非常好的平台。中国企业可以通过进行投资或出口贸易的方式直接参与到中国政府的对外援助过程中，并以此为基础扩大其海外市场。

除了不附带政治条件这一比较明显的特征外，中国对安哥拉的援助还体现出中国对非援助的几个重要特点。

第一，中国模式在援助过程中强调受援国的参与，援助的合作性质显著增强，这一点提高了受援国在使用援助时的自主性，照顾到了受援国的自身需求。比如，中国在提供贷款前，会就项目的实施和审批同受援国进行充分的讨论。一般情况下，由受援国提出本国希望被援助的范围和领域，双方就此进行协商和探讨，并以此为基础确定最终援助的数额。但西方的传统援助国则很少会考虑受援国在这一方面的意见，一般都是以援助国自身的考虑来确定最终的援助领域和额度。这在安哥拉的案例中非常明显，体现出中国援助对于受援助国的尊重。

第二，中国模式能够确保援助项目能按时按计划地得到实施。因为在具体的项目执行中，中国对安哥拉援助的项目大部分都由中国企业来竞标和最终承包，同时由第三方来进行监督。第三方定期向安哥拉项目业主汇报工程进度和工程的其他细节，然后由业主向安哥拉财政部打报告，经财政部通过后，中国的企业才能从中国进出口银行获得相关工程款项。这样一来，工程的进度直接与最终款项紧密相关，只有工程和项目得到了真正实施和完成的前提下，中国的承包商才能够获得项目款项。因此，这种制度保证了对安哥拉的援助项目得以真正实施。

第三，中国的援助也能够避免发生款项被私吞或者贪污挪用的行为。从中国对安哥拉的援助过程中，我们可以看到，中国的援助资金并没有直接流入安哥拉的企业或者政府机构，而仅仅在中国进出口银行和作为承包商的中国企业之间进行流转，安哥拉政府或者安哥拉企业并没有接触到资金的可能性。因此，援助款项的管理中可能会出现的贪污腐败问题，因为中国援助项目的运行方式而得以规避。当然这一点有时也会遭到安哥拉国内和国际社会舆论的诟病。

从 2004 年到 2007 年，中国对安哥拉一共进行了高达 45 亿美元的援助，中国成为安哥拉最重要的援助国，同时中国对安哥拉的援助模式也成为中国对非援助的一个典型，开始成为中国进行对非洲其他国家进行援助的基本模式，尼日利亚、刚果（金）、乌干达等国家先后同中国签署了与安哥拉类似的合作协议。

三、对安哥拉的援助的评价

安哥拉究竟从中国的对非援助中直接获益多少？由于各种原因，这种直接联系几乎无法统计出来。但从整体上看，在西方传统援助国及国际组织进行援助时的苛刻条件使得安哥拉不能和不愿接受的时候，中国不带任何政治条件的高额援助为安哥拉在内战终止之后迫切需要重建家园资金的提供了关键机遇，为安哥拉自身的经济发展奠定了重要基础，使得安哥拉从战乱后的颓敝中逐渐走了出来，并开始成为非洲最富有的几个国家之一。

2001 年内战中的安哥拉经济发展缓慢，在 2000 年的人类发展指数中排名为 160/174。但 2002 年内战停止后，安哥拉的经济开始逐步恢复，尤其是在国际油价的超高增长的条件下，安哥拉从 2004 年到 2008 年金融危机以前，其 GDP 的年增长率都保持在 10% 以上，在 2006 年和 2007 年甚至超过了 20%；而且人均 GDP 从 2002 年不足 1000 美元上升到 2012 年超过

5000 美元。对以石油出口为主要经济支柱的安哥拉而言，其石油日产量由2002 年不足 90 万桶增长到 2008 年的 200 万桶，成为世界上重要的产油国。至 2011 年，安哥拉的人均国民收入（GNI）为 3750 美元，已经属于中等收入国家水平，成为非洲第四大经济体。

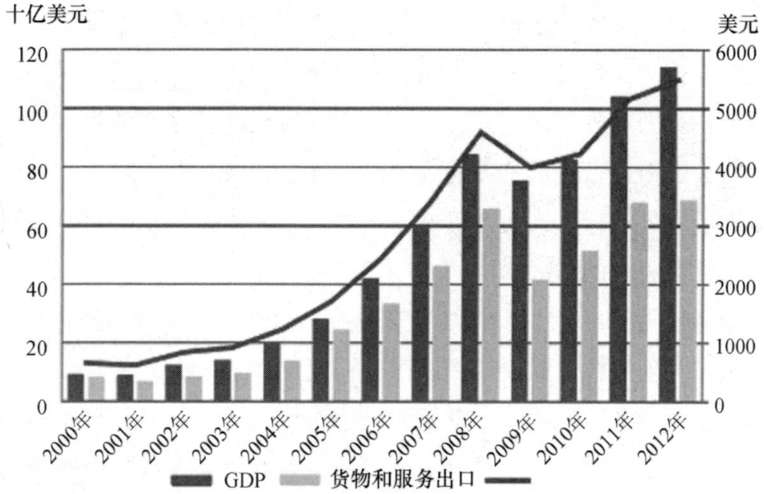

图 5.6　2000—2012 年安哥拉经济发展水平

资料来源：世界银行数据库。

中国对安哥拉的援助也直接促进了中国企业对安哥拉的贸易和投资。中国同安哥拉实际上在 1984 年就开始了贸易往来，但是贸易额一直都不大，直到 20 世纪 90 年代末期，双方的贸易总额还不足 4 亿美元；到 2000 年，双方的进出口额超过了 18 亿美元，其中中国从安哥拉的进口占绝大部分；此后双方贸易迅速增长，到 2012 年已经突破了 376 亿美元，相比于 1998 年增长了 196 倍。安哥拉目前已经成为中国在非洲地区的第二大贸易伙伴国。

安哥拉对中国的出口主要是以石油、钻石、天然气和咖啡等为主，其中石油占出口总额的 96%，是最大宗的出口产品。在中国同安哥拉的贸易中，2005 年，安哥拉对中国出口石油 1746 万桶，占中国从非洲石油进口总量的 45.5%，超过伊朗成为中国的第二大石油进口国，仅次于沙特阿拉伯。中国是安哥拉的第二大石油进口国，位于美国之后。虽然中国对安哥拉的出口总额很小，但是增长速度很快。1999 年只有 3666 万美元，到 2003 年巴基斯坦突破 1.4 亿美元，而后一直高速增长到 2012 年的 40 亿美元。中国对安哥拉的出口集中在机电、建材、轻纺、汽车等领域。2011 年，中国成为安哥拉最大的贸易伙伴，同时也是安哥拉第四大进口来源国。

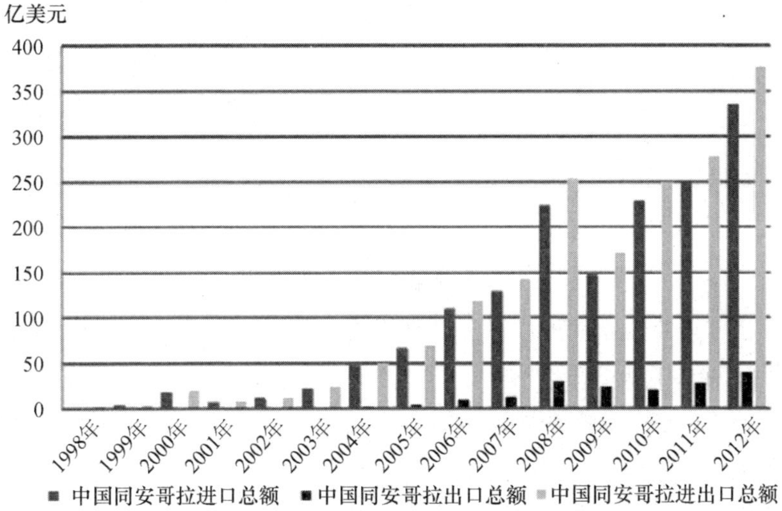

图 5.7　1998—2012 年中国与安哥拉进出口贸易额

资料来源：中国国家统计局。

通过安哥拉的案例，我们可以看到中国在对非洲援助中的许多创新之处，它体现了中国对外援助和整个中国对外援助的政策和特点。简单地说，中国倾向于通过直接增强受援国经济活动的方式来促进受援国的经济发展，并且在对非援助中要求由中国企业主导项目运作，使得中国本身受益（主要是帮助中国企业走出去）。西方传统援助国依然普遍坚持以政治制度建设作为援助的首要前提，而中国则仅仅关注受援国经济增长本身。中国将对非援助和中国企业的经济活动相结合，使得对非援助在很大程度上既保持了援助的本意，又成为中国政府推动下中国企业走出国门的方式，对非援助在很大程度上既是外交行为又是政府推动的商业行为。同时，我们也可以看到，石油在中国对安哥拉援助中所占有的特殊地位。

当然，这样的模式受到了西方一些舆论的批评，认为这种方式掠夺了非洲的自然资源，尤其是石油，却缺少对非洲的技术转移。但毫无疑义的是，作为中国对非援助中最具典型性的国家，安哥拉在接受中国援助的过程中一跃从非洲最落后、最混乱的国家，如今已发展成为非洲经济增长最快的国家。中国对非援助的这种模式是有其重要作用的，由此可以看出，中国对安哥拉的援助模式开始成为中国对非洲各地援助的模板。

第四节　中国对非援助的获益、困境和政策建议

一、中国从对非援助中的获益

中国对非援助已经持续了近半个世纪，究竟实施的效果如何？能否以及如何来进行科学的评估？由于种种原因，依据中方统计，中国的对非援助效果有如下几点。

第一，推进了非洲地区民生的改善。支持其他发展中国家减少贫困和改善民生，是中国对外援助的主要内容。中国重点支持其他发展中国家促进农业发展，提高教育水平，改善医疗服务，建设社会公益设施，并在其他国家遭遇重大灾害时及时提供人道主义援助。

第二，促进非洲地区的经济社会发展。中国积极帮助其他发展中国家建设基础设施，加强能力建设和贸易发展，加大对环境保护领域的援助投入，帮助受援国实现经济社会发展。

第三，推进区域合作。非洲是发展中国家最集中的地区。自2000年中非合作论坛成立以来，中国积极在论坛框架下同非洲国家开展发展合作，逐步增加对非洲援助力度，有效促进中非关系全面发展。优先促进农业发展，支持基础设施建设和一体化发展，推动医疗卫生合作，开展能力建设，积极帮助非洲国家提高应对气候变化的能力，以此促进中非新型战略伙伴关系的发展。

第四，参与国际交流方面，中国也支持和参与多边机制下的对非援助，支持多边机构发展援助，参与发展合作国际交流，开展援外国际合作，大大提升了援助效果，丰富了援助方式。

事实上，就对非援助对中国本身的获益而论，中国近半个世纪的对非

援助总体是非常成功的：

第一，新中国成立初期，对非援助使得新中国进一步打开了外交局面，扩大了国际影响，获得了更多的国际承认。

第二，1971 年，联大会议恢复了中华人民共和国在联合国的一切合法权利，并把国民党政府从联合国的一切机构中清除，这几乎是非洲国家提议并且大部分受援的非洲国家投票赞成，中国几乎是“被黑人朋友抬进”联合国的。

第三，1990 年前后，国际形势剧变，苏联解体、东欧大变，中国外交跌至冰点，西方国家对中国制裁，孤立中国。非洲的诸多中国受援国反对西方国家干涉中国内政，给了中国巨大的帮助，为中国打破 20 世纪 90 年代初期的外交困局提供了难能可贵的支持。

第四，如今在众多的国际型机构中，非洲国家一国一票，占据很大份额，中国受援国在很大程度上都会支持中国。此外，在 2008 年奥运会的申办、2010 年世博会的申办过程中，非洲国家的支持都异常关键。

第五，改革开放以后，中国的对非援助越来越强调经济合作和双赢，中国从对外援助中获得了异常丰厚的经济利益，中国的企业“走出去”，促进了投资，扩大了市场，劳工输出也蔚为可观。中国的对非援助越来越变成“发展引导性援助”，越来越接近“南南合作”而非西方意义上的施舍式的援助，而这种合作给中国自身带来了“走出去”发展的机遇。中国自身是对非援助的关键受益方。

同时，随着中国对非援助的规模越来越大，形式也越来越丰富，同时又推行深具自身特色的中国式援助模式，也使得各方对中国的质疑越来越多，中国对非援助面临诸多的困境，未来究竟如何发展，迫切需要进一步的研究和思考。

二、中国对非援助的困境和政策建议

中国对非援助无论是中国本身还是受援助国都获得了巨大的收益，总体而言非常成功。但在现实的发展中仍然面临各种各样不同的挑战。总体而言，对非援助主要面临三个方面的困境或瓶颈。

第一，某些国人不理解。中国作为一个发展中大国，各地区发展极不平衡，广大农村和边远地区存在异常贫困的家庭，中国自身仍然接收大量的国外援助。为什么这样一个国家，仍然要花费大量的资金去进行对非洲的援助?

第二，某些受援国政府或民众不理解。中国企业和中国人越来越多地“走出去”，进入非洲，中国人的形象直接是中国对非援助的具体表现，而中国不少进入非洲的企业不太重视自身的形象和不重视与所在国家民众的关系，导致非洲民众对中国的援助不理解甚至有诸多误解。

第三，国际社会某种程度的不理解。在国际上，中国的对非援助越来越多地被理解为中国在崛起过程中“对外扩张”的一种手段。随着中国国力的日益崛起和中国日益被全球关注，对非援助的负面效应日益明显。

因此，对中国政府而言，应该处理好如下几点：

首先，作为中国外交政策的关键性组成部分，近半个世纪的对非援助政策是行之有效并且成功的，因此必须坚持。对非援助是一笔政治账，因此不能以“国内尚穷”为由停止，要以国家大战略的高度认识对非援助的重要性和价值。在“量力而行、尽力而为”的前提下，应适量增大对非援助的规模和力度。中国经济最近几年蓬勃发展，但中国的对非援助相对于西方发达国家而言仍然处于较低的水平，因此需要适量增大规模。对国人要多加宣传和教育，使其认识到对非援助的迫切性，降低不理解的程度。

第二，对“走出去”的企业和员工进行对方国家法律法规的教育，并要求国人在受援国遵纪守法，可以采用技术性的手段约束国人的行为，比如建立黑名单制度，限制违背对方国家法律的人员签证出国等等。尽可能提升国人的国际形象。以此更好地开展对非援助工作。

第三，做好对外援助（包括对非援助）的宣传工作，说出中国的和平意图，即便不能完全消解受援助方及国际社会的疑虑，但至少要表达出中国的声音。宣传要不停歇地持续下去，并且做好实际的和平政策，一心一意谋发展、聚精会神搞建设。在对非援助中，宁可吃点亏，也不让非洲民众产生误解和反感。同时，将对非援助过程尽可能多地公开化、透明化，是减少国际社会猜忌的关键性办法。

第四，继续深入总结和归纳中国对非援助的理念、原则和具体政策，探索新的符合新形势要求、符合中国特色的对非援助政策和理论，使得对非援助更好地服务于中国的国家利益，并为非洲各国人民带来福祉和希望。完善对外援助效果评估体系，公开对外援助的基本数据，建立一整套对外援助评估的标准和测量方式，随时监测对外援助的效果，并相应做出灵活的项目进入和项目推出机制。

（张云雷*）

* 张云雷，政治学博士，中央财经大学政府管理学院讲师，主要研究领域为国际关系思想与理论、战略研究。

第六章

中国对南亚的援助

在新中国六十多年的援外历程中，对南亚国家的援助一直都是中国对外援助不可或缺的组成部分。南亚是欧亚大陆和亚太地区的重要次区域，所包括的国家有：印度、巴基斯坦、孟加拉、斯里兰卡、尼泊尔、马尔代夫和不丹。除未与中国建交的不丹外，其他国家都与中国存在着援助关系，中国主要作为援助国而存在。

中国对南亚国家的援助，对双方都具有着重要的意义。南亚地区绝大部分国家是世界上除撒哈拉以南非洲外较为贫穷落后的地区，特别需要外来援助，尤其需要不附加任何政治条件的外来援助；除印度外的其他南亚国家，需要借助中国援助的力量平衡其他大国援助的影响力。印度、巴基斯坦、尼泊尔与中国接壤，除尼泊尔以外的五国位于对中国非常重要的印度洋战略贸易运输线上，卷入经济全球化的南亚地区又是中国产品和服务的潜在大市场。

新中国对南亚地区的援助开始于20世纪50年代初，在20世纪60年代逐渐增多，成为南亚地区的重要援助国之一，在与其他国家的援助竞争中形成了自身的援助特色。随着国际体系、地区关系及中国与南亚各国双边关系的转变，中国援助南亚国家时所怀抱的利益诉求、参与援助的组织主体、采用的具体援助方式和实施援助的议题领域都发生了一定的变化，时至今日已经历了三个发展阶段。整体来看，每个阶段的援助都具有平等互惠的特征，对双方而言都是富有成效的。

随着当前国家对外战略的大调整，中国对南亚的援助正在迅速迈向第四个发展阶段。在中国未来的对外援助规划中，南亚某些国家可能将在中国的援外版图中获得比以往更为重要的地位，由此从中国获得比以往更多的援助资源配置。为了实现援助诉求和应对援助的国际竞争，中国对南亚国家进行援助的主体将趋于多元化，援助的方式可能更为多样化，援助的领域将被不断拓展和深化，但援助机遇和挑战的复杂性也将进一步增加。

第一节　中国对南亚援助的初始阶段

中国对南亚的援助以中国的经济发展为物质基础，服务于中国对南亚各国的外交战略和政策。从中国开始援助南亚国家至今，中国的经济发展已经走过了三大阶段：新中国成立至改革开放前、改革开放至新世纪中国加入世贸组织、中国加入世贸组织至今。地缘安全和战略考量一直构成中国制定对南亚政策的核心基础，既是中国援助南亚各国的初始动因，也是中国持续对南亚各国进行援助的动力源。但除对印政策受到双方边界争端、战争及冲突的较大影响外，中国对其他受援国家的政策在建交后均大体上保持稳定发展态势，其间虽然经历了国际环境的大转变，但并未因地缘安全和战略考量呈现出大的波澜起伏，经济发展而非其他考量所引发的诉求变化反而构成了中国调整对其援助政策的主要动力源。因此，无论是从中国援助南亚的物质基础出发，还是从其服务旨向出发，以中国经济发展阶段为时间区间来叙述中国对南亚各国的援助，都是较好的选择。

一、初始阶段的援助概况（1950 年至 20 世纪 70 年代末）

中国与南亚七国外交关系的建立为双方交流互动提供了稳定的机制平台，是中国援助得以多方式、多领域持续进行的必要条件。新中国先后与已经获得独立的印度、巴基斯坦、尼泊尔、斯里兰卡、马尔代夫、孟加拉建立了外交关系。中国在与印度、尼泊尔建交后，迅即开展了对两国的援助（参见表 6.1）。中国对巴基斯坦和孟加拉的首次援助略早于双边外交关系的建立，对斯里兰卡的首次援助发生在建立正式外交关系的六年前，但更大规模、更多领域的援助发生在建交之后。

表 6.1　中国与南亚各国建交与首次援助时间表

国家	独立时间、建国时间	与中国建交时间	接受中国首次援助时间
印度	1947 年 8 月 15 日	1950 年 4 月 1 日	1950 年
巴基斯坦	1947 年 8 月 14 日	1951 年 5 月 21 日	1950 年
尼泊尔	1923 年英国承认尼泊尔独立，与其签订《永久和平友好条约》，英国在二战后丧失特权	1955 年 8 月 1 日	1956 年
斯里兰卡	1948 年 2 月 4 日	1957 年 2 月 7 日	1951 年
马尔代夫	1965 年 7 月 26 日	1972 年 10 月 14 日	1972 年
孟加拉	1971 年 3 月 26 日	1975 年 10 月 4 日	1974 年
不丹	1949 年 8 月，不丹与印度签订《永久和平与友好条约》，该条约规定不丹的内政和外交受印度指导。2007 年 2 月，印不双方签署经过修订的《友好条约》	至今未与中国建交，但保持友好关系	-

资料来源：中国外交部网站，由笔者根据其资料绘制。

在这一时期，中国对印度的援助受中印边界问题的影响而在 20 世纪 50 年代末停止；对孟加拉和马尔代夫的援助则处于起步阶段，均不足持续 10 年；中国对巴基斯坦、尼泊尔、斯里兰卡的援助从 20 世纪 50 年代至 20 世纪 70 年代，这三国成为中国在该地区的主要受援国，巴基斯坦则是最为重要的受援国。

作为社会主义的发展中国家，中国在经济上经历了恢复、迅速发展到遭遇重大挫折的曲折过程。经济发展虽有进步，但整体状态仍处于较为落后的水平。从经济现实主义的视角看，这一时期的中国对外援助规模超出了中国的经济发展水平，给中国自身经济发展和社会福利都造成了一定的负面影响。这一时期的南亚国家虽然也是中国的重要受援国，但并不是中国的首要援助对象。中国对南亚这些非社会主义发展中国家的援助，较少受到理想主义的影响，中国的援助规模和援助领域远少于对朝鲜、越南和阿尔巴尼亚等首要受援国的援助，更为符合中国的经济国情。

在全球美、苏对峙和地区印、巴对峙的格局下，南亚国家也同时接受了来自美国、苏联、印度等国的援助，中国只是这些国家的援助国之一。各主要援助国在南亚形成了具有一定竞争性的援助格局。南亚国家对中国援助的依赖远不如朝鲜、越南和阿尔巴尼亚那样强烈。

二、中国对印度的援助

（一）物资援助

在 1950 年和 1951 年，“印度发生粮荒，饥民人口达一亿以上。这时，中国政府同印度政府先后 6 次签订合同，一共供给印度 66.65 万吨粮食”[①]。在 1952 年 5 月和 10 月，中国向印度分别提供救济大米 10 万吨和 5 万吨。1956 年 8 月，鉴于印度粮荒，中国向印度提供大米 6 万吨。

（二）奖学金援助

在 1955 年万隆会议后，中国扩大了印度留学生计划，每年为 10 名印度留学生提供奖学金。

三、中国对巴基斯坦的援助

（一）物资援助

1952 年和 1953 年，“印度和巴基斯坦之间发生货币比价纠纷，印度减少购买巴基斯坦棉花。英国也因纺织工业的萎缩，减少巴基斯坦棉花的进口，中国购买巴基斯坦棉花有助于解决巴基斯坦棉花的出路”[②]。1953 年 3 月，中国向巴基斯坦提供燃煤。1956 年，中国与巴基斯坦“签订了中国向巴供应 42.5 万吨煤的合同。同年，东巴发生粮荒，中国以合理价格向巴提供 6 万吨大米，另赠送 4000 吨。……1958 年，中巴签订了两项煤—棉和

---

① 谢益显主编：《中国外交史（中华人民共和国时期 1949—1979）》，河南人民出版社 1988 年版，第 24 页。

② 谢益显主编：《中国外交史（中华人民共和国时期 1949—1979）》，河南人民出版社 1998 年版，第 27 页。

黄麻换货合同”[①]。1963 年 1 月，中国与巴基斯坦签署第一个贸易协定和易货贸易协议，互相给予最惠国待遇。“1966 年中巴签订了关于在换货基础上巴从中国进口 10 万吨大米的协定。1967 年 1 月，中巴交换了关于中国向巴提供 15 万吨小麦和大米的文件。1967 年 11 月，两国在拉瓦尔品第举行巴基斯坦吉尔吉特和巴勒提地区同中国新疆之间边贸换函仪式。1968 年 6 月，中巴签订一项价值为 2200 万美元的货物交换协定。……1970 年 1 月，中巴在卡拉奇签署了中国援助巴价值近 27 万英镑的工业设备的合同。同年 4 月，中国援建的一项工程落成投产”，1970 年 8 月和 11 月，“东巴地区先后遭受水灾和旋风的袭击，……中国红十字会分别向灾民捐赠了 100 万人民币和 300 万人民币”[②]。

（二）设施援建

1966 年 6 月，中国与巴基斯坦签订了中国帮助巴建设塔克西拉重型机械厂的协定。1971 年 2 月，中国援建的从红其拉甫达坂到哈利格希公路段建成，喀喇昆仑公路通车，中巴陆路联系畅通。1971 年 12 月，中国与巴基斯坦签署中国援助巴设计和修建耐火材料厂的会谈纪要。1974 年 10 月，中国向巴基斯坦提供总额为 7500 万美元的财政和技术援助，用以兴建造纸厂和尿素化肥厂。紧接着，中国又与巴基斯坦签署了中国帮助巴建造一座综合性体育设施的协议。在 20 世纪 70 年代，中国对巴基斯坦的设施援建，业已竣工的项目包括：卡拉奇核电站、拉卡纳糖厂、哈桑 · 阿布达尔纺织厂。

（三）贷款援助

1949 年至 1950 年，巴基斯坦面临着由英镑贬值引发的危机，中国尽其所能向巴提供贷款以缓解其燃眉之急。1964 年 7 月，“周总理在接见来访的巴商业部长时……同意向巴提供贷款”，1966 年 6 月，“周总理承诺向巴提供 6000

① 林良光、叶正佳、韩华：《当代中国与南亚国家关系》，社会科学文献出版社 2001 年版，第 129 页。

② 林良光、叶正佳、韩华：《当代中国与南亚国家关系》，社会科学文献出版社 2001 年版，第 146 页。

万美元无息贷款”[①]。1965年至1968年，“中国向巴基斯坦提供了1亿多美元的无息贷款”。1970年11月，“中国继续向巴提供2.1亿美元的无息贷款”[②]。

三、中国对尼泊尔的援助

（一）物资援助

自1956年始，中国就开始向尼泊尔提供无偿的经济援助。[③] 1956年，中尼“双方签署了关于西藏与尼通商和交通的协定，……又相互赋予便利。同年，尼总理将中国作为就任后首访国家，在北京签订了经济援助协定，规定中国在3年内提供6000万印度卢比的无偿援助”[④]。1960年3月，中尼“两国签订了经济援助协定。协定规定在3年内中国政府向尼泊尔提供金额为1亿印度卢比无偿的、不带任何条件和特权的经济援助。……中国同意派遣必要数量的专家和技术人员，帮助尼泊尔进行援助项目的建设”[⑤]。1961年9月，中尼“两国政府在加德满都签订了1960年3月经济援助协定的议定书，由中国向尼泊尔提供540万美元援助，其中210万美元为现金，330万美元为商品”。1962年5月21日，刘少奇将一架中国制造的“丰收-2型”民航机赠送给马亨德拉国王。从1962年7月1日至1966年6月30日，应尼方要求，“中国政府向尼泊尔政府分期提供350万英镑不附带任何条件的无偿经济援助，用以修建尼境内的公路，包括……提供技术和修路所需要的机械和物资”。[⑥] “据统计，1968年至1969年中国援助尼泊尔的数额达4687万尼泊尔卢比，占该年度尼收到外援总额

---

① 林良光、叶正佳、韩华：《当代中国与南亚国家关系》，社会科学文献出版社2001年版，第139—140页。

② 叶自成、李红杰主编：《中国大外交：折冲樽俎60年》，当代世界出版社2009年版，第478—479页。

③ 蓝建学：《21世纪的中国—尼泊尔关系：国家利益的视角》，载于《南亚研究》2009年第4期。http://www.sasnet.cn/ZuiXinCG/showcontent.asp?iD=329。

④ 叶自成、李红杰主编：《中国大外交：折冲樽俎60年》，当代世界出版社2009年版，第476页。

⑤ 林良光、叶正佳、韩华：《当代中国与南亚国家关系》，社会科学文献出版社2001年版，第273—274页。

⑥ 林良光、叶正佳、韩华：《当代中国与南亚国家关系》，社会科学文献出版社2001年版，第279—280页。

的21.9%；1969年至1970年中国援尼数额为7667万尼泊尔卢比，占该年度尼外援总额的23.3%，第一次超过美国对尼的援助额，仅次于印度（48.7%），居第二位”。[1] 1970年底，中国向尼泊尔提供1.5亿尼泊尔卢比无偿援助，不附带任何条件。

（二）设施援建

1964年4月27日，“中尼在加德满都签订1960年3月中国对尼泊尔经济援助协定和1961年经济援助协定书的补充议定书。根据该议定书，中国将帮助尼泊尔修建达尔克瓦尔—伊塔里公路全长170公里，计划耗资1750万卢比”[2]。1967年5月25日，中尼“签订了中国帮助尼泊尔建设逊科西水电工程的议定书。……该水电站耗资约7000万卢比，1969年6月动工，1972年11月竣工。1973年2月，两国政府通过交换信函商定，由中国为维修该水电站提供技术援助”[3]。

（三）贷款援助

1972年11月18日，中尼“两国政府签订了经济技术合作协定。根据这项协定，中国统一提供3亿卢比贷款，用于修建纳扬加特—廓尔喀公路，在加德满都—巴克达浦之间架设无轨电车服务设施，建设一座纺织厂和扩建砖瓦厂”[4]。

（四）技术援助

从1962年7月1日至1966年6月30日，应尼方要求，中国政府向尼泊尔政府派遣专家和技术人员，协助训练尼泊尔技术人员和熟练工人等。1970年底，中国派出专家和技术人员向尼提供技术援助。

---

① 林良光、叶正佳、韩华：《当代中国与南亚国家关系》，社会科学文献出版社2001年版，第292页。

② 林良光、叶正佳、韩华：《当代中国与南亚国家关系》，社会科学文献出版社2001年版，第285—286页。

③ 林良光、叶正佳、韩华：《当代中国与南亚国家关系》，社会科学文献出版社2001年版，第291页。

④ 林良光、叶正佳、韩华：《当代中国与南亚国家关系》，社会科学文献出版社2001年版，第293页。

四、中国对斯里兰卡的援助

（一）物资援助

殖民统治时期，斯里兰卡形成了重橡胶而轻粮食的种植模式。殖民体系瓦解后，斯里兰卡面临着粮荒。尤其在 1951 年和 1952 年斯里兰卡“大米歉收，粮荒严重，急需增加外汇购进大米，又逢美国敌意压低锡兰出口橡胶的价格”。鉴于此，“根据橡胶和大米五年贸易协定……每年中国供应锡兰大米 27 万吨……锡兰每年供应中国橡胶 5 万吨”[①]，并且，根据协定规定，“斯向中国出口的橡胶的价格高于新加坡世界市场平均价格，而中国向斯出口的大米则低于世界价格”[②]。1957 年 9 月，“中斯签订经济援助协定、贸易支付协定和换货协定，规定中斯相互给予最惠国待遇，中国五年内提供 7500 万斯里兰卡卢比的无偿商品援助”。[③] 1962 年 10 月，中斯签订了 1963 年换货议定书。1965 年 7 月，中斯两国政府在科伦坡签订关于中国向斯提供铁路客车车辆的协定。1971 年 5 月，“为了帮助加强海上警戒，阻止外国势力对斯人民解放阵线的支援，中国政府向斯赠送 5 艘快速海军巡逻艇”[④]。1972 年 9 月，中斯签订了中国政府向斯提供一艘货轮的贷款协定。同年 11 月下旬，中国政府向斯提供的第二艘货轮的贷款协定在科伦坡签字。12 月中下旬，中斯签订了 1973 年换货议定书。

（二）设施援建

1964 年 2 月，“中国政府决定对斯增加新的援助项目，包括帮助建造一座国际会议大厦和有关建筑物以及供应纺织品和大米等。为了实施上述援助计划，1964 年 11 月，中斯两国政府代表团在科伦坡签订了中国帮助

---

① 谢益显主编：《中国外交史（中华人民共和国时期 1949—1979）》，河南人民出版社 1998 年版，第 26 页。

② 林良光、叶正佳、韩华：《当代中国与南亚国家关系》，社会科学文献出版社 2001 年版，第 210 页。

③ 叶自成、李红杰主编：《中国大外交：折冲樽俎 60 年》，当代世界出版社 2009 年版，第 475 页。

④ 林良光、叶正佳、韩华：《当代中国与南亚国家关系》，社会科学文献出版社 2001 年版，第 231 页。

斯里兰卡修建普戈达纺织厂的合同书。根据中斯经济援助协定，中国无偿为纺织厂提供价值1556万卢比的机器、设备和建筑材料，并派技术人员进行指导”[①]。1968年8月，由中国援助的斯里兰卡西南部的埃赫利亚戈达纺织中心竣工。1968年12月，由中国援建的兰布卡纳纺织中心开工。1970年2月，中斯就中国援建明内里亚纺织厂举行换文仪式。1971年12月，中斯签订中国援建斯里兰卡棉纺织印染厂的协定。1973年5月，中国援建斯里兰卡纪念班达拉奈克国际会议大厦。1976年9月，中国援建的斯里兰卡金河防洪工程开工。

（三）贷款援助

1958年9月，“中国向斯提供5000万卢比贷款的换文仪式在科伦坡举行。这笔贷款是应斯政府的要求，以设备、生活用品和工具等形式提供，用于斯洪涝灾害后的修复和安置工作”。[②] 1970年9月，应斯政府的要求，中斯两国政府签订了中国向斯提供5360万卢比用于购买大米的贷款协定。1971年4月，应斯政府的要求，中国政府同意以可自由兑换外国货币的形式向斯提供相当于1.5亿卢比的长期无息贷款。1971年5月，中斯两国政府在科伦坡正式签订贷款协定。在整个20世纪70年代前半期，“中国政府在力所能及的范围内向斯提供了数量有限的援助，其中包括商品援助和项目援助，据统计总额约5.2亿卢比。……这些援助条件极其优惠，所有贷款均不附带任何条件，均为无息贷款。”[③]

五、中国对孟加拉的援助

（一）物资援助

1974年8月，“孟加拉国发生严重水灾，中国红十字会致电孟加拉国

---

① 林良光、叶正佳、韩华：《当代中国与南亚国家关系》，社会科学文献出版社2001年版，第223页。

② 林良光、叶正佳、韩华：《当代中国与南亚国家关系》，社会科学文献出版社2001年版，第217页。

③ 林良光、叶正佳、韩华：《当代中国与南亚国家关系》，社会科学文献出版社2001年版，第236页。

红十字会，向受灾人民……捐赠价值人民币200万元的物资，包括500吨小麦、1600包毛毯和600包针织品”。[①] 1978年12月，中孟两国政府签署1979年贸易议定书，内容包括交换价值5000万美元的货物。

（二）贷款援助

1978年3月，“中孟两国在达卡签订了《经济技术合作协定》和《科学技术合作协定》。根据这些协定，中国将向孟加拉国提供5900万美元无息贷款，用以建设一座日产能力为180吨的化肥厂和在达卡附近建设一座能够灌溉2000公顷土地的水利工程”[②]。

六、中国对马尔代夫的援助

“1972年10月14日两国建立外交关系。……中国对马尔代夫的经援有：无偿提供的通讯设备，马发生海啸、风暴时提供救灾物资和赠送大米，还通过双边和多边渠道向马提供长期无息贷款和少量赠款。中国对马援建项目有：首都马累居民住房三幢，海水淡化工程等”。[③] 中国从1972年开始向马提供无偿援助。

第二节　中国对南亚援助的诉求调整阶段

一、诉求调整阶段的援助概况（20世纪80年代至21世纪）

在这一时期，中印关系解冻，中国与南亚其他受援国的双边关系持续发展，双边关系中的经济议程逐渐获得更多重视。中国对南亚国家的援助在双边经济交往拓展的背景下展开。

中国对巴基斯坦、尼泊尔、斯里兰卡、孟加拉和马尔代夫的援助持续

---

① 林良光、叶正佳、韩华：《当代中国与南亚国家关系》，社会科学文献出版社2001年版，第177页。

② 林良光、叶正佳、韩华：《当代中国与南亚国家关系》，社会科学文献出版社2001年版，第183页。

③ 田增佩主编：《改革开放以来的中国外交》，世界知识出版社1993年版，第122页。

进行并得到进一步扩大，巴基斯坦仍是最重要的受援国，中国对印度的援助很少，从笔者已查获资料看，仅有一件中国对印度的援助事例。

改革开放后，中国以经济建设为中心，经济高速增长，国家经济实力不断增强。中国整体的对外援助依然向前发展，但对援助的战略导向进行了重大的调整，整体的援外规模相对于经济发展来说得到控制，对外援助的经济效益逐渐被更加重视。南亚的经济价值开始被中国关注。在中国援外规划中，中国前期首要受援国的地位下降，南亚国家的地位有所上升。

在这一时期，国际环境发生剧变，先是一度强化冷战，然后在其间结束，此后印巴核试验竞争加剧了地区的对峙局面。由于苏联解体，南亚国家的援助来源国格局发生了变化。南亚国家比上一个时期更注重经济发展，对中国的援助需求比上一个时期增强。

二、中国对印度的援助

资金援助

1993 年，“10 月 1 日，李鹏总理致电印度总理拉奥，对印度马哈拉施特拉邦遭受严重地震灾害表示慰问。中国红十字会向印度灾民捐款 5 万美元”。[①]

三、中国对巴基斯坦的援助

（一）物资援助

整个 20 世纪的 80 年代，中国“向巴基斯坦提供了相当数量的物质援助……缓解 300 万阿富汗难民带来的经济负担。中国红十字会多次赠送药品、机械、小麦等物资，协助难民救济工作。中国还呼吁其他国家包括美国向巴提供援助……”中国表示，“巴基斯坦是南亚的主要稳定因素，应

---

① 中华人民共和国外交部外交史编辑室编：《中国外交概览：1994》，世界知识出版社 1994 年版，第 92 页。

该得到尽可能多的援助”。[①] 1990 年，“7 月 17 日，伊沙克·汗总统和贝·布托总理祝贺中国在 7 月 16 日成功地发射了巴基斯坦第一颗实验气象卫星，赞赏这是中巴两国合作和中国给予巴基斯坦真诚帮助的又一光辉的范例”[②]。1990 年 9 月，“双方签署了……中国政府向巴基斯坦境内的阿富汗难民提供 300 万元人民币救济物资换文”。[③] 1992 年 10 月，“两国政府签署了中巴领事条约、关于中国向在巴基斯坦境内的阿富汗难民提供救济物资的换文”。[④]

（二）设施援建

截至 20 世纪 80 年代中期，中国向巴基斯坦提供的设施“援建的项目有很多，最有代表性的，如塔克西拉重型机械厂、恰希马核电站和一些基础设施。1984 年，中国帮助巴建成的喀拉昆仑公路，被巴方誉为‘中巴友谊之路’”[⑤]。1990 年 8 月，“据巴基斯坦原子能委员会（PA EC）报道，在中国的帮助下，巴基斯坦在伊斯兰堡附近的巴基斯坦核科学技术研究所核研究中心又建造了一座教学研究堆 Parr－2”。[⑥]

（三）贷款援助

1989 年 2 月 23 日至 27 日，中巴双方签署了执行 1987 年援巴贷款协定中的《关于向拉合尔阿拉玛·伊克巴尔医学院综合设施提供医疗设施的协定书》。1991 年，杨尚昆主席访巴签订《中巴经济技术合作协定》，向巴基斯坦提供 5000 万元无息贷款。1992 年 11 月 15 日，中巴“签署了会议纪要和贷款推迟（5 年）偿还以及利用贷款余额购中国一百辆大客车的两

---

① 林良光、叶正佳、韩华：《当代中国与南亚国家关系》，社会科学文献出版社 2001 年版，第 161 页。

② 中华人民共和国外交部外交史编辑室编：《中国外交概览：1991》，世界知识出版社 1991 年版，第 77 页。

③ 中华人民共和国外交部外交史编辑室编：《中国外交概览：1991》，世界知识出版社 1991 年版，第 76 页。

④ 田增佩主编：《改革开放以来的中国外交》，世界知识出版社 1993 年版，第 100 页。

⑤ 朱明忠：《中巴关系的特点与发展前景》，载《2002 年亚太地区发展报告》，社会科学文献出版社 2003 年版。http：//www. sasnet. cn/ZuiXinCG/showcontent. asp？ iD＝8。

⑥ 王玉荟译，晓文校：《中国援助巴基斯坦建造第二座研究堆》，美国《核子周刊》，1990 年 8 月 9 日，第 4 页。

个换文"[1]。1993年12月1日至7日，中巴"双方签署了中国向巴提供1300万美元军援贷款换文"[2]。1994年7月17日至21日，"国务院兼国防部长迟浩田上将访问巴基斯坦。……迟部长向向贝·布托总理通报，中国政府决定1994年度向巴基斯坦提供1300万美元的无息军援贷款"。[3]

四、中国对尼泊尔的援助

（一）物资援助

1991年12月3日，"中国驻尼泊尔大使馆经济参赞向尼运输公司总经理转交了中国援助的20辆卡车"。[4] 1993年2月7日，"中国决定向尼受旱灾地区提供1000吨大米的无偿援助，并负责运抵加德满都"[5]。1993年8月1日，"中国政府决定向尼提供150万元人民币的救灾物资"。[6]

（二）设施援建

改革开放后，中国继续着20世纪与尼泊尔形成的援助。1978年以来，中国"向尼提供并已完成的经援项目有：加德满都无轨电车及设备维修、巴格达浦砖厂、希托拉棉纺织印染厂、廓尔喀—纳拉场卡公路（全长61公里）、博克拉水利灌溉工程、巴里克蒂造纸厂和蓝毗尼糖厂等"，以及"加德满都国际会议中心、博克拉—巴格隆公路（全长73公里）、加科公路巴科段养护和加德满都无轨电车线网与整流站维修养护等"[7]。1989年

---

① 中华人民共和国外交部外交史编辑室编：《中国外交概览：1993》，世界知识出版社1993年版，第79页。

② 中华人民共和国外交部外交史编辑室编：《中国外交概览：1994》，世界知识出版社1994年版，第83页。

③ 中华人民共和国外交部外交史编辑室编：《中国外交概览：1995》，世界知识出版社1995年版，第83页。

④ 中华人民共和国外交部外交史编辑室编：《中国外交概览：1992》，世界知识出版社1992年版，第83页。

⑤ 中华人民共和国外交部外交史编辑室编：《中国外交概览：1994》，世界知识出版社1994年版，第87页。

⑥ 中华人民共和国外交部外交史编辑室编：《中国外交概览：1994》，世界知识出版社1994年版，第87页。

⑦ 田增佩主编：《改革开放以来的中国外交》，世界知识出版社1993年版，第118页。

11月，“中尼双方在加德满都签订了中尼两国政府关于经济技术合作协定。根据该协定，中国同意援助尼泊尔实施一些建设项目”[①]。1991年10月28日，“中尼双方就修复尼泊尔塞蒂河大桥签订意向协定。”[②]。1992年9月9日，中国“同意以赠款援助方式为尼修建一所肿瘤医院。11月15日至22日，应尼政府邀请，河南省副省长秦科才率省代表团访尼，……并就中国援建的博巴公路建设情况同尼方举行了会谈”[③]。1993年8月4日，“中国援建的国际会议大厦完工并移交尼政府”[④]。“1997年，中国援建了一个射击场，并为原有一个大型体育场更新和升级了所有设备”[⑤]。1998年，由中国政府援建的医院位于尼泊尔南部巴拉特普尔市，项目总造价为9700多万元人民币。

（三）人才培养

1989年，中国向尼泊尔提供20个奖学金名额[⑥]；1990年，中国向尼泊尔提供20个奖学金名额（当年尼泊尔在华留学生共109人）[⑦]；1991年，中国向尼提供20个奖学金名额”；1992年，中国向尼泊尔提供20个奖学金名额[⑧]；1993年，中国向尼泊尔提供23个奖学金名额（当年尼泊尔在华留学生共112人）[⑨]。

---

① 田增佩主编：《改革开放以来的中国外交》，世界知识出版社1993年版，第118页。

② 中华人民共和国外交部外交史编辑室编：《中国外交概览：1992》，世界知识出版社1992年版，第82页。

③ 中华人民共和国外交部外交史编辑室编：《中国外交概览：1993》，世界知识出版社1993年版，第83页。

④ 中华人民共和国外交部外交史编辑室编：《中国外交概览：1994》，世界知识出版社1994年版，第87页。

⑤ 陈乔炎、章建华：《中印日援助鏖战尼泊尔　中国项目最有效》2010年9月1日。http://mil.news.sina.com.cn/2010-09-01/1110608853_2.html。

⑥ 中华人民共和国外交部外交史编辑室编：《中国外交概览：1990》，世界知识出版社1990年版，第76页。

⑦ 中华人民共和国外交部外交史编辑室编：《中国外交概览：1991》世界知识出版社1991年版，，第80页。

⑧ 中华人民共和国外交部外交史编辑室编：《中国外交概览：1993》，世界知识出版社1993年版，第83页。

⑨ 中华人民共和国外交部外交史编辑室编：《中国外交概览：1994》，世界知识出版社1994年版，第88页。

五、中国对斯里兰卡的援助

（一）物资援助

1978 年，中斯双方签订了 1979 年换货议定书，按照换货议定书规定，中国将在一年内向斯里兰卡提供 20 万吨大米。1983 年 9 月，对斯里兰卡因种族骚乱造成的损失，“中国红十字会向斯里兰卡红十字会捐赠救济物资，包括地毯、服装和丝莎丽织物，计 2700 公斤。……10 月 13 日，中国政府无偿赠送给斯里兰卡政府 2000 吨大米的换文在北京举行，这批大米是用来帮助斯克服因种族骚乱造成的粮食短缺”①。1989 年 5 月，“中国向斯里兰卡提供了 13 万美元的旱灾救济物资”。② 1990 年 2 月 16 日至 18 日，“经贸部副部长李岚清率中国政府经济代表团访斯，考察斯“文化三角”，中国同意为修复佛塔向斯提供 6000 万卢比的援助，其中 3000 万为赠款”③。1990 年 10 月，“中国向斯提供价值 100 万人民币的帐篷，救济斯东、北两省的难民”。④

（二）设施援助

1978 年 8 月，“中国援建的斯里兰卡乌达瓦拉维淡水养殖试验站举行交接仪式。……12 月，双方签订了 1979 年换货议定书”。⑤ 1989 年 10 月，“中国援建的最高法院大楼全部交付使用，阿努拉达普拉米粉厂动工兴建，中斯还就中国援建普特兰自来水厂达成协议”。⑥ 1991 年 2 月，“中国援助

---

① 林良光、叶正佳、韩华：《当代中国与南亚国家关系》，社会科学文献出版社 2001 年版，第 247 页。

② 中华人民共和国外交部外交史编辑室编：《中国外交概览：1990》，世界知识出版社 1990 年版，第 84 页。

③ 中华人民共和国外交部外交史编辑室编：《中国外交概览：1991》，世界知识出版社 1991 年版，第 89 页。

④ 中华人民共和国外交部外交史编辑室编：《中国外交概览：1991》，世界知识出版社 1991 年版，第 90 页。

⑤ 林良光、叶正佳、韩华：《当代中国与南亚国家关系》，社会科学文献出版社 2001 年版，第 241 页。

⑥ 中华人民共和国外交部外交史编辑室编：《中国外交概览：1990》，世界知识出版社 1990 年版，第 84 页。

斯里兰卡的大米制品和推广实验厂举行正式投产典礼。4 月 29 日，中国援建的马哈提萨—法显纪念馆正式开工。8 月 6 日，中国援建的普塔兰供水工程正式动工”。[①] 1992 年 6 月，“中国赠款援建的‘纪念摩诃帝沙—法显文化馆’举行揭幕仪式。斯里兰卡总统称该文化馆是斯中友谊的又一丰碑”。[②] 截至 1993 年，“中国在斯里兰卡已建成的经援项目有：纪念班达拉奈克国际会议大厦、最高法院大楼、摩诃蒂萨—法显纪念馆、纺织厂、水利工程、印染车间、养鱼站、水粉厂。斯里兰卡总统、总理高度赞扬中国对斯的援助，称赞中国对斯的援建项目是两国友谊、亲善和合作的永恒象征”。[③] 1994 年 6 月 29 日，由中国援建的斯里兰卡邮政分拣大楼开工。

（三）贷款援助

1980 年 1 月，“中斯两国政府在科伦坡签订了一项经济技术合作协定。根据这项协定，中国将在 7 年内向斯政府提供 5000 万元人民币的无息贷款”。[④] 冷战结束后，中国继续推进对斯里兰卡的援助。1990 年 12 月，“中斯两国签订了经济技术合作协定，中方向斯方提供 5000 万元人民币无息贷款”。[⑤] 1996 年 4 月，中斯“两国政府签订了……中国向斯里兰卡提供政府贴息优惠贷款的框架协定”。[⑥]

（四）技术援助

1980 年 1 月，“双方代表……互换了关于中国派工作组到斯研究建设

---

① 中华人民共和国外交部外交史编辑室编：《中国外交概览：1992》，世界知识出版社 1992 年版，第 96 页。

② 中华人民共和国外交部外交史编辑室编：《中国外交概览：1993》，世界知识出版社 1993 年版，第 93 页。

③ 田增佩主编：《改革开放以来的中国外交》，世界知识出版社 1993 年版，第 121 页。

④ 林良光、叶正佳、韩华：《当代中国与南亚国家关系》，社会科学文献出版社 2001 年版，第 244 页。

⑤ 中华人民共和国外交部外交史编辑室编：《中国外交概览：1991》，世界知识出版社 1991 年版，第 89 页。

⑥ 林良光、叶正佳、韩华：《当代中国与南亚国家关系》，社会科学文献出版社 2001 年版，第 255 页。

工程可行性的文件”。①

（五）人才培养

1989年，中国向斯里兰卡提供20个奖学金名额；②。1990年，“中国向斯提供20个奖学金名额。”③。1991年，中国向斯提供20个奖学金名额；④。1992年，中国向斯提供20个奖学金名额；⑤ 1993年，“中国向斯提供10个奖学金名额，当年斯在华留学生共50人”；⑥ 1994年，中国向斯提供20个奖学金名额，当年斯在华留学生共43人”。⑦

六、中国对孟加拉的援助

（一）物资援助

1980年3月1日，中孟“两国政府签署了5年内每方交换价值约2.5亿美元货物的长期贸易协定”。⑧ 1985年7月，中孟两国签订了“中国向孟无偿提供价值50万美元的4艘平底远洋登陆舰办理了换文。1986年3月，两国政府签订了……中国政府向孟加拉国政府赠送一批儿童服装的换文。同年1月由中国援建的波拉什尿素厂开工”。⑨ 1988年8月至9月间，

---

① 林良光、叶正佳、韩华：《当代中国与南亚国家关系》，社会科学文献出版社2001年版，第244页。

② 中华人民共和国外交部外交史编辑室编：《中国外交概览：1990》，世界知识出版社1990年版，第85页。

③ 中华人民共和国外交部外交史编辑室编：《中国外交概览：1991》世界知识出版社1991年版，第90页。

④ 中华人民共和国外交部外交史编辑室编：《中国外交概览：1992》，世界知识出版社1992年版，第97页。

⑤ 中华人民共和国外交部外交史编辑室编：《中国外交概览：1993》，世界知识出版社1993年版，第93页。

⑥ 中华人民共和国外交部外交史编辑室编：《中国外交概览：1994》，世界知识出版社1994年版，第102页。

⑦ 中华人民共和国外交部外交史编辑室编：《中国外交概览：1995》，世界知识出版社1995年版，第102页。

⑧ 林良光、叶正佳、韩华：《当代中国与南亚国家关系》，社会科学文献出版社2001年版，第186—187页。

⑨ 林良光、叶正佳、韩华：《当代中国与南亚国家关系》，社会科学文献出版社2001年版，第194页。

“孟加拉国发生特大水灾。9 月，中国派专机运去 200 万元人民币救灾物资，同时还派出三架直升机赴孟参加抗洪救灾二个月”。[①]。1991 年 4 月 7 日至 9 日，中孟“办理了中方向孟提供一条年产 50 万条自行车链条成套设备的换文”。[②] 1991 年 6 月，双方签署了“中国政府向孟加拉国政府赠送 200 台手扶拖拉机和配套机具的换文”[③]。1991 年 5 月 7 日，“中国政府决定向遭遇飓风灾害袭击的孟加拉国提供价值 200 万美元的紧急物资援助。5 月 13 日至 6 月 4 日，中国应孟加拉国政府请求派出两架直升机赴孟帮助救灾。中国红十字会和中国人民解放军总参谋部还分别向孟提供了 20 万人民币的物资、药品和医疗器械”。[④] 1992 年 12 月，“签署了中方以卖方信贷方式帮助孟开发煤矿的协议书”。[⑤]

（二）设施援建

1983 年 10 月，“中国援建的桑德尔帮纺织厂竣工投产”。[⑥] 1987 年 7 月，中孟“两国政府签署了关于中国帮助孟建设桑布吉公路桥议定书”[⑦]，此大桥的“建造费用大约 7.2 亿塔卡，其中约 4.4 亿塔卡由中国政府提供”。[⑧] 1988 年 12 月，“两国政府签署了改造蕾尼维克机械厂议定书，1990 年 6 月，双方签署了建造马哈南达公路桥议定书、中国帮助孟建设一座医院的考察换文等文件”。[⑨] 1991 年 4 月 7 日至 9 日，中孟“双方签署了在达

---

① 田增佩主编：《改革开放以来的中国外交》，世界知识出版社 1993 年版，第 116 页。

② 中华人民共和国外交部外交史编辑室编：《中国外交概览：1992》，世界知识出版社 1992 年版，第 86 页。

③ 林良光、叶正佳、韩华：《当代中国与南亚国家关系》，社会科学文献出版社 2001 年版，第 202 页。

④ 中华人民共和国外交部外交史编辑室编：《中国外交概览：1992》，世界知识出版社 1992 年版，第 87—88 页。

⑤ 中华人民共和国外交部外交史编辑室编：《中国外交概览：1993》，世界知识出版社 1993 年版，第 85 页。

⑥ 林良光、叶正佳、韩华：《当代中国与南亚国家关系》，社会科学文献出版社 2001 年版，第 196 页。

⑦ 林良光、叶正佳、韩华：《当代中国与南亚国家关系》，社会科学文献出版社 2001 年版，第 196 页。

⑧ 林良光、叶正佳、韩华：《当代中国与南亚国家关系》，社会科学文献出版社 2001 年版，第 200 页。

⑨ 林良光、叶正佳、韩华：《当代中国与南亚国家关系》，社会科学文献出版社 2001 年版，第 196 页。

卡建设一座综合医院的议定书"[①]。1991 年 8 月 29 日，"孟加拉国方面为中国援建的马哈南达大桥举行奠基仪式"。[②] 1993 年 6 月，"中国援建孟加拉国的马哈南达桥竣工通车，这是中国援建的第三座友谊大桥"。[③] 截至 1993 年，"迄今中国在孟加拉国援建了棉纺厂、化肥厂、布里刚戈河孟中大桥、鲁普甘吉北水利工程、桑布贡吉孟中友谊大桥等项目"。[④]

（三）贷款援助

1980 年 7 月，"中孟签署了两国政府贷款协定和两国政府间民用航空运输协定"。[⑤] 1982 年 11 月，中孟签署了"中国向孟提供贷款的协定"。[⑥] 1985 年 7 月，"两国政府签订的经济技术协定就中国政府为建造大桥提供无息贷款和技术援助做了具体安排"，这座桥"工程总费用 10.882 亿塔卡，其中中国方面提供 5.8 亿塔卡"。[⑦] 1992 年 8 月，"中孟经济联委会第七次会议在北京举行，双方就经贸合作举行了全面讨论，签署了联委会协议纪要。根据协议，中国向孟提供 3000 万元人民币无息贷款，用于孟兴办中小型合资项目"。[⑧]

（四）技术援助

1985 年 7 月，就建造大桥，中孟两国就中国提供"技术援助做了具体安排"[⑨]。1998 年 6 月上旬，中国"汉中百事特白板纸集团有限公司赴外

---

① 中华人民共和国外交部外交史编辑室编：《中国外交概览：1992》，世界知识出版社 1992 年版，第 86 页。

② 中华人民共和国外交部外交史编辑室编：《中国外交概览：1992》，世界知识出版社 1992 年版，第 86 页。

③ 中华人民共和国外交部外交史编辑室编：《中国外交概览：1994》，世界知识出版社 1994 年版，第 91 页。

④ 田增佩主编：《改革开放以来的中国外交》，世界知识出版社 1993 年版，第 114 页。

⑤ 田增佩主编：《改革开放以来的中国外交》，世界知识出版社 1993 年版，第 111 页。

⑥ 林良光、叶正佳、韩华：《当代中国与南亚国家关系》，社会科学文献出版社 2001 年版，第 193 页。

⑦ 林良光、叶正佳、韩华：《当代中国与南亚国家关系》，社会科学文献出版社 2001 年版，第 197 页

⑧ 中华人民共和国外交部外交史编辑室编：《中国外交概览：1993》，世界知识出版社 1993 年版，第 85 页。

⑨ 林良光、叶正佳、韩华：《当代中国与南亚国家关系》，社会科学文献出版社 2001 年版，第 197 页

技术援助的 4 名工程技术人员起程前往孟加拉国”。[①]

七、中国对马尔代夫的援助

（一）设施援建

1989 年，“中国政府援建的马累住房工程正式开工”。[②] 1991 年 7 月 5 日，“中国援助马尔代夫的海水淡化设备及相应临时建设施项目开工”。[③] 1992 年 6 月 15 日至 20 日，“双方签署了援建马累第三幢住房和中国专家住房两项换文”。[④] 1993 年 11 月 22 日，“中国援建的马累第三幢住房工程举行奠基仪式”。[⑤] 1999 年 4 月，中马两国政府就中国援助的马尔代夫第四期住房项目换文立项。该建筑面积 3373 平方米，为六层住房。设计合同价为 140 万元人民币。

（二）物资援助

1991 年，“8 月 5 日，中国向马尔代夫政府提供了 80 吨屋面瓦楞铁皮的援助”。[⑥]

第三节 中国对南亚援助的全面推进阶段

一、全面阶段的概况（2000 年至今）

在经过 20 世纪 90 年代末的挫折后，中印关系呈现出积极上升的态势。

---

① 刘天明：《汉中百特白板级集有限公司赴孟加拉．进行国际间技术援助》，载于《造纸信息》1998 年第 8 期，第 13 页。

② 中华人民共和国外交部外交史编辑室编：《中国外交概览：1990》，世界知识出版社 1990 年版，第 85 页。

③ 中华人民共和国外交部外交史编辑室编：《中国外交概览：1992》，世界知识出版社 1992 年版，第 97 页。

④ 中华人民共和国外交部外交史编辑室编：《中国外交概览：1993》，世界知识出版社 1993 年版，第 93—94 页。

⑤ 中华人民共和国外交部外交史编辑室编：《中国外交概览：1994》，世界知识出版社 1994 年版，第 103 页。

⑥ 中华人民共和国外交部外交史编辑室编：《中国外交概览：1992》，世界知识出版社 1992 年版，第 97 页。

中国与其他南亚六国的关系得到全面深入的发展，双边经济关系更为密切，经济议程的地位高于上一个时期。中国对南亚国家的援助随着双边经济往来的提升而迈进新的发展阶段。

中国对印度的援助迅速增加，中国对南亚其他建交五国的援助持续了上一时期向上发展的态势。中国对南亚援助在时间和空间上更为全面地覆盖了除不丹外的所有国家，达到历史新高度。

在这一时期，中国加入了世界贸易组织，经济持续高速发展，与世界的相互依存度迅速提升，国民生产总值在2010年跃居世界第二位，援外的经济基础增强。中国整体的对外援助被更为有意识地与经济发展和国家形象战略诉求密切结合在一起。南亚的经济价值对中国而言更为重要。在中国的对外援助中，南亚国家成为十分重要的受援国。

“9·11事件”发生后，美国把反恐作为战略重点，因此比上一时期更为重视南亚国家，对南亚的援助有所加强。南亚经济的发展尤其是印度经济的快速发展，使得其他发达国家更为重视并增加了对南亚的援助。南亚的援助格局更为多极化。基于中国经济实力和对外政策的比较优势，南亚国家对中国的援助需求在增加。

二、中国对印度的援助

（一）人道主义救援

为支持印度抗灾救灾，2004年12月，中国红十字会向印度红十字会捐赠220万卢比（折合5万美元）紧急救灾款。2005年1月，中国驻印大使馆向印度灾区捐款108万卢比。同期，在印度的中资机构也举行了捐款活动。TCL公司捐献120万人民币及价值10万人民币的药品和物资。华为公司捐献120万卢比现金及物资。中国驻孟买总领馆、驻印新闻机构也举行捐款。2005年1月，中国向印度总理国家救灾基金捐款80万美元。2005年10月，中国红十字会向印度地震灾区捐款5万美元。2005年12月，驻印度使馆举行大型慈善义卖活动，义卖所得全部捐给印度慈善机构。2006年1月，中华慈善总会向拉吉夫·甘地基金会捐款100万卢比，以资助其慈善事业。2006年2月，中华慈善总会向印度进步、和谐和发展

（PHD）商会所属的农村发展和家庭福利基金会捐款50万卢比。2006年12月，中国政府向印度拉吉夫·甘地基金会捐款20万美元，以缅怀拉·甘地总理，感谢他为中印关系做出的杰出贡献。2006年12月，中华慈善总会向印度慈善组织卡塔（KATHA）总部捐款80万卢比。2009年5月，中国红十字会向印西孟加拉邦遭受洪灾的民众捐助141万卢比（3万美元）善款。2009年10月，中国红十字会为印度南部卡纳塔克邦等地区洪灾捐助善款222.5万卢比（5万美元）。2011年6月，驻孟买总领事将协助在领区的中资企业回馈社会，积极向当地慈善机构进行捐助活动。2011年7月，中国山东电建三公司在孟买向当地两家非政府组织捐赠300万卢比（约合6.78万美元），用于为当地智障儿童提供治疗和康复服务，以及用于孟买贫民窟基础设施的改造。2012年10月，中国驻孟买总领馆组织参加了“美炉美食节”（Melting Pot）大型公益募捐活动，旨在为孟买有关慈善机构募捐。2013年11月，中国驻印度大使馆举行慈善义卖。

（二）物资援助

2006年1月，孙玉玺大使向印度培梅中学赠送了电视机、DVD、文具和中国古代著名诗人诗集等，并向印度商报赠送光盘和书籍。2007年2月，代表国务院侨务办公室向冰哥罗中印福利社赠送了舞狮用品。2007年5月，驻印度大使馆分别向印度共产党和印度共产党（马克思主义）赠送图书、光盘各近百册（张）。2008年5月，中国驻印使馆向位于新德里南部的蒙特·卡梅尔学校捐赠图书和音像资料。2011年11月，中国政府向那烂陀大学捐款100万美元。

（三）设施援建

2004年，中国黑龙江龙建路桥公司承建了由亚洲开发银行贷款修建的印度国家“八号公路”约65公里的路段。[①] 2013年，中国参与援建印度比哈尔邦的那烂陀大学。

---

① 中国驻印度使馆政治处檀勋生：《在印度修路的中国人——记中国黑龙江龙建路桥公司》，更新时间：2008－09－18。中华人民共和国外交部官网：http：//www. fmprc. gov. cn/mfa_ chn/gjhdq_ 603914/gj_ 603916/yz_ 603918/1206_ 604930/ywfc_ 604952/t513344. shtml。

三、中国对巴基斯坦的援助

（一）人道主义救助

2005年10月8日，巴基斯坦北部地区8日上午发生里氏7.6级地震，中国政府决定向巴基斯坦政府提供包括现汇和物资在内的620万美元紧急人道主义救灾援助，并向巴受灾地区派遣搜救队。9日，中国政府还派遣国际救援队前往巴基斯坦地震灾区实施国际人道主义救援。同时，中国国防部向巴基斯坦国防部提供10万美元现汇的紧急人道主义援助，用于救灾与灾后重建工作。2008年10月30日，中国政府向俾路支省地震灾区捐赠100万美元现汇援助。2008年10月31日，中国红十字会向巴基斯坦地震灾区捐赠5万美元现汇。2009年5月27日，中国政府向巴基斯坦国内流离失所平民（IDP）提供90吨价值3000万元人民币的紧急物资援助，主要包括净水设备、发电机、药品等。2009年6月13日，驻巴基斯坦使馆向灾情最严重的马拉坎德地区捐赠100袋大米、100袋面粉、500箱饮用水和100张床垫，该批物资总价值11000美元。2010年3月30日，中国红十字会向巴吉尔吉特－巴尔蒂斯坦地区因山体滑坡而被困的灾民捐赠3万美元现金。2010年8月4日上午，中国政府向巴基斯坦政府提供价值1000万人民币的紧急人道主义救灾物资。2010年8月5日，中国红十字会向巴灾区捐赠5万美元。2010年8月26日，中国国际救援队一行60人赴巴基斯坦施救。2010年9月6日，北京市政府向伊斯兰堡捐赠5万美元救灾款。2010年9月7日，驻巴基斯坦大使刘健与巴基斯坦经济事务部务秘书哈利姆共同出席中国政府向巴洪扎堰塞湖以北居民提供的价值2000万元人民币援助物资的交接仪式，并签署相关交接证书。2010年9月，中华全国妇女联合会向该基金捐赠50万元人民币救灾物资。2010年9月22日，中国国务院总理温家宝宣布，在已有援助的基础上，中国将再向巴基斯坦提供2亿美元的无偿援助，支持巴抗洪救灾、重建家园。2010年10月14日，中华全国总工会向巴捐赠2万美元救灾款。2010年10月14日，中国红十字会向巴红新月会捐赠200万元人民币救灾款。2011年1月1日，中国红十字会向巴灾民捐赠100万元人民币善款。2011年9月8日，中国驻巴使馆向巴信德省捐赠60万卢比现金。2011年9月12日，中国红十字会向巴红新月会捐赠5万美元救灾款。2011年9月15日，驻巴基斯坦使馆就旁遮普省登革热疫情捐赠100万卢比支票。2011年11月13日，中国驻巴基斯坦使馆向巴外交部妇女联合会捐赠100万卢比善款。2013年8月26日上午，中国政府向巴基斯坦政府提供洪灾救助款的交接证书签字仪式在巴经济事务部举行。2013年9月30日，中国红十字总会向巴红新月会捐款10万美元，同时，中国驻巴使馆向巴俾路支省地震灾区捐款。2014年3月8日，中国驻巴使馆举办慈善拍卖和义卖会。

（二）物资援助

2008年12月6日，中国"向巴基斯坦气象局捐赠设备仪式在巴气象局举行"，"这批仪器包括温度计、风速仪、雨量自动收集器等，由中国家气象局提供"。① 2009年2月，中国政府表示将向巴基斯坦提供援助。2009年9月14日，中国华为技术公司向巴基斯坦南方科技促进可持续发展委员会（COMSATS）大学捐赠价值450万美元的最新通讯实验设备。2009年12月18日，中国华为技术公司向巴基斯坦COMSATS大学捐赠价值470万美元通讯实验设备。2010年4月7日，中国驻巴基斯坦使馆向巴Peak Montessori小学赠送教材文具。2010年5月7日，中国葛洲坝水利工程公司向查特卡拉斯中学捐赠12台电脑及大批学习用具。2010年6月2日，驻巴基斯坦使馆向巴首都警察局捐赠一批办公用品。2013年5月23日，中国国务院总理李克强访巴基斯坦期间，"中方还宣布给巴方提供5000万人民币的援助"。②

（三）设施援建

2002年3月，吴邦国副总理赴巴基斯坦，与穆沙拉夫总统共同主持了

---

① 《我向巴基斯坦气象局捐赠气象设备》，更新时间2008-12-08，引用时间：2014-06-08。中华人民共和国外交部官网：http://www.fmprc.gov.cn/mfa_chn/gjhdq_603914/gj_603916/yz_603918/1206_604018/1206x2_604038/t525221.shtml。

② 苏展：《中国援助巴基斯坦5千万人民币 两国签署卫星导航协议》，2013-05-23，http://news.ifeng.com/mainland/special/likeqiangchufang/content-3/detail_2013_05/23/25626652_0.shtml。

中国援建的瓜达尔港口工程的开工典礼。2011 年 5 月，“巴基斯坦请求中国在其西南部港口瓜达尔建一个海军基地，并希望中国海军能在那里保持常规存在”。[①] 2013 年 11 月，巴基斯坦大型核电项目在巴南部港口城市卡拉奇举行启动仪式。该核电项目造价 95.9 亿美元，由中国援建，预计 6 年内完工。[②]

四、中国对尼泊尔的援助

（一）人道主义救助

2004 年 5 月 22 日，驻尼泊尔使馆参加联合国驻尼办事处妇女组织主办的义卖活动以帮助尼泊尔贫困山区儿童就学。2004 年 6 月 16 日，驻尼使馆向尼泊尔萨若基·柯伊拉腊基金会捐赠了一批电脑和打印机。2006 年 9 月 4 日，中国驻尼泊尔使馆向尼泊尔红十字会捐赠 75 万卢比（约合 1 万美元），用于尼遭受水灾地区的赈灾工作。2007 年 8 月 15 日，中国红十字会就尼洪灾向尼红十字会捐赠 20 万人民币现汇。2007 年 9 月 13 日，西藏自治区人民政府向尼泊尔红十字会捐赠救灾物资。2008 年 8 月 22 日，中国红十字会向尼泊尔红十字会提供 5 万美元的紧急水灾援助。2008 年 9 月 23 日，中国政府向尼泊尔政府提供 30 万美元的水灾援助，以支持尼南部地区的水灾救助工作。

（二）物资援助

2001 年，中国政府与尼泊尔政府签署了中国政府对尼泊尔政府提供无偿援助框架协议。2004 年 12 月 14 日，孙和平大使向尼泊尔编辑和作家协会赠送 3 台笔记本电脑。2005 年 3 月 18 日，中华全国妇女联合会向尼军官夫人协会捐赠 60 台缝纫机。2005 年 4 月 12 日，中华全国妇女联合会向尼泊尔商业和职业妇女联合会捐赠 60 台缝纫机和 2 台笔记本电脑。2005

① 《巴基斯坦邀请中国在西南部港口援建海军基地》，2011－05－25，http：//xian. qq. com/a/20110525/000167. htm。

② 杨迅：《中国援建巴基斯坦核电站动工 造价近百亿美元》，2013－11－28，http：//news. qq. com/a/20131128/005152. htm。

年4月28日，中华全国妇女联合会向尼泊尔妇女企业家联合会捐赠60台缝纫机和2台笔记本电脑。2005年4月29日，孙和平大使移交援助尼泊尔的集装箱检测系统。截至2005年，中方向尼泊尔政府提供了15.3亿人民币的无偿援助。2006年5月16日，孙和平大使向尼泊尔加德满都河谷公共图书馆（以下简称图书馆）捐赠了一批介绍中国文化艺术、经济社会发展及西藏历史文化的书籍和音像制品。2006年8月4日，西藏自治区政府向尼泊尔东南偏远而贫困的乌达普县捐赠一辆救护车（此车是2005年12月西藏自治区人民政府主席向巴平措访尼时，应乌达普县人民要求给予的捐赠）。2007年5月30日，西藏自治区人民政府向尼卡什拉吉·潘迪基金会捐赠115万卢比（约合1.8万美元），用于建设尼锡安贾县敬老院项目。2007年6月18日，全国人大向尼泊尔议会捐赠办公用品。2007年8月31日，中国气象局向尼泊尔水文气象局捐赠一套中国风云2D数据接收和处理系统。2007年11月12日，中国政府向尼泊尔提供选举物资，价值约9千万卢比。2007年12月20日，中国驻尼泊尔使馆与尼财政部签署了向尼提供无偿援助的经济技术合作协定。2009年2月9日，邱国洪大使向中尼边境的巴拉比谢镇的天堂私立学校捐赠篮球架、羽毛球拍和乒乓球拍等体育用品。2009年8月18日，中国驻尼泊尔使馆向尼泊尔各界捐赠中国图书，共计6000余册，分别赠送给尼各学校、政府部门和图书馆。2010年2月23日，中国政府向尼泊尔政府捐赠博物馆闭路电视及录像监视系统。2010年3月5日，中国驻尼泊尔使馆向尼泊尔上木斯塘学校提供570万卢比的援助，用于学校会议室、电脑教室和实验室的建设。2010年8月27日，中国政府向尼泊尔提供清洁车辆和设备援助。这批清洁车辆和设备共包括密封自卸式垃圾车、压缩式垃圾车、扫路车、洒水车等各类现代化垃圾清运处理设备138台（套），以及移动分类垃圾桶4000个，价值人民币1600多万元。截至2010年9月，中国援尼完成包括成套设备、工程、技术合作和技术培训等各类项目至少83个。2010年12月23日，中国驻尼泊尔大使邱国洪与尼泊尔财政部秘书拉米绍尔·普拉萨德·卡纳尔代表两国政府在加德满都正式签署了2010年《中华人民共和国政府和尼泊尔政府经济技术合作协定》。根据该协定，中国政府将向尼泊尔政府提供7000万元人民币无偿援助。2011年9月21日，国家汉语国际推广领导小组办公室向尼 14 所学校捐赠价值约 25 万元人民币的中文图书，包括教材、教学辅导、中国读物、画册、音像制品、中国地图、世界地图、有声挂图教具等。2011 年 11 月 16 日，国家汉语国际推广领导小组办公室和孔子学院总部向加德满都大学捐赠 1000 余册中国图书。

（三）设施援建

1998 年 12 月，中国无偿援建的纪念柯依拉腊肿瘤医院竣工。自 1999 年 6 月起，中国向该医院已先后派驻三批医疗队。2000 年 7 月 10 日，中尼两国政府签署换文，中国政府同意援建尼电视台改扩建工程并配备相关设备。2001 年，中国政府与尼泊尔政府签署了中国政府帮助承担沙拉公路建设等成套项目的换文。2004 年 8 月，中国政府同意援建马亨德拉国王自然保护基金会研究中心。该研究中心总体建筑面积超过 4600 平方米，包括办公区、会议中心、博物馆、图书馆、研究中心等设施。2004 年 9 月 22 日，中国援建尼泊尔的公务员医院奠基仪式在加德满都举行。该公务员医院占地约 2.7 万平方米，建筑面积 1.13 万平方米，有 120 个床位。2005 年 1 月 30 日，中国援建的尼泊尔电视台综艺楼正式使用。2005 年 4 月 29 日，中国政府向尼泊尔国家体育委员会提供体育场射灯及电子记分牌维修援助。2006 年 3 月 22 日，中国援建尼洱尔巴尼帕综合技校奠基仪式启动。该技校占地 5 万平米，建筑面积 10800 平方米，共有 16 座单体建筑物。2006 年 7 月 4 日，由中铁四局承建的尼泊尔公务员医院开工典礼在加德满都举行。2007 年 11 月 6 日，中国援助尼泊尔光缆铺设项目签字仪式在加德满都隆重举行。2008 年 4 月 25 日，中尼举行中国援尼工程——巴尼帕综合技校移交仪式。2008 年 5 月 4 日上午，由中国政府无偿援建的尼泊尔自然保护基金科研中心和办公大楼奠基仪式在尼泊尔拉特利普尔市举行。2009 年 2 月 22 日，中尼举行中国援建项目泊尔尼传统医药研究培训中心开工暨奠基仪式，该援建投资额 4800 万元人民币。

（四）贷款援助

2011 年 11 月 23 日，中国政府向尼提供 6.4 亿元优惠贷款，以援助上崔树里 3A 水电站建设。

（五）技术援助

2006年3月1日，中国第四批援尼医疗队赴加德满都。2008年2月27日，中国援尼医疗队新老队员交接仪式在尼泊尔首都加德满都举行。2010年9月，“中国已经启动了如杂交水稻和工程隧道技术人员等的定向培训计划。农业方面的援助合作工作在尼泊尔还是空白，中方正在努力，争取尽快找到双方合作的方向，让中国先进的农业生产技术惠及尼泊尔民众，帮助尼泊尔解决困扰已久的粮食安全难题”。① 2011年9月26日，中国政府向尼洱尔B·P·柯伊拉腊肿瘤医院派遣第六批援尼医疗队。

（六）奖学金援助

2007年，中国政府奖学金留学生在尼招收62名，包括医学、电子、工程、教育等专业。2009年，尼泊尔中国政府奖学金留学生共44名，他们将在中国十余所重点高校攻读本科或硕士学位，专业涉及医学、工程、商贸等领域。2011年9月21日，尼教育部联秘阿瓦斯提表示，中国政府多年来支持和帮助尼教育事业发展，在尼设立孔子学院、孔子课堂等中文教学点，每年向尼提供100个政府奖学金名额、派遣50多名中文志愿者教师。

五、中国对斯里兰卡的援助

2009年，中国超过日本成为斯里兰卡的第一大援助国。

（一）人道主义救援

2004年12月26日，斯里兰卡遭遇印度洋海啸袭击，大多数渔港被摧毁，12000多渔民死亡或失踪，大批渔民流离失所。中国政府在第一时间向斯提供紧急救灾物资和现汇援助，并派出医疗队赴灾区，渔业码头修复项目是根据斯方要求确定重建的项目之一。2005年1月4日，中国政府决定再向斯政府提供1500万元人民币的紧急救灾物资。这是中国政府向斯里

① 陈乔炎、章建华：《中印日援助鏖战尼泊尔　中国项目最有效》，2010－09－01，http：//mil. news. sina. com. cn/2010－09－01/1110608853_ 2. html。

兰卡提供的第二批紧急物资援助，包括药品、发电机、帐篷和食品等。2005 年 1 月 5 日，中国红十字会向斯里兰卡红十字会提供 10 万美元的赈灾援款。2005 年 1 月 7 日，中国决定参与斯里兰卡的重建工作。2008 年 10 月 30 日，中国驻斯里兰卡大使馆就斯西北省、西方省和南方省遭受暴雨和洪水灾害向斯灾区捐款。2009 年 4 月 20 日，中国驻斯使馆及时向斯方提供了紧急援助物资，用于北部平民安置工作。2009 年 5 月 11 日，中国政府向斯政府提供 100 万美元的紧急人道主义援助。2009 年 5 月 17 日，中国政府向斯里兰卡提供价值 2000 万人民币的紧急帐篷援助。2010 年 5 月 25 日，中国港湾工程有限责任公司驻斯里兰卡办事处向斯里兰卡水灾灾民捐款 600 万卢比（约合 5 万美元）。2011 年 1 月 17 日，中国驻斯里兰卡使馆向斯政府提供洪灾捐款。2011 年 1 月 18 日，华为公司向斯里兰卡艾滋病基金会捐赠善款。2011 年 1 月 19 日，中国红十字会向斯里兰卡红十字会提供洪灾捐款。2011 年 1 月 25 日，中国政府向斯政府提供价值 1000 万元人民币的紧急人道主义援助物资。这些物资包括 30000 袋奶粉、30000 袋白砂糖、7200 条毛毯、10000 条毛巾被、10000 条床单以及 60 台套净水设备等，总重量约 70 吨。2012 年 12 月 2 日，中国驻斯里兰卡使馆参加 2012 年科伦坡国际圣诞慈善义卖活动。2013 年 12 月 1 日，中国驻斯里兰卡使馆参加 2013 年科伦坡国际圣诞慈善义卖活动。

（二）物资援助

2007 年 7 月，中国文化部向斯里兰卡文化部捐赠电脑、打印机等办公用品。2009 年 9 月，中国政府向斯提供重型机械车辆援助。2010 年 2 月，中斯两国政府签署“中国援助斯里兰卡机械设备交接证书”。2010 年 3 月，中国向斯捐赠扫雷设备。2010 年 5 月，中国机械设备进出口总公司（CMEC）向斯里兰卡经济发展部捐赠 30 辆轻型摩托车。2010 年 12 月，中国驻斯里兰卡大使馆向斯政府捐赠摩托车。2011 年 5 月，中国全国人大常委会向斯议会提供小额援助物资，赠送给在斯议会工作超过 25 年的基层工作人员，以表彰他们的工作成绩。2011 年 10 月，中国航空技术进出口总公司向斯里兰卡提供工程机械设备交接仪式在科伦坡举行。这些设备共 157 台，包括挖掘机、推土机、压路机等，主要用于斯里兰卡道路工程建设。2011 年 10 月，中国驻斯里兰卡使馆向斯里兰卡的僧伽罗、泰米尔和穆斯林三所学校捐赠有关中国内容的各类书籍、图册、汉语教材、字典、挂图、DVD 光盘等资料 600 余册，练习册 2000 余册，并为三所学校捐款 150 万卢比，支持其开展教育活动。2013 年 1 月 24 日，驻斯里兰卡使馆向斯西北省库鲁内格勒地区两所乡村小学赠送书包、文具、书本、鞋袜等。2013 年 4 月 10 日，驻斯里兰卡大使向斯西方省甘帕哈地区伊哈拉·马达佩拉乡村的贫困妇女就业帮扶项目赠送一批木制手工纺织机。

（三）设施援助

2001 年 5 月 18 日，中国政府无偿援助的斯里兰卡国际展览中心揭幕，该中心是为纪念西里玛沃·班达拉奈克所建①。2003 年 4 月，中国政府援建的班达拉奈克国际研究中心落成。2005 年 6 月，中国援建的贝鲁沃勒渔港开工建设。2006 年 7 月 28 日，由中华慈善总会、中国红十字会利用中国民间海啸捐款兴建的“中国－斯里兰卡友谊村”竣工。2007 年 4 月 3 日，中斯就纪念班达拉奈克国际会议大厦维修项目进行了换文。2007 年 8 月 6 日，由中国政府援建的斯里兰卡普特拉姆燃煤电站项目第一期 30 万千瓦主体工程举行开工仪式。2007 年 11 月 23 日，由中国政府援建的斯里兰卡国家艺术剧院项目在科伦坡举行施工合同签字仪式。2007 年 12 月 28 日，中国援助的斯里兰卡三个渔业码头修复项目举行交接仪式。2008 年 4 月 4 日至 8 日，斯举行中国援建的斯里兰卡红十字会高尔地区分会综合办公楼工程交接仪式。2008 年 5 月 23 日，中国援建的斯里兰卡国家表演艺术剧院举行开工典礼。2008 年 6 月 27 日，中国援建的斯里兰卡贝鲁沃渔港举行启用仪式。同期，中国援建的帕纳杜拉渔港和库达沃勒渔港也竣工了。2010 年 3 月 18 日，中国援建的普特拉姆燃煤电站项目举行二期工程奠基仪式。2010 年 8 月 15 日，中国援建的斯里兰卡最大港口汉班托塔港建成，2012 年 6 月 6 日，汉班托塔大型深水港正式启用。2013 年 10 月，纪念班达拉奈克国际会议中心（班厦）维修工程竣工。

---

① 孙立堂：《中斯友谊万古长青——朱镕基总理为斯里兰卡援助项目揭幕题词纪实》，载于《国际经济合作》2001 年第 1 期，第 28 页。

（四）贷款援助

2009年8月，动工建设的科伦坡国际机场高速路是由中国政府提供贷款建设的。2013年6月15日，由中国政府提供贷款的斯里兰卡北方省基里诺奇市A9公路全线修复完工。2014年3月15日，由中国政府提供贷款、中国技术进出口总公司承建的斯里兰卡南部高速公路高尔至马特拉段通车仪式隆重举行。

（五）奖学金援助

2010年8月，16名斯里兰卡学生获得了中国政府提供的赴华留学奖学金前往中国学习。2011年8月，24名斯学生获得中国政府奖学金。

六、中国对孟加拉国的援助

（一）人道主义援助

2004年7月，孟加拉国遭受重大洪灾袭击，中国政府向孟政府提供10万美元现金与价值700万元人民币的紧急物资援助。2005年1月7日，中国驻孟加拉国使馆举行“2005慈善义卖活动”以帮助孟慈善事业。2007年8月9日，中国红十字会向孟红新月会提供3万美元紧急现汇援款，同时，中华全国妇女联合会决定向孟灾区提供40万元人民币的物资援助。2007年11月，中国红十字会就超级气旋风暴袭击导致严重灾情，向孟加拉国红新月会提供5万美元捐款。2007年11月19日，鉴于孟飓风灾情严重，中国政府决定向孟提供100万美元紧急援助。2007年12月31日，中国人民解放军为孟加拉国武装部队救助受飓风“锡德”影响的灾民提供紧急粮食援助，包括1000吨大米、500吨面粉和100吨食用油。2008年1月10日，中国驻孟加拉国使馆向孟受飓风影响的灾区捐赠小型农机。2011年10月19日，华为公司向孟残疾人康复中心（CRP）捐赠电脑实验室。华为公司捐赠的电脑实验室包括15台电脑和相应上网设备。

（二）物资援助

2006年3月22日，中国公安部向孟加拉国内政部赠送价值300万元人民币的警用物资。2007 年 7 月 17 日，中国驻孟加拉国使馆向纳兰迪孟中友谊中心小学赠送书包和文具。2007 年 9 月 10 日，中国政府向孟加拉国政府捐赠风云 2 号卫星地面数据接收系统。2007 年 12 月 27 日，华为孟加拉有限公司向孟工程科技大学（BUET）信息通讯技术学院捐赠设备。2011 年 6 月 9 日，中国与孟加拉国两国政府代表就 3G 开通和 2.5G 网络扩容合作项目在达卡签署了优惠出口买方信贷协议。

（三）设施援建

2008 年 2 月 18 日，中国政府援建的中孟友谊六桥正式通车。

七、中国对马尔代夫的援助

（一）人道主义援助

2014 年 12 月 4 日，“马尔代夫首都马累一座海水淡化处理厂突发火灾，导致全岛淡水供应中断……15 万人陷于缺少清洁食用水的危机。”① “马尔代夫政府随即向印度、斯里兰卡、中国、美国等国求援，并向沙特、卡塔尔、科威特等中东国家政府提出经济援助申请。”② “中国政府向马方提供了紧急现汇援助，并通过军舰、军机、商业航班等多种方式第一时间向马累运送淡水。中方紧急调派正在印度洋附近海域执行任务的中国海军援潜救生船“长兴岛”船改道赶赴马累。该船载有近 700 吨淡水且自带海水淡化装置，每天可产淡水 70 余吨，当地时间 7 日晚抵马开始供水。中国空军两架伊尔 76 飞机满载 40 吨饮用纯净水于当地时间 8 日凌晨抵马累。此外，中国政府以及在斯里兰卡、马尔代夫的中资企业迄已陆续通过民航班次向马空运饮用水共 85 吨。……中方还将根据马方需求积极研究后续援

① 《马尔代夫供水危机十年不遇　中国急送超百吨淡水》，中国环保在线，2014 年 12 月 11 日，http：//www.hbzhan.com/news/detail/94028.html。

② 《马尔代夫水危机中印竞相援助　彰显中国外交政策》，新华网，2014 年 12 月 9 日，http：//news.xinhuanet.com/mil/2014－12/09/c_127288097.htm。

助措施。"① "'长兴岛' 船利用自身储存的淡水和携带的海水淡化设备，共为马累市提供淡水近800吨。"②

（二）物资援助

2005年1月11日，中国政府援助马尔代夫价值750万元的救灾物资搭乘包机从天津滨海国际机场起飞。2011年11月2日，中国援助马尔代夫物资设备交接证书签字仪式在马尔代夫外交部举行。

（三）设施援建

2001年5月17日，中国援助的马尔代夫第四期住房项目奠基。2005年10月，中国援建的马尔代夫外交部办公大楼交付使用。2005年12月18日，由中国红十字会和中华慈善总会出资270万美元兴建的马尔代夫印度洋海啸移民住宅项目奠基。2007年11月12日，由中国政府援建的马尔代夫国家博物馆项目开工。2009年6月，中国援建马尔代夫最北端的诺里瓦兰法鲁居民岛的47套民用住宅项目开工。

（四）贷款援助

2010年11月11日，由中国政府提供优惠贷款，中国机械设备进出口总公司承建的马尔代夫1000套住宅项目在马尔代夫乎鲁马累岛隆重举行奠基仪式。

八、中国对南亚援助诉求的连续性与变化性

在任何国家对外援助行动的背后都存在如下行为逻辑：即以援助国的对外诉求为起点，以援助内容为手段，以援助效果为逻辑终点；已经产生且被认知的援助效果，可能影响援助国此后的援助诉求和援助内容，形成螺旋式上升的逻辑回馈链条网络。在时间上，中国对南

① 《外交部就中方向马尔代夫援助淡水、中美反腐合作答问》，参考消息网，2014年12月8日，http://world.cankaoxiaoxi.com/2014/1211/594106_5.shtml。

② 朱西迪、李文杰、谭浩：《中国海军"长兴岛"船圆满完成马尔代夫紧急供水返航》，人民网，2014年12月16日，http://military.people.com.cn/n/2014/1216/c1011-26216521.html。

亚的援助从1950年持续至今；在空间上，中国对南亚的援助覆盖面逐渐扩大，正是这种逻辑不断被践行的呈现。在上述整个阶段的援助历程中，中国对南亚援助的诉求、内容和效果既保持了一定的连续性，也呈现出了鲜明的变化。

在前三个发展阶段，中国对南亚援助的诉求连续性体现在：通过给予援助帮助对方实现政治独立或社会稳定或经济发展或增进福利的目标，使这些同为发展中国家的地理上邻近国家采取尊重中国国家利益或对华友好、支持的政策，进而为中国在本国西南部和印度洋上的地缘安全诉求以及全球、地区层面的国家诉求提供落实保障。这种地缘安全和战略考量在第一援助阶段居于绝对的主导地位，在第二和第三发展阶段处于核心位置。

这种诉求的连续性是由追求国家崛起的中国与拥有独立主权的南亚国家的地理上邻近和印度洋的战略地位所决定的。崛起中的中国、拥有独立主权的南亚国家、中国与南亚国家的地理邻近、印度洋的战略地位、中国与南亚国家所处的发展中状态，都是长期存在或不变的因素。因此，中国对南亚援助的地缘安全和战略考量的诉求保持了连续性，始终是中国给予南亚援助之动机的核心组成部分，未来仍将如此。

中国对南亚援助的诉求变化性体现在：对于援助给中方带来的经济效益日益重视，对南亚援助的经济诉求逐渐强烈，经过第二个阶段的发展后，以援助促贸易投资的经济诉求，在第三个发展阶段已经进入中国给予南亚援助之动机的核心，与地缘安全和战略考量并驾齐驱。

在第一阶段，中国与南亚国家的经贸关系有所发展，但对中国而言，经贸关系是依附于外交关系的，更多是作为促进双边外交关系的手段而存在。冷战结束后，各国都把经济发展放置于国家议程的优先位置之上，通过对外经贸来发展本国经济成为绝大多数国家的不变国策。中国与南亚国家虽同为发展中国家，但经济上仍具有一定的互补性，发展与南亚国家的经贸关系，对中国经济发展具有重要的意义。在第二阶段，随着中国对外战略导向从理想主义向现实主义调整，与南亚的经贸关系逐渐具有了独立意义，从手段逐渐转变为目的。中国援助南亚的经济诉求日益滋长。在第三阶段，随着中国与南亚国家经贸关系的大发展，中国对南亚的援助已经成为促进中国对南亚贸易投资的重要手段。未来这种援助背后的经济诉求将更为强大，中国对于南亚的地缘安全和战略考量将会更多地从经济而非军事安全的角度被界定。

（张占顺、马燕坤、辛平*）

---

* 张占顺，中央财经大学政府管理学院副教授；马燕坤，云南大学国际关系研究院南亚研究所副研究员；辛平，中央财经大学政府管理学院讲师。

第七章

中国对外援助的战略分析

随着经济增长的持续发展，中国成为强大的工业国家，拥用更多的世界经济权力，因而对外援助资金、规模、范围与地域不断扩大，特别是2004年以来。“进入新世纪特别是2004年以来，在经济持续快速增长、综合国力不断增强的基础上，中国对外援助资金保持快速增长，2004年至2009年平均年增长率为29.4%”。“截至2009年底，中国累计对外提供援助金额达2562.9亿元人民币，其中无偿援助1062亿元。”[①] 中国向受援国提供了力所能及的援助，推动了发展中国家的团结合作，深化了传统友谊，扩大了务实合作。中国对外援助不仅推动了发展中国家民生事业发展，也是建立更加平等均衡的新型全球发展伙伴关系的重要组成部分。中国对外援助通过增强友好发展中国家的经济与管理能力，依然能够形成与塑造中国自身的硬权力与软权力，因而成为中国经济资源与权力转化为影响力与软权力的重要手段。中国对外援助日渐成为国内社会大众、国内外学者与政策实践者关注与争论的主题之一。2011年3月，中国政府发布了《中国的对外援助》白皮书，有助于理解中国对外援助的性质和内容，进一步推动了国内外学者对中国对外援助的关注与研究。

固然中国对外援助资金的数额和规模至关重要，但是更为重要的是有限的援助资源如何有效地服务于中国对外战略的根本目标。对外援助等经济因素比任何时候都更加紧密地与战略交织在一起，然而学者尚未充分地意识到并探讨经济与战略的相互作用。对于对外援助本身而言，2009年，

---

① 中华人民共和国国务院新闻办公室：《中国的对外援助》，人民出版社2011年版，第4、6页。

李小云等指出，“中国的对外援助工作没有进行过系统的研究，目前援助项目和内容的确定通常是建立在受援国提出要求的基础上，虽然这样在一定程度上满足了受援国的愿望，尤其是政府官员的愿望，但是也带来了中国在援助项目选择上的被动性和临时性，不利于中国外援工作的规范和可持续发展。”① 迄今为止，中国如何更有效地运用对外援助等经济资源与权力，成为中国面临的重大历史性挑战之一。时殷弘指出，“在中国作为东亚乃至世界强国和平崛起的漫长过程中，对外经济战略应当也可以成为目前‘初期阶段’内的首要战略分支。……中国对外经济战略既需要总体的构想、拟订和系统研究，也需要就其各分支领域进行深入的思考，其中具有重大现实意义和一定紧迫性的至少有对外援助问题等。”“其应有的核心之一，是自觉和妥善地将外援（至少是其中的很大部分）用作战略工具。……实际上，中国对外援助面临的最大困扰是如何保持伦理需要与战略需要之间的平衡。”② 因而，中国学者不应该仅仅停留在和平发展大战略的宏观与笼统的研究，而是需要加强对外援助等具体领域的战略研究，否则无法满足国家现实的战略需要。那么中国应该以更大的政治勇气和智慧，完善和发展一个大有可为的中国对外援助战略。

为此，笔者尝试着将对外援助研究与战略研究结合起来，借助战略研究的一些概念与分析框架思考对外援助，拓宽对中国对外援助的理解和运用，评估中国对外援助计划与政策，特别侧重在全球与国内环境变化的重大战略机遇期背景下以战略视角研究中国对外援助。“无论怎样的被动式反应都会是救火式的，不会导向一种宏观战略的形成。战略的形成要跳出对具体事件的反应，要从更具根本性的问题入手。”③ 因而，整体与全局地把握中国对外援助是战略研究的内在要求。本章意在拓展对外援助与战略研究的整合性研究，从而丰富中国对外援助研究的领域与视角，揭示出对外援助的战略维度，以期推动对外援助的系统研究并且为中国对外援助的政策实践提供些战略选择。

---

① 李小云、武晋：《中国对非援助的实践经验与面临的挑战》，载于《中国农业大学学报》（社会科学版）2009 年第 4 期，第 53 页。

② 时殷弘：《国际政治与治国方略》，北京大学出版社 2006 年版，第 175、234 页。

③ 郑永年：《通往大国之路》，东方出版社 2011 年版，第 18 页。

第一节　中国对外援助战略分析的必要性

对外援助已经成为国际关系、国际政治经济学、国际经济学等学科的重要研究主题之一，特别是在2002年由周弘主编的《对外援助与国际关系》出版以来。[①] 其一，中国学者更具体地关注中国不同历史时期、特别是改革开放以来中国对外援助的历史、政策、历史变迁与影响，很大程度上侧重解读中国对外援助政策、原则、立场与特点而较为缺乏战略性思维与视角。[②] 周弘指出，“讨论对外援助的论文则多数聚焦于史实的澄清和政策的讨论，缺少深度的理论探讨和深入的实证调查。”[③] 一些学者意识到对外援助战略布局以及国别援助计划的意义，并初步论述了中国和平发展外交格局下中国对外援助的战略选择问题。张效民指出，“在新的世纪，如何让对外援助更有效地为中国的和平发展与和平外交战略服务，应当成为目前一个迫切的具有战略意义的研究课题。”[④] 张海冰曾经强调，“中国不仅要考虑援非对中非双边关系的影响，还要考虑其对中国整体外交战略的影响。”[⑤] 此外，黄梅波为代表的学者更为详细地介绍了中国外援系统。他们认为，中国对外援助管理体系正处在改革与发展的关键期，建议设立独立的对外援助机构，创新现有对外援助管理机制，建立并完善对外援助评

---

① 关于中国对外援助研究的专著，参见张郁慧：《中国对外援助研究》，九州出版社2012年版；张永蓬：《国际发展合作与非洲：中国与西方援助非洲比较研究》，社会科学文献出版社2012年版；张海冰：《发展引导型援助（中国对非洲援助模式研究）》，上海人民出版社2013年版；陈金明：《新中国外援战略研究》，中国社会科学出版社2009年版。

② 毛小菁：《中国对外援助方式回顾与创新》，《国际经济合作》2012年第3期，第89—91页；胡美：《中国援非五十年与国际援助理论创新》，载于《社会主义研究》2011年第1期，第141—146页；胡美，刘鸿武：《中国援非五十年与中国南南合作理念的成长》，载于《国际问题研究》2012年第1期，第12—18页；杨鸿玺，陈开明：《中国对外援助：成就、教训和良性发展》，载于《国际展望》2010年第1期，第46—56页等。

③ 周弘：《中国援外六十年的回顾与展望》，载于《外交评论》2010年第5期，第10页。

④ 张效民：《中国和平外交战略视野中的对外援助》，载于《国际论坛》2008年第3期，第42页。

⑤ 张海冰：《中国对非援助的“战略平衡”问题》，载于《西亚非洲》2012年第3期，第42页。

估机制等措施。[①] 简而言之，中国学者过多地关注中国对外援助的历史、形势及其挑战，较为缺乏对中国对外援助的系统性与前瞻性研究。

其二，在中国援助地区研究方面，中国学者更集中关注中国对非援助，相比之下较少涉及对东南亚、拉美地区、中亚地区等的援助，或只是以历史视角研究中国对印尼、越南、柬埔寨的援助等。刁莉与何帆从对外援助与国家利益间关系的角度探讨了中国对外援助的指导思想、战略重点和国别策略，尝试着对中国对外援助的决策、管理、执行和评估机制的改革和完善提出了若干建议。特别是，他们意识到中国应该确定援助的重点地区，即亚洲仍然是中国对外援助的重点，而且从战略资源的角度考虑，中亚地区和俄罗斯的西伯利亚地区、中东、非洲和南美洲应该是中国援助的重点。[②]

当下国内中国对外援助研究侧重历史回顾与追溯，较为缺少战略性前景的预判与规划，没有充分地将对外援助视为战略问题，从而削弱了中国对外援助的战略有效性。中国学者大多数较为笼统地意识到对外援助与国家战略之间的密切关系以及对外援助战略实施量力而行、不附加任何条件等特点。正如黄梅波所指出的，“整个国家对发展援助理论与政策的研究都十分薄弱。目前，一方面，中国对西方对外援助体系不甚了解；另一方面，自己也还没有形成一套较为完整，有中国特色、适合中国国情和经济发展水平的对外援助理论体系。”[③]

相比之下，国外学者侧重运用访谈、调查、数据统计等方法探讨中国对外援助的地区、数额、动机及其对国际援助体系、美国安全战略等方面

---

① 黄梅波：《中国对外援助机制：现状和趋势》，载于《国际经济合作》2007 年第 6 期，第 4—11 页；黄梅波、胡建梅：《中国对外援助管理体系的形成和发展》，载于《国际经济合作》2009 年第 5 期，第 32—39 页；黄梅波、郎建燕：《中国的对非援助及其面临的挑战》，载于《国际经济合作》2010 年第 6 期，第 34—40 页；黄梅波、任培强：《中国对外援助：政策演变及未来趋势》2012 年第 3 期，第 81—84 页；胡建梅，黄梅波：《中国对外援助管理体系的现状和改革》，载于《国际经济合作》2012 年第 10 期，第 55—58 页。

② 刁莉、何帆：《中国的对外发展援助战略反思》，载于《当代亚太》2008 年第 6 期，第 120—133 页。

③ 黄梅波：《中国对外援助机制：现状和趋势》，载于《国际经济合作》2007 年第 6 期，第 9 页。

的影响与挑战。[①] 许多对外援助学者批评中国对外援助没有推动民主、广泛的可持续发展与环境保护等。20 世纪 80 年代，《龙的礼物》作者霍普金斯大学教授黛博拉·布罗蒂加姆已开始研究中国对非援助，较为系统且客观地探讨了中国对外援助的特点、中国对非援助等。[②] 2008 年 4 月，纽约大学教授丹·尼尔森（Dan Nielson）与其学生对中国对外援助进行了较为广泛的研究，向美国国会研究服务处提供了一份报告，即《理解中国对外援助：中国对非洲、东南亚与拉美的发展援助的审视》。很多外国学者与新闻报道强调中国对外援助的商业与地缘政治目标，认为中国对东南亚的援助的主要关切是其外交与战略目标。对外援助研究的美国知名学者兰开斯特（Carol Lancaster）认为，中国对外援助难以量化，而且对外援助体系分散在各部委及其各级政府之间，建议美国、西欧与日本政府扩大交流范围并且最大限度地与中国合作。[③] 格林姆（Grimm）研究了中国对外援助的透明度问题，从中国文化和哲学方面解释了中国对外援助不透明的原因，意识到中国对外援助信息透明度的进步。[④] 在美国战略与国际研究中心（Center for Strategic and International Studies）所编辑的论文集中，一些学者分析了中美援助计划的相似性，如协调方面的挑战、援助服务于多重目标的需要等，关注中国对外援助计划的国内政治与经济因素。[⑤]

外国学者比较关注中国对外援助的区域分布与战略目标。美中经济与安全审查委员会（U. S. –China Economic and Security Review Committee）在其 2010 年美国国会年度报告中指出，中国在东南亚有三个主要目标：一

① 西方学者关于中国对外援助研究的具体情况，请参见廖兰、刘靖：《西方视野中的中国对外援助研究》，载于《中国农业大学学报》（社会科学版）2012 年第 4 期，第 93—101 页。

② Deborah Bräutigam, "Aid 'with Chinese Characteristic': Chinese Foreign Aid and Development Finance Meet with the OECD-DAC Aid Regime," Journal of International Development, 2011, "Chinese Development Aid in Africa: What, where, why and how much?" Jane Golley and Ligang Song eds., Rising China: Global Challenges and Oppurtinites, Australian National University Press, 2011.

③ Carol Lancaster, "The Chinese Aid System," Center for Global Development, June2007.

④ Sven Grimm, Rachel Rank, Matthew McDonald and Elizabeth Schickerling, Transparency of Chinese Aid: An Analysis of the Published Information on Chinese External Financial Flows, August 2011.

⑤ Xiaoqing Lu Boynton ed., China's Emerging Global Health and Foreign Aid Engagement in Africa, November 2011.

是增强在东南亚地区的影响，以便于实现更广泛的政治、经济与安全目标；二是将自身塑造成为和平的睦邻之邦；三是孤立台湾当局并阻止东南亚国家与其接触。① 2011 年，美中经济与安全审查委员会发表了《中国对外援助评论：对美国的意义》研究报告，指出中国对外援助往往关注自身的战略目标和经济需要，而且随着中国对外援助的增长中国更有能力影响发展中国家，推进其战略目标，从而潜在地破坏美国发展援助的重要目标，如民主治理的推动、以市场为取向的经济改革。② 托马斯·卢姆（Thomas Lum）在其主持的研究报告中指出，中国在非洲与拉美的援助活动服务于中国经济利益，然而在东南亚的援助活动涉及更长远的外交或战略性目标。③ 卢姆等亚洲事务专家将中国对东南亚的援助视为魅力攻势（charm offensive）的手段④、软权力手段的运用，对美国对外政策产生了新的挑战。⑤

国外学者从其所处的援助话语体系强调中国对外援助的自身特点及其对国际发展援助的原则、规范与观念的挑战，不可能以中国作为发展中国家援助国的身份和立场探讨对外援助的战略思考，体现出其不同于中国学者的议题关切与学术责任，无法准确地理解和把握中国构建更加平等均衡的新型全球发展伙伴关系的努力以及中国对外援助在国际发展领域的积极和主动的角色和作用。中国对外援助事实上并不是西方学者所界定的“新兴援助国”身份，而且美国现代对外援助计划也仅仅开始于二战后马歇尔计划（1948—1951）。此外，国外研究学者侧重非洲、东南亚与拉丁美洲三个地区及其对美国等国家的政治挑战，并未从共同发展的战略目标涉及南亚与中亚、亚洲其他地区与大洋洲地区等，无法从中国和平发展的根本

① U. S. – China Economic and Security Review Commission, “2010 Annual Report to Congress,” Chapter 3, Section 1, November 2010. http://www.uscc.gov/annual_report/2010/Chapter3_Section_1%28page119%29.pdf.

② Joathan Weston, Caitlin Campell, and Katherine Koleski, China's Foreign Assistance in Review: Implications for the United States, 2011.

③ Thomas Lum, “China's Assistance and Government-Sponsored Investment Activities in Africa, Latin America, and Southeast Asia,” Novemner 25, 2009.

④ Joshua Kurlantzick, Charm Offensive, New Haven: Yale University Press, 2008.

⑤ Thomas, Lum, Wayne M. Morrison, and Bruce Vaughn, China's “Soft Power in Southeast Asia,” January 2008.

战略目标思考中国对外援助的战略布局。

第二节　战略研究视域下的中国对外援助

对外援助不仅涉及外交、发展、商业、文化与人道主义救济，而且涉及推进社会经济转型、减贫、促进民主、解决全球环境与卫生、人类发展等问题、冲突后管理与和平建设等广泛目标，因而笔者侧重从中国战略目标背景下探讨中国对外援助行为，从发展中国家援助国视角与身份考察对外援助，如共同发展利益或更广泛的对外战略目标、特定政治与历史语境下对外援助实施的变化与方式。中国对外援助的战略研究侧重从战略角度对待中国对外援助的问题，超越中国对外援助的具体问题，要求从全局性、整体性和综合性思考对外援助问题。

一、对外援助

对外援助决不是孤立的行为，而且概念界定本身就是个高度政治化的问题。在中国政策界与学术界，对外援助本身并没有明确的概念界定，在内容和形式并不完全与经合组织发展援助委员会的官方发展援助概念相一致。从资金上来看，中国对外援助包括无偿援助、无息贷款和优惠贷款；在援助方式上并不包括军事援助。2009 年，中国对外援助按受援国收入水平划分，最不发达国家占 39.7%，中低收入国家占 19.9%，其他低收入国家占 23.4% 中高收入国家 6.11 名其他占 6.0%。[①] 因而，中国对外援助实质上体现了以发展与减贫等为目标的资金、技术、投资等援助。像国内公共政策及其对外政策一样，对外援助政策需要考虑国内政治与国际关系现实，涉及观念、制度、利益、组织等不同层面。

戴维·鲍德温（David Baldwin）在分析经济手段在对外与安全政策目标中的运用时指出，“克劳塞维茨的思想也如同军事领域一样适用于经济

---

① 中华人民共和国国务院新闻办公室：《中国的对外援助》，人民出版社 2011 年版，第 18 页。

领域。”① 克劳塞维茨强调，“战争不只是一种政治行为，而是真正的政治工具，是政治交往的继续，是政治交往通过另一种手段的实现。”② 那么像战略研究中武力使用一样，对外援助的使用本质上也是一种政治行为，体现为政治交往以其他手段的延续。对外援助的独特之处在于其手段是独特的。政治目的成为衡量援助行为应该达到何种目标的尺度，又成为衡量对外援助资金分配与地区和国别计划的尺度，因而援助国往往为政治、安全与发展目标操控对外援助的质量与类型。

无法回避的是，对外援助也是领导者对外政策工具箱中的一个武器，美国的对外援助尤其如此。“美国的对外援助项目中，由美国国际开发署负责管理的发展援助项目还不到一半。作为超级大国，美国很多对外援助的目标并不直接与发展相关。美国 1/4 的对外援助都是五角大楼负责管理的。”③ 援助计划的公共争论涉及政策冲突，因而对外援助并不仅仅是个经济与技术问题，也是个政治与社会问题，是治国方略的技能、对外政策工具的经济手段之一。对外援助是一种软权力，不仅有助于受援国的福利与发展，而且服务于援助国国内与对外政策目标，如安全、经济增长与发展利益。即使中国对外援助更多地涉及发展与人道主义救济的特点，它还是无形中增强了中国经济权力的实际战略意义。

二、战略目标与战略能力

大战略意指行政决策者或决策机构追逐其国际政治目标的一般原则。无论战略有无明确的计划与筹划，“只要对外政策举措能够被识别出一项显著的模式，那么这种模式会构成大战略。”④ 因而，战略体现为一种较为固定的行为模式。时殷弘指出，大战略的基本问题是“大战略的目的或目标、大战略的目的与手段之间的关系、大战略的手段及其资源基础、大战略的决策机制和体制、大战略思维方式、大战略艺术才能及领导素质这六

① David A. Baldwin, *Economic Statecraft*, Princeton: Princeton University Press, 1985, p. 65.

② ［德］克劳塞维茨著，张蕾芳译：《战争论》，译林出版社 2010 年版，第 18 页。

③ ［美］约瑟夫·奈著，王吉美译：《权力大未来》，中信出版社 2012 年版，第 109 页。

④ Kevin Narizny, The Political Economy of Grand Strategy, Cornell University Press, 2007, p. 10.

个方面。”[①] 由于对外援助是战略既定的必要手段，因而在本文中笔者重点考察战略目标与对外援助战略之间的关系。“大战略根本目标具备优秀的战略性素质，即合理、明确、集中、有限和内在平衡。……集中和内在平衡是关键，而其根本的内在基础是目的和手段之间高度合理的关系。”[②] 为了借助对外援助推动和平发展的战略目标，那么对外援助动员、集中、决策、协调以及规划是中国对外援助战略能力[③]的基础。

大战略是个多维度的概念，包括国家行为的不同方面与目标，如维护国家主权、保障国家安全、提供公共产品、推动国际合作、促进全球发展。特别是全球发展已经成为战略目标的重要组成部分，例如，2002 年美国国家安全战略首次将全球发展视为美国国家的第三支柱（前两位为国防、外交）。不同类型的对外援助服务于不同的目标，和平与安全、社会服务、共同发展与人道主义等多元的战略目标是中国对外援助战略谋划与实践的出发点，决定着中国对外援助的战略选择与战略行为。和平发展的战略目标要依靠和平的、非军事的援助等经济资源及其对这些资源的使用。中国和平发展的根本战略目标应该主导着中国对外援助，使其服从于战略的政治目的。否则中国对外援助仅仅是援助行为本身，无法有效地推进和维护战略目标。

三、对外援助的优先地区战略

对外援助往往受到援助国政治联系与战略目标的影响，很大程度上受到援助国地区援助计划的塑造。亚洲地区是日本对外援助的重点地区；然而法国侧重法语国家及其前殖民地国家，美国则主导着拉美国家的受援情况。按照经合组织发展援助委员会 2010 年至 2011 年统计数据，日本对外援助十大受援国依次分别是印度、印度尼西亚、越南、中国、阿富汗、刚

---

① 时殷弘：《国际政治与治国方略》，北京大学出版社 2006 年版，第 167 页。

② 时殷弘：《战略观念与大战略基本问题》，载于《国际政治研究》2007 第 4 期，第 19—20 页。

③ 《2004 年中国的国防》首次提出了“努力提高国家战略能力”的使命，张文木、周丕启等学者探讨了国家战略能力概念的内涵与意义。参见张文木：《国家战略能力与大国博弈》，山东人民出版社 2012 年版；周丕启：《大战略分析》，上海人民出版社 2009 年版；詹家峰：《国家战略能力与综合国力关系浅析》，载于《现代国际关系》2005 年第 4 期。

果民主共和国、菲律宾、土耳其、巴基斯坦、斯里兰卡。十大受援国占日本官方发展援助的54%。其中南亚中亚、亚洲其他地区和大洋洲、撒哈拉以南非洲分别是38.13亿美元、50.5亿美元、24.03亿美元。美国十大受援国或地区依次分别是阿富汗、伊拉克、巴基斯坦、刚果民主共和国、海地、埃塞俄比亚、约旦河西岸与加沙地带、肯尼亚、南非与哥伦比亚。十大受援国或地区占美国官方发展援助的38%。其中，撒哈拉以南非洲86.69亿美元、南亚中亚51.57亿美元、中东北非31.95亿美元、拉美与加勒比海地区27.79亿美元、亚洲其他地区与大洋洲11.93亿美元。[①] 根据经合组织统计，美国是2002年至2007年拉美地区官方发展援助的最大援助国，提供了114亿美元的双边援助，其后依次是日本（54亿美元）、西班牙（41亿美元）、德国（41亿美元）。2008年美国对拉美的援助小幅下降，紧随西班牙之后，然而2009年美国重新成为拉美地区的最大援助国，提供了22亿美元的援助。[②]

2011年，《中国的对外援助》一书中专门在对外援助分布部分提及地区分布，按照亚洲、拉丁美洲和加勒比、非洲、欧洲、大洋洲与其他标示了2009年中国对外援助资金地区分布的比例。这种地区分布的分类方法无法展现出最不发达国家、内陆发展中国家以及小岛屿发展中国家的地区分布。经合组织发展援助委员会按地区测算援助的划分方式是撒哈拉以南非洲、南亚中亚、亚洲其他地区和大洋洲、中东北非、拉美与加勒比海地区、欧洲。

总之，对外援助是以一系列的原则和目标为基础的，而且随着时间而变化。中国对外援助战略目标与合作共赢的原则密切相关，集中体现为我国发展与共同发展方面的国际发展合作目标。“合作共赢，就是要倡导人类命运共同体意识，在追求本国利益时兼顾他国合理关切，在谋取本国发展中促进各国共同发展，建立更加平等均衡的新型全球发展伙伴关系，同舟共济，权责共担，增进人类共同利益。”[③] 因而对外援助既是新型全球发

① http://www.oecd.org/dac/stats/donorcharts.htm.

② Data from the Organization for Economic Co-Operation and Development, International Development Statistics.

③ 《中国共产党第十八次全国代表大会文件汇编》，人民出版社2012年版，第43页。

展伙伴关系的重要因素，也是和平发展大战略的内在要求。如果没有紧紧围绕战略的根本目标，中国对外援助根本不会自动地实现或满足和平发展的战略目标，需要按照对外政策目标组织我国对外援助战略，借助中国对外援助展现中国的道路自信、理论自信和制度自信。中国对外援助不仅仅是维护外交与战略目标的对外政策工具，也是履行国际主义义务与树立负责任大国形象的手段。

第三节　战略目标与中国对外援助的地区战略

在21世纪的第二个10年，重要战略机遇期的内涵与条件发生了变化。特别是随着中国国际地位和形象的提升，中国面临着前所未有的发展机遇与风险挑战。2010年中国国内生产总值超过日本而位居世界第二，中国经济崛起成为全球政治经济秩序变化的重大因素之一。中国正在成为全球最大的石油和铁矿石进口国；而且2012年中国出境旅游人数超过8000万人次，位居全球第三。中国国家利益的实现与他国利益关切、人类命运共同体密切相关。在全球发展领域，全球发展不平衡加剧，然而要发展不要贫穷是各国人们的共同愿望。中国对外援助的战略目标在于促进平等均衡的共同发展，参与全球发展治理机制，扩大在全球发展事务领域的责任和角色、代表性和话语权。

在大有作为与和平发展的重要战略机遇期，中国对外大战略的根本目标是和平发展。中共“十八大”报告指出，“要坚持开放的发展、合作的发展、共赢的发展，通过争取和平国际环境发展自己，又以自身发展维护和促进世界和平，扩大同各方利益汇合点，推动建设持久和平、共同繁荣的和谐世界。”[①] 中国对外援助秉承发展、合作与共赢的精神和原则，发挥负责任大国的角色，应对全球性发展挑战，促进可持续的共同发展。中国对外战略目标并不仅仅局限于政治与安全等高级政治领域，而是包含着更为广泛的自身发展与国际发展的低级政治领域，涉及促进和深化新型全球

① 《中国共产党第十八次全国代表大会文件汇编》，人民出版社2012年版，第14页。

发展伙伴关系。可持续的共同发展及其对外援助等公共产品的提供成为中国对外战略目标的重要内容，从而使其受益于中国自身发展和发展中国家的发展。

一、中国对外援助的地区分布状况

中国对外援助战略行为仍然受到援助传统的影响和塑造，特别重视对非洲、亚洲与拉丁美洲友好国家的援助，构建中国与发展中国家的友好合作。1950 年，中国开始向朝鲜和越南两国提供物质援助，从此开启了中国对外援助的序幕。1956 年中国开始向非洲国家提供援助。中国对外援助的关键优先事项是支持非洲的可持续发展的努力。据统计，1956 年至 1977 年期间，中国为非洲提供了超过 24.76 亿美元的经济援助，占中国对外援助总额的 58%。[①] 1964 年至 1977 年的经援金额比 1950 年至 1963 年增长了 4.8 倍，接受中国援助的非洲国家达 14 个，到 1970 年至 1976 年间，中国援非金额高达 18.15 亿美元。[②] 尽管亚洲和非洲两个地区接受了中国 80% 左右的援助，然而 2000 年以来非洲也是中国对外援助的优先地区。2006 年，中非合作论坛北京峰会确立了中非新型战略伙伴关系，中非平等、合作的发展伙伴关系进入新的发展阶段。近年来，中国连续出台对非援助重大举措，对非援助的力度不断加大，如在中非合作论坛第四、第五届部长级会议所宣布的对非援助举措。2011 年中国对非援助规模比 2009 年增长超过 60%。截至 2012 年底，中国共向 53 个非洲国家（其中与我国保持正常外交关系的国家为 49 个）提供了援助。

表 7.1　2002 年至 2007 年中国经济援助按年份与地区的估算（单位，百万美元）

	非洲	拉美	东南亚
2002	10	4	36
2003	838	1	644
2004	2292	7000	1193

---

① 李安山：《论中国对非洲政策的调适与转变》，载于《西亚非洲》2006 年第 8 期，第 14 页。

② 王泰平主编：《新中国外交 50 年》，北京出版社 1999 年版。

续表

	非洲	拉美	东南亚
2005	2953	2931	4221
2006	9088	16425	2004
2007	17962	401	6735

资料来源：Thomas Lum, "China's Foreign Aid Activities in Africa, Latin America, and Southeast Asia (R40361)," Congressional Research Service, February 25, 2009.

《中国的对外援助》仅仅列出了2009年中国对外援助资金地区分布的情况，但是没有涉及年度或国别的情况。笔者将借助于媒体报道或援助承诺以量化中国对外援助的数额，同时参考国外学者的相关研究。"由于国情的不同，还由于中国作为发展中国家尚在建设自己的统计系统，改革自己的援外体制，因此难以就中国对外援助的定义、方式和数据与西方援助国的方式和数量进行简单和标准化的类比。"① 因而，笔者仅仅以精线条描绘出我国对外援助地区分布的概况，无法完全达到精确与细致的程度。根据纽约大学瓦格纳公用事业研究院（New York University Robert F. Wagner Graduate School of Public Service）的研究，2002年至2007年期间，非洲是中国提供贷款与其他经济援助最多的地区，其次是拉美与东南亚。在此期间中国向这三个地区所提供的贷款、基础设施项目与其他经济援助，对非援助占44%，对拉美的援助占36%，对东南亚的援助占20%。② 依据《中国的对外援助》白皮书，非洲占2009年中国对外援助资金的45.7%、亚洲占32.8%、拉丁美洲和加勒比占12.7%、其他占4.5%、大洋洲占4.0%、欧洲占0.3%。

二、中国对外援助的地区战略

中国对外援助的根本战略目标是推动发展中国家民生事业的发展，促进和深化更加平等均衡的新型全球发展伙伴关系。国际社会普遍将发展中

① 周弘：《中国对外援助与改革开放30年》，载于《世界经济与政治》2008年第11期，第33页。

② Understanding Chinese Foreign Aid: A Look at China's Development Assistance to Africa, Southeast Asia, and Latin American, April 25, 2008.

国家进行了分类，主要包括最不发达国家、内陆发展中国家和小岛屿发展中国家三种类别。许多最不发达国家、内陆发展中国家和小岛屿发展中国家没有充分挖掘潜力以应付其本国的发展挑战。最不发达国家的6.5亿人面临着重大的发展挑战。16个最不发达内陆发展中国家仍然是所有发展中国家中最贫穷的国家。由于环境保护与全球发展日益密切相关，因而小岛屿发展中国家在全球发展领域日益受到关注。增加对不发达国家等内陆发展中国家和小岛屿发展中国家的援助是我国对外援助地区战略的优先事项。

全球共有48个最不发达国家，其中非洲33个、亚洲9个、大洋洲5个、美洲国家1个。[①] 在亚洲，蒙古、老挝、尼泊尔、不丹、阿富汗、亚美尼亚、阿塞拜疆、哈萨克斯坦、吉尔吉斯斯坦、塔吉克斯坦、乌兹别克斯坦、土库曼斯坦等12个国家为内陆发展中国家。1991年，受全球变暖威胁最大的几十个小岛屿及低海拔沿海国家组成了小岛屿国家联盟。1992年6月，联合国环境与发展会议将小岛屿发展中国家界定为发展中国家集团。[②] 其中一些内陆发展中国家和小岛屿发展中国家也是最不发达国家，如亚洲的老挝、尼泊尔、不丹、阿富汗；大洋洲的所罗门群岛、萨摩亚、瓦努阿图、图瓦卢、基里巴斯；非洲的科摩罗、几内亚比绍、圣多美和普林西比、布基纳法索、布隆迪、中非共和国、乍得、埃塞俄比亚民主联邦共和国、莱索托、马拉维、马里、尼日尔、卢旺达、乌干达、赞比亚。

尽管各个国家和地区之间的情况不同，北非、东亚、东南亚和大洋洲的偿债负担都在加重。初步估算结果显示，2011年，至撒哈拉以南非洲国家的双边援助将近下降了1%。2010年，对内陆发展中国家的援助出现了

---

① 非洲最不发达国家包括安哥拉、贝宁、布基纳法索、布隆迪、中非共和国、乍得、科摩罗、刚果民主共和国、吉布提、赤道几内亚、厄立特里亚、埃塞俄比亚、冈比亚、几内亚、几内亚比绍、莱索托、利比里亚、马达加斯加、马拉维、马里、毛里塔尼亚、莫桑比克、尼日尔、卢旺达、圣多美和普林西比、塞内加尔、塞拉利昂、索马里、苏丹、多哥、坦桑尼亚、乌干达、赞比亚；亚洲最不发达国家包括尼泊尔、孟加拉国、缅甸、柬埔寨、也门、不丹、老挝、阿富汗、东帝汶；大洋洲最不发达国家包括所罗门群岛、萨摩亚、瓦努阿图、图瓦卢、基里巴斯；美洲最不发达国家为海地。

② 小岛屿发展中国家中新加坡为发达国家，其他国家都被视为发展中国家或最不发达国家。

10年来的首次下降，而对小岛屿国发展中国家的援助则有大幅上升。[①] 因而中国对外援助应该考虑全球最不发达国家、内陆发展中国家和小岛屿发展中国家的地区分布，从而完善中国对外援助的地区战略。中国外交的传统布局体现为“大国首要、周边关键、发展中国家基础、多边舞台”的战略特点。据此，中国对外援助优先援助地区是南亚中亚以及东南亚，其次是非洲，再次是大洋洲岛国，稳定欧洲、拉丁美洲以及其他地区的援助。关键的是，中国对外援助的地区战略也体现出中国对外政治交往与友好关系的继续，无法完全摆脱政治与安全利益的考量。那么中国加强对南亚以及东南亚友好发展中国家的援助有助于使自身发展更好并惠及周边国家，对非洲友好发展中国家、大洋洲小岛屿发展中国家的援助将会推进新型发展伙伴关系的深入发展，从而将中国塑造为发展中国家的可靠朋友和真诚伙伴。

第四节　战略能力与中国对外援助战略的实施

中国对外援助地区战略是对外援助不可或缺的重要组成部分，那么中国对外援助战略能力是对外援助实施的战略基础。“战略能力尤其是国家战略能力主要不是在学府里培养出来的，而是在血与泪的实践中熬出来的。国家战略能力涉及的多不是学理层面而是实践及其经验层面的事。学理不同于事理，学理不入事理，其学无用。只有贴切事理的学问才经得起历史的检验。”[②] 对外援助战略能力涉及战略利益实现的程度、应对全球发展挑战的能力，并且界定着中国与外部世界的关系。中国对外援助战略能力受到诸多因素的影响。“仅就国内因素而言，有国家或政府领导人、国家战略（这里主要指外交政策、援外政策和对非政策）、国内资源（财力、物力和人力）、相关主管部门、各利益集团和组织、研究机构及公众舆论

① 千年发展目标差距工作队2012年报告：《全球发展伙伴关系：让言语变成现实》，第12页。

② 张文木：《国家战略能力提升要有历史唯物主义世界观的支撑》，载于《世界经济与政治》2012年第12期，第149页。

等。各种因素的博弈与协调日益成为中国政府面临的艰巨任务。”①

一、对外援助的战略动员能力

中国对外援助离不开国家层面的集体行动与良好的社会基础。“在解决社会和经济问题方面，自愿性私人主动行动，甚至世界上最富裕人口的主动行动，都无法与政府的动员和融资能力相比。”② 中国对外援助的战略动员能力在于国内舆论凝聚力，公众对于中国对外援助政策的共识，国内企业、技术人员、社会组织以及教育机构与受援国非政府组织的社会动员等，充分体现国际、国内两个大局的战略统筹。近年来中国对外援助成为国内社会大众质疑的焦点，受到国内舆论压力的约束和限制。2011 年 11 月 26 日，中国外交部网站发布新闻通报，即 11 月 25 日中国援助马其顿校车项目交接仪式在马其顿总理府举行。对此，《南都周刊》发布投票调查“你对中国向马其顿援助校车怎么看?”③ 在不到 6 个小时的时间中，参与投票的网友超过 6300 人，其中赞成者仅有 100 人，约占 3%；反对者 5900 有余，约占 91%；就事论事者则有 400 人，约占 6%。2012 年 5 月 23 日，中国宣布向也门提供 1 亿元人民币无偿援助，受到国内网民的热议。一些民众或许认为对外援助并没有考虑到中国对外政策目标，而仅仅是个“礼物”。“国家战略能力的根本性提升终归要有历史唯物主义世界观的支撑，这就是人民而不是‘精英’创造历史的观点。失去人民的支持，纵有三头六臂也无济于事。”④ 那么提升公众对中国对外援助意义的理解与认识是战略动员能力的重要组成部分。只有得到民众的了解、理解、参与和支持，中国对外援助战略才具备坚实的民意基础和战略共识。

企业、移民组织、工会、专业团体、友好团体以及学校等日益对与发展相关的活动感兴趣并且参与其中，成为发展合作的第四支柱（政府部门

---

① 李安山：《浅析法国对非援助的历史与现状——兼谈对中国援助非洲工作的几点思考》，载于《西亚非洲》2009 年第 11 期，第 20 页。

② 千年发展目标差距工作队 2012 年报告：《全球发展伙伴关系：让言语变成现实》，第 4 页。

③ http://weibo.com/1641532820/xzfynAoFU.

④ 张文木：《国家战略能力提升要有历史唯物主义世界观的支撑》，载于《世界经济与政治》2012 年第 12 期，第 155 页。

的直接双边援助为第一支柱、多边发展援助为第二支柱、私人的非政府组织为第三支柱）。[①] 为此，中国应该动员和鼓励医务人员、志愿者等社会力量，以及红十字会等社会组织积极参与各种对外援助活动，增进社会大众对对外援助的认同与参与。由于中国对外援助方式主要集中在成套项目、一般物资、技术合作等方面，那么如何动员和管理中国企业的对外援助行为，既是中国对外援助战略能力的体现，也是企业的社会责任。中国对外援助要帮助中国企业"走出去"，而且动员技术人员和学者、社会组织与企业践行对外援助的"走出去"战略，而不仅仅是资助发展中国家教师、学生、医护人员、技术和管理人才来华培训和学习。大学教师、专家学者应该被动员起来参与到受援国大学的高等教育中，而不应局限于国内人力资源培训项目与海外孔子学院汉语教师。

二、对外援助的战略集中能力

战略集中原则"首先要求确定国家多项重要目标的轻重缓急次序，不管这确定往往包含怎样的'忍痛割爱'之苦、'举棋不定'之难和'众说纷纭'之累。它还要求在确定了大体恰当的轻重缓急次序以后，坚决地将关注重点和努力重心放在并且坚韧地保持在由该次序决定的最优先、最重要的事项上，并且为此同样坚决和坚韧地对所有其他目标、利益和事项打上必要的'折扣'。大战略的全局观念以及由此而来的战略平衡是大战略的根本精髓。"[②] 因而，我们必须合理使用有限的援助资源，将其运用到最需要的地方，明确集中战略方向和资源。战略集中意味着中国对外援助的地区必须有适当的轻重缓急次序，否则会导致战略分散与过度伸展，增加援助的政治成本，混淆战略目标。

中国对外援助重视经济利益，特别是2000年以来服务于"走出去"战略。在资源与市场等经济利益方面，中国的经济利益主要是非洲和拉丁美洲地区。"尤为关键的是，如何本着大战略的全局观念，确保政治目标

---

① Patrick Develtere, Tom De Bruyn, "The Emergence of a Fourth Pillar in Development Aid," pp. 3－12.

② 时殷弘：《战略观念与大战略基本问题》，载于《国际政治研究》2007年第4期，第20页。

的统帅地位不因一心追求对外经济战略目标而被忽视、轻视或受损。”① 对外援助不仅仅是保护经济与金融投资的一种手段，更是有效的对外政策工具，时常服务于极为具体的对外政策目标。“中国的战略目标是多元的，包括国家传统的和非传统的安全诉求、地缘政治角力、经济利益以及作为一个大国的责任与威望。”② 如何在制度框架内平衡与协调政治与安全利益、经济利益等竞争性的战略目标是中国对外援助战略能力提升的重要问题。

三、对外援助的战略决策能力

中国对外援助的历史较为充分地展现了中国领导者的战略决策，曾经有效地维护了国家主权，扩大了政治影响。中国对外援助的战略决策能力不仅体现在对外援助决策机制方面，而且更体现在对外援助领导者的战略素养、审慎品德和对他国援助动向的战略洞察力等，也体现在学术界对对外援助决策的知识咨询、学术支持与合理建议。中国对外援助战略的成败很大程度上取决于对外援助的决策机制和领导素质。

对外援助政策和战略决策体制及机制是战略决策能力不可或缺的重要因素，也是对外援助战略成功实施的制度保障。“在很大程度上，优良的决策机制和体制是优良的大战略得以生成和实施的根本保障。在这方面，多半由于缺乏强烈的相关意识导致往往不容易实现的是对于政策行为之结果的大战略式的综合评估。”③ 对外援助决策体系与一国政治体系的机构设置密切相关，需要决定对外援助战略目标与援助资源分配的正式机制。尽管中国对外援助的决策权集中于中央政府，但是“当前中国对外发展援助体制存在的突出问题是缺乏一个协调统一的决策体制。涉及对外发展援助的政府部门主要包括外交部、财政部和商务部。但是，这三个部门均非对外发展援助的决策部门。……由于缺乏一个协调统一的决策部门，缺乏具有系统性和前瞻性的对外发展战略和国别政策，由此导致了如下两个后

① 时殷弘，宋德星：《作为大战略组成部分之一的对外经济战略》，载于《美国研究》2003年第3期，第130页。

② 宋德星：《世界政治中的“中南亚”：新的地缘政治图景》，载于《外交评论》2011年第5期，第8页。

③ 时殷弘：《国际政治与治国方略》，北京大学出版社2006年版，第169页。

果：第一，对外发展援助的随意性较大。第二，造成了部门之间的竞争。”① 对此，李安山曾经建议，“中国有必要设立负责对外援助的高层委员会和专门机构，从事决策、计划、统筹和协调对外援助事务。这样既可提高援助效果，将有限的资金用在刀刃上，也可避免各部门相互牵制或重复援助，从而形成决策、管理和评估一体化的系统机制。”② 笔者认为，国务院设立由财政部、商务部、外交部、国防部、总参谋部、中国进出口银行、国家开发银行、教育部、农业部、环保部等组成的对外援助与国际发展委员会，负责对外援助计划、专家意见咨询等。此外，全国人大及其外事委员会以立法、研究报告等形式参与对外援助决策，以增强立法部门对对外援助行政决策的介入和监督，以及提升对外援助立法行动的能力。

中国对外援助战略的实施在于提高对外援助领导者的战略素质。对外援助领导者的战略素养集中体现在其战略意识和战略思维、战略远见与战略决心等方面。“一位战略家的任务不是分析具体形势，而是弄清这一形势与它形成的外部条件之间的关系。没有一种局面是一成不变的。任何现象都是暂时的，都在不断发生变化。战略家必须洞悉变化的走向，为己所用。”③ 中国对外援助战略不能因循守旧，需要不断地重新审视和调整，因而与时俱进、创新性的适应应该是援助决策者的重要战略素养，以在中国对外援助传统与现实战略需要之间达成平衡。那么决策者不应该沉迷或局限于过去对世界援助格局的判断以及中国对外援助的传统，反而需要能动地把握美国、日本、法国等传统援助国的战略动向，以战略高度掌控中国对外援助的战略调整。对外援助并不仅仅是个外交问题，更是个政治问题，因而需要在对外援助方面具有战略远见的政治家。“中国的政治家都是长期从事国内事务的，对国际事务缺少长期的观察和思考。……在所有国家，职业外交家充当的是执行家的角色，外交政策的调整往往需要政治人物来做。如果没有握有实权的政治人物来从事外交，一个国家的政策调

---

① 刁莉、何帆：《中国的对外发展援助战略反思》，载于《当代亚太》2008 年第 6 期，第 129 页。

② 李安山：《浅析法国对非援助的历史与现状——兼谈对中国援助非洲工作的几点思考》，载于《西亚非洲》2009 年第 11 期，第 21 页。

③ ［美］亨利·基辛格著，胡利平等译：《论中国》，中信出版社 2012 年版，第 24 页。

整往往会显得混乱和滞后。”① 对外援助决策者需要把握中国自身发展、受援国需要以及国际发展趋势的时代特征，与时俱进地思考和完善中国对外援助的结构、质量、布局和领域。最具现实意义的是，对外援助领导者应该密切关注日本、美国在东亚和大洋洲地区的援助动向，进而对中国援助战略做出充分合理的基本评估。

四、对外援助的战略协调能力

中国对外援助的战略协调能力体现了中国对外援助承诺的执行度，涉及国务院的统筹协调以及各职能部门与机构之间的相互协调。对外援助的政治涉及谁、在何时、以及如何决定谁将会获得中国的援助，需要审慎的政治勇气、智慧与协调。中国对外援助战略的有效性在于中国战略目标与对外援助手段之间的协调或平衡。基辛格曾经指出，“问题被分割为各个组成因素，其中每个因素都由专家们在它涉及的特殊困难之中予以处理。极少重视或关注它们之间的相互关系。技术问题比政治问题享有更仔细的注意，得到了更精细的对待。……干事不是因为应当干，而是因为知道怎么干。……对于过程的痴迷掩盖了意图与后果之间的关系；沉溺于手段导致忽视甚而败坏目的。”② 为了加强各部门间的协调，2008 年，商务部会同外交部、财政部等有关部门和机构，正式成立对外援助部际联系机制。2011 年 2 月，部际联系机制升级为部际协调机制。③

商务部、外交部、农业部、财政部等机构涉及援助资源分配。商务部是中国国务院授权的政府对外援助主管部门，负责拟定对外援助政策、规章、总体规划和年度计划，审批各类援外项目并对项目实施进行全过程管理。④ 中国驻外使（领）馆负责对驻在国援助项目的一线协调和管理。财

---

① 郑永年：《通往大国之路》，东方出版社 2011 年版，第 194 页。

② 时殷弘：《国际政治与治国方略》，北京大学出版社 2006 年版，第 43 页。

③ 国务院新闻办公室：《中国的对外援助》，人民出版社 2011 年版，第 27 页。

④ 为此，商务部先后组建了不同的协调机制，如商务部、中国人民银行、财政部以及国家开发银行、进出口银行等部门和机构的减免债务工作机制；商务部、外交部、解放军总参谋部等部门的紧急人道主义援助联动工作机制；23 部委援外合作机制；商务部与地方省区商务部门的工作联系机制；商务部部内 14 个司局援外工作联系机制；商务部、外交部、财政部，以及部内财务、人事、纪检和地区司等单位和技术专家建立的援外项目巡检机制；与进出口银行优惠贷款联席会议工作机制等。

政部监管中国对世界银行、国际货币基金组织等多边组织的资助。政府各部门之间的利益日益复杂，在外交事务中加强利益协调的任务日益迫切。此外，地方政府日益参与到中国对周边国家的援助中，也需要中央政府对外援助部门的管理、组织与协调。“中国的周边外交在执行过程中往往出现很多问题。在同周边国家的交往中，外交部似乎并非主角，或者被边缘化。地方政府和很多经济部门则成了主要执行者甚至是决策者。地方政府和经济部门往往从短期的和物质的利益出发，很难把政策放在国家利益中来执行。”①

五、对外援助的战略规划能力

中国对外援助并不会自然地维护国家利益，拓展国际影响，因而中国对外援助战略能力也涉及战略规划能力，包括战略性国家的援助计划、援助战略行动计划、援助的实施与评估过程，以应对利益与威胁的变化、援助战略的调整。“如果没有长远的战略感觉、长远的战略性思考框架和战略规划，当前具体问题的处理就可能失去它们应有的长远意义，并且表现出不应有的犹豫和波动。”② 对具体援助事务的应对和处理无法替代对外援助战略的设计和规划，否则中国对外援助的具体行为往往会失去战略方向。“中国目前尚未制定完整的援助规划，对于中长期援外工作的总体框架、目标、战略等方面均缺乏指导，不利于援外工作的开展。因此，可考虑首先制定我国总体对外援助战略和中长期援助规划。”③

中国对外援助战略规划应该按照双边发展援助、支持政治与安全目标的经济援助、人道主义援助、多边经济捐助与军事援助五项对外援助类型确定自己的长期援助计划、中期援助计划，体现出全球视野、统筹安排、均衡评估等战略素养，体现出宏观的时空视野。“战略和政策规划是对外援助管理中的一个重要环节，战略和政策规划的协调成为跨机构协调的题中之意，其目标就是制定统一和协调一致的对外援助战略和策略。”④ 特别

① 郑永年：《通往大国之路》，东方出版社 2011 年版，第 92 页。

② 时殷弘：《全球性挑战与中国》，湖南人民出版社 2010 年版，第 48 页。

③ 王蕊：《国际发展援助经验对我国援外工作的借鉴》，载于《国际经济合作》2012 年第 8 期，第 50 页。

④ 丁绍彬：《奥巴马政府的对外援助变革》，载于《外交评论》2012 年第 3 期，第 142 页。

是，中国对外援助战略规划应该包括重要国家和地区的对外援助战略计划，增加战略取向的经济援助与安全援助，将对外援助纳入战略制定的考量之中，建构负责任的对外援助战略行动。中国对外援助不仅要量力而行，力所能及，更需要在有限的援助资源条件下更有效地维护中国外交与战略目标。“如何使市场化的管理方法有效地服务于援外事业所负载的政治和战略任务，同时使政府有效地发挥科学决策和合理监督的职能，是中国援外体制改革至今尚在探索的问题。”①

结　语

中国学者侧重于从历史的角度探讨外交战略与对外援助的相互作用，较少地论及当下中国外交战略目标与对外援助之间的关系及其中国对外援助战略的选择。中国对外援助坚持政治互信、平等互利、传统友好、务实合作、共同发展、不附带任何政治条件，形成了独具特色的战略行为模式。“新形势下，中国对外援助事业任重道远。中国政府将着力优化对外援助结构，提高对外援助质量，进一步增强受援国自主发展能力，提高援助的针对性和实效性。”② 中国对外援助是今后一个较长历史时期内中国和平发展根本战略的重要内容，是实现国家发展战略目标的有效手段。中国对外援助需要进一步将提升对外援助的战略功能，关照本国发展与共同发展的战略关切，调整中国对外援助的地区战略布局，尽可能地消除对外战略与对外援助之间的基本张力或不一致，服务于和平发展的根本战略目标。

中国对外援助以和平、发展、合作与共赢为旗帜，体现了自身援助传统、求真务实的援助精神、开拓性的战略进取等鲜明的特点，既按照自己的援助逻辑也日益参照和遵循国际援助规范和规则。鉴于全球最不发达国

---

① 周弘：《中国对外援助与改革开放 30 年》，载于《世界经济与政治》2008 年第 11 期，第 42 页。

② 中华人民共和国国务院新闻办公室：《中国的对外援助》，人民出版社 2011 年版，第 30 页。

家的地区分布，中、日、美在亚洲和大洋洲地区发展领域的战略竞争，那么中国对外援助地缘战略的优先地区是南亚与东南亚，其次是非洲，再次是大洋洲。为此，对外援助的组织结构等方面的对外援助战略能力需要进一步优化和提升，以更睿智与策略地推进中国构建更平等均衡的新型全球发展伙伴关系的努力，平衡安全利益与发展利益的不同诉求。中国对外援助的战略需要关键在于改进分散化的组织、完善明确的战略目标，按照战略需要分配援助资金，协调对外援助领域的公私关系。研究者尚需关注具体地区的援助战略及其他大国的援助计划，特别是对特定地区与国家的援助政策，从而体现出战略优先与集中，进而思考双边以及多边框架下援助合作的方式与路径，如东南亚的柬埔寨、缅甸、印尼；南亚的巴基斯坦、孟加拉、阿富汗；非洲的安哥拉、南苏丹、刚果民主共和国等国家。

（白云真）